# *LA CHISPA '87*
## SELECTED PROCEEDINGS

**GILBERT PAOLINI**
Editor

THE EIGHTH
LOUISIANA CONFERENCE ON
HISPANIC LANGUAGES AND LITERATURES
TULANE UNIVERSITY
NEW ORLEANS
1987

Copyright © 1987 by Gilbert Paolini
Louisiana Conference on Hispanic Languages and Literatures
Tulane University, New Orleans, Louisiana
All Rights Reserved
Printed in the United States of America

ISBN: 0-9607798-3-3
Library of Congress Catalog Card Number: 87-51270
Cover design: Gilbert Paolini

## *LA CHISPA* '87
## SELECTED PROCEEDINGS

EDITOR
Gilbert Paolini, Tulane University

EDITORIAL ADVISORY BOARD

José Amor y Vázquez, Brown University
Almir Bruneti, Tulane University
Vicente Cantarino, Ohio State University
Luis Costa, Texas A&M University
Frederick A. de Armas, Louisiana State University, Baton Rouge
Richard Kinkade, University of Arizona
Juan Manuel Marcos, Oklahoma State University
Michele Muncy, Rutgers University, Camden
Otto Olivera, Tulane University
Nelson Orringer, University of Connecticut
Claire J. Paolini, Loyola University
James A. Parr, University of Southern California
Janet Pérez, Texas Tech University
Enrique Pupo-Walker, Vanderbilt University
William J. Smither, Tulane University
Mercedes Vidal Tibbits, Howard University

This publication has been made possible by grants from
Tulane University Provost's Office
and
Consulate General of Spain in New Orleans

# CONTENTS

Gilbert Paolini
    Prologue ..................................................... 13

Geoffrey R. Barrow
    Tradition and Originality in the Denunciatory
    *Salmos* of Ernesto Cardenal ..................................... 15

Mary G. Berg
    The Presence and Subversion of the Past
    in Gabriel García Márquez' "Eréndira" .......................... 23

Frieda H. Blackwell
    Spoofed Spies, Duped Detectives, and Elusive
    Reality in Torrente's *Quizás el viento nos lleve al infinito*
    and Benet's *El aire de un crimen* ............................... 33

Mireya Camurati
    Borges, Dunne, y la regresión infinita ........................... 43

Frank P. Casa
    The Duality of the King in Golden Age Drama ..................... 51

Biruté Ciplijauskaité
    Entre locura y cordura: la voz de la confesión .................... 61

Alicia de Colombí Monguió
    El discurso del Cardenal Bembo en tres
    sonetos del Siglo de Oro ........................................ 71

Eladio Cortés
    Las novelas cortas de Emilio Carballido:
    temática y técnica .............................................. 81

Glen F. Dille
    The Plays of Cervantes, Lope,
    Calderón and the New World .................................. 89

Lee H. Dowling
    The Chronicle of Pedro Pizarro ................................ 99

Tomás Eloy Martínez
    La Habana de Bernal Díaz: la memoria
    como transgresión ............................................ 107

Michael J. Flys
    Duda y amor de Dámaso Alonso ............................... 113

Victor Fuentes
    La otra generación del 27 ..................................... 123

Pablo Gil Casado
    La novela histórica española: *praxis*
    del personaje colectivo ....................................... 131

Jesús Gutiérrez
    El tema de la guerra civil en Unamuno .......................... 139

Sharon Kuusisto
    *El sueño del Infierno* según Quevedo: discurso
    de un infierno mercantil ...................................... 151

Myron I. Lichtblau
    Horacio Oliveira y Galdós: A Strange
    Textual Convergence in Cortázar's *Rayuela* ..................... 161

John R. Maier
    The *Libro de Apolonio* and the Imposition of Culture ............. 169

Harold K. Moon
    Religious Tradition and Antonio
    Buero Vallejo .................................................. 177

José Muñoz Millanes
    La visión urbana en la obra de Josep Carner ...................... 187

Patricia W. O'Connor
    Glorias y miserias de la dramaturgia femenina española ............ 195

Nelson R. Orringer
    *España en el corazón* de Neruda y su
    solidaridad generacional ...................................... 201

Solange Ribeiro de Oliveira
    The Social Aspects of Clarice Lispector's
    Novels: An Ideological Reading of *A Paixão segundo G. H.* ........ 211

Janet Pérez
    Echoes of Cervantes in the Works of
    Gonzalo Torrente Ballester .................................... 221

Catherine R. Perricone
    Artistic Craftmanship in Vargas Llosa's
    *¿Quién mató a Palomino Molero?* ............................. 231

Mary Elizabeth Perry
    *La monja alférez:* Myth, Gender, and
    the Manly Woman in a Spanish Renaissance Drama ............... 239

T. A. Perry
    Judeo-Christian Forces and Artistic Tension
    in Medieval Spanish Letters: The Case of the
    *Libro de los buenos proverbios* ............................... 251

José Manuel Polo de Bernabé
    *Aire nuestro* de Jorge Guillén o el sujeto
    en el lenguaje ................................................ 257

Phoebe Porter
    The *Femme Fatale*: Emilia Pardo Bazán's Portrayal
    of Evil and Fascinating Women ............................... 263

Francisco Salvador Salvador
    La significación de la muerte de García Lorca
    entre los intelectuales republicanos ............................ 271

Ivan A. Schulman
    Sociedad colonial, sociedad esclavista:
    La Habana de *Cecilia Valdés* ................................... 281

William L. Siemens
    The Birth of the Author in the Recent
    Cuban Novel ................................................. 291

Ronald E. Surtz
    Image Patterns in Teresa de Cartagena's
    *Arboleda de los enfermos* .................................... 297

Barry L. Velleman
    The Dynamics of a Literary Standard:
    The Bello *Gramática* ......................................... 305

Heanon M. Wilkins
    The Picaresque Connection in the Novel,
    *Juyungo,* by Adalberto Ortiz .................................. 317

Frederick R. Worth
    "Boca que habla y oreja que oye":
    Consciousness and the Poem in Octavio Paz ..................... 327

Papers Presented at LA CHISPA '87 .............................. 335

# GILBERT PAOLINI

## Prologue

> "For it is a fire that, kindling its first embers . . . , caught from a wandering spark . . ., glows and enlarges until it warms and beams upon multiples of men and women. . . ."
>
> (Emerson)

The eighth Louisiana Conference on Hispanic Languages and Literatures (LA CHISPA) convened in New Orleans on the Tulane University campus February 26-28, 1987. This international conference attracted three hundred and twenty-nine registrants from forty states, Puerto Rico, and seven foreign countries: Argentina, Brazil, Canada, Guatemala, Mexico, Spain, and Uruguay. There were one hundred and seventy-seven academic institutions represented at the meeting. Scholarly papers on Spanish, Latin-American, Brazilian, Portuguese, Catalan, Mexican, Galician, and Cuban literature as well as Italo-Hispanic literary relations were presented by two hundred and forty-one scholars in fifty-two sections. The program was enriched by twenty "special sections," organized by scholars on particular subjects and authors: Dámaso Alonso, Emilio Carballido, Cervantes and Modern Literature, Carmen and Don Juan, Film and Literature, Literature and Consciousness, Spanish Civil War Poetry, Comparative Literature, etc.

Dr. Francis L. Lawrence, Provost and Academic Vice-President of

Tulane University, and Hon. Joaquín Cervino y Santías, Consul General of Spain in New Orleans, opened the conference on February 26 in a plenary session. Emilio Carballido, noted Mexican author, also addressed the conference in a plenary session, his title being "E. Carballido y su obra."

As Program Chairman, I take this opportunity to express my appreciation and to extend my special thanks to those who served as readers for the conference. All papers submitted to the conference were evaluated by at least one specialist in the field. I also extend my gratitude to the members of the Editorial Advisory Board for their assistance in the difficult task of selecting so few from among so many excellent papers to be included in *LA CHISPA '87: Selected Proceedings*. The conference has been held at Tulane four times, and the *Selected Proceedings* (each of which contains from thirty-four to thirty nine papers) of each of these conferences have been published: 1981, 1983, 1985, and 1987.

Let me repeat here that LA CHISPA is the acronym of the conference unusually formed by combining certain letters in the conference's official name: The Louisiana (LA) Conference (C) on Hispanic (HISPA) Languages and Literatures.

The Editor<br>
Tulane University<br>
New Orleans, Louisiana

# GEOFFREY R. BARROW

## Tradition and Originality in the Denunciatory *Salmos* of Ernesto Cardenal

What Anita Brookner has said of Germaine Greer might be applied to the contemporary Latin American poet, Ernesto Cardenal. He is like Delacroix's portrait of liberty, marching forward with his banner, rallying the troops in his commune of Nuestra Señora de Solentiname, doomed to the eminence of a figurehead as the current Nicaraguan Minister of Culture and chained to the concept of permanent struggle (31-32). He has now given up writing, however, in order to dedicate himself to ministerial duties since, at least for this Catholic priest and Marxist poet who was radicalised by his visit to Cuba in 1970, the Revolution is the same thing as the Kingdom of God. Cardenal embraces the plight of the poor in Central America as well as the sufferings of the Nicaraguan people under the Somoza dynasty. He attacks issues of judicial corruption in politics, torture by the secret police, deployment of the military in furtherance of domestic political matters, American influence in Latin American affairs, and the threat of nuclear holocaust. His poetry embodies some of the most contentious issues of our times, and Robert Pring-Mill claims stentoriously that Cardenal's ideas are "clearly around to stay and must be reckoned with" (xxi).

The foundations of Cardenal's radicalism are biblical and meditative. In a revealing interview at his commune of Solentiname, just before being outlawed by Somoza, he explained:

> En realidad, yo me he politizado con la vida contemplativa. La

meditación, la profundización, la mística es la que me ha dado a mí la radicalización política. Yo he llegado a la revolución por el Evangelio. No fue por la lectura de Marx sino por Cristo. Se puede decir que el Evangelio me hizo marxista. ("Conversación" 20)

The gospel, of course, finds the good news in the bad news. Broken of self and self-sufficiency by the rigors of Trappist training and seminary preparation, Cardenal saw the face of Christ in the primitive community of peasants and fisherman at Solentiname. Among the poor and humble of Central America he finds the hope of resurrection, and it is instructive to examine his *Salmos* in order to comprehend the literary effects of revolutionary Christianity.[1] Composed during his training for the priesthood in Colombia and illuminated by contemplation, the collection is patently Christian. Moreover, if his own statement about the foundation of his Marxism in Christian meditation counts, as it should, then the collection is central to an understanding of his work.

The immediate issues are whether the poems are indeed psalms and, if so, what sort and what literary qualities do they display. Critical analysis will show, I think, that Cardenal's *Salmos* are felicitous imitations that stretch mind, imagination, and sensibility. They also contain a basic element of revolutionary dogma, namely, that society is riven by unappeasable strife that will be overcome by the liberation of the poor and oppressed. In these poems, divine intervention is the sole agent of renewal; within a decade, God's agent becomes a Marxian proletariat. Religion legitimates, as it were, the new social order.

Unlike translators, imitators do not aspire to faithfulness. Cardenal had already encountered Pound's translations from the classics while at Columbia University in New York, and this experience led him to produce versions of Catullus and Martial (*Epigramas*). One does not have to read far to see that there is nearly always a gap, and sometimes a chasm, between Cardenal and his model. The result is a commentary on Cardenal as much as on the original, and the omissions are as telling as the imaginative departures. This dialogue between old and new also pervades the *Salmos*, although the origins are not strictly literary but liturgical. The chief characteristics of Trappist life are liturgical prayer, contemplation and absolute silence. As a Trappist monk and then as a Catholic seminarian, Cardenal recited the psalms daily in the Divine Office. Their intrinsic spiritual depth and beauty form the backbone of public and private prayer. Cardenal, however, strives to produce a version of the Vulgate Bible psalms that the ancient author would have given us had he been born in Central America. The result is a contemporary work capable of standing on its own feet, and some *Salmos* have been used in rather unorthodox liturgies in Latin America (Pring-Mill, *Marilyn* 25).[2] In treating the Bible as a source of supply, Cardenal looks both backward and forward. On the one hand he seeks to enhance his dignity by close links with the past; on the other he likes to experiment with old material and create new effects with it. The title of the English translation of *Salmos, Psalms of Struggle and Liberation,* bluntly underlines Cardenal's emphasis, but, in fact, his stance is closer to Mertonian non-violence.[3]

Cardenal selects twenty-five of the one hundred and fifty psalms that are his source of supply, while he preserves the ordering of his source.[4] He chooses what suits him: certain topics receive unusual emphasis while others, equally important, are peremptorily neglected. The principle of selection is to take what corresponds with his own outlook. There are several kinds of biblical psalms: penitential and imprecatory, praise and thanksgiving, supplication, royal and messianic, wisdom and songs of ascents. However, Cardenal changes the proportion of these ingredients in his *Salmos*, so that there is a fundamental shift of emphasis towards supplication and imprecation. Certainly, the psalms of praise offer Cardenal opportunities for imaginative poetic treatment, in modern scientific terms, of God's wonders in creation. Yet he reduces the whole range of relations between God and man which is the subject matter of the Psalms, giving attention to those psalms which provide expression for his own ideas. His fresh adaptations show clear traces of their ancestry, but the overall focus is different. In short, Cardenal's central themes are the power of wicked dictators, the sufferings of oppressed innocents, and the desire to see God's vengeance upon the wicked. Ferocious hatred, indignant self-pity, and passionate desire for God's retributive justice give a fiery Old Testament tone, although the image of God is painted with shades of a peasant *caudillo*.

The forms that Cardenal's versions assume offer some insight into his purpose. He takes as many precious stones as he can from the mosaic of biblical heritage and uses them to construct his own pattern. Some are intermittent paraphrases, others contain brief allusions and are so free that they are scarcely recognizable as adaptations of the Psalms. The degree of proximity, therefore, varies. Cardenal's psalms bear the original stamp of independent creations but they have transfusions of foreign blood in their veins. For example, the surprise ending to psalm five adds a new dimension to its source. The closure of the original, in a familiar English rendering from the Book of Common Prayer, is as follows:

> For there is no faithfulness in their mouth; their inward parts are very wickedness.

Their throat is an open sepulchre; they flatter with their tongue.
Destroy them, O God; let them perish through their own imaginations; cast them out in the multitude of their ungodliness; for they have rebelled against thee.
And let all them that put their trust in thee rejoice; they shall ever be giving of thanks, because thou defendest them; they that love thy Name shall be joyful in thee;
For thou, Lord, wilt give thy blessing unto the righteous, and with thy favourable kindness wilt thou defend him as with a shield.

This is a prayer for deliverance from personal enemies, but Cardenal combines biblical features with certain contemporary realities in such a way as to make them imaginative with a dual significance in biblical lament on the one hand and Nicaraguan reality on the other:

Hablan con la boca de las ametralladoras
Sus lenguas relucientes
                son las bayonetas...
Castígalos oh Dios
        malogra su política
confunde sus memorandums
              impide sus programas
A la hora de la Sirena de Alarma
tú estarás conmigo
tú serás mi refugio el día de la Bomba

Al que no cree en la mentira de sus anuncios comerciales
ni en sus campañas publicitarias ni en sus campañas políticas
        tú lo bendices
Lo rodeas con tu amor
            como con tanques blindados
                      (*Salmos* 13-14)

Time does not allow a thorough and detailed study of all the verses which Cardenal retains or abandons in his selections, but this sample exhibit shows the nature of his renderings, at least when he follows the original relatively closely. He pushes and pulls against his source. The spirit of unshakable faith remains together with the psalm's function of providing comfort, inspiration and strength. He frequently alters, however, the disposition of the individual elements. Elsewhere, in the first psalm for example, the contrasting fate of the righteous and the wicked is still the basis of Cardenal's version; but the depiction of the wicked occupies twice as much space as in the source. The extended simile for the righteous, "He is like a tree planted by streams of water, that yields its fruit in its season and its leaf does not wither. In all that he does, he prospers" (vs. 3), is reduced simply to the closing line, "Será como un árbol plantado junto a una fuente." Yet the remainder of the poem is taken up with the depiction of the wicked in contemporary sociopolitical terms. Curiously, the disastrous end of the wicked described in the second half of the original is omitted completely. This changed selection and arrangement transforms the model into an exercise in denunciation. Cardenal bases himself on two of the original six verses (vs. 1, 3), so that the balance shifts.

Cardenal has intensely absorbed his biblical material, but the original stamp of his free imitations shows his independence. His frame of reference is restricted. The goal is an effective means of expression, fluent and moving, not an exact reproduction. The Psalms are turned into a collection of endorsements to back his own moral judgements, which spring from his own Nicaraguan experience. The imitation of a biblical model with less than absolute precision, therefore, is a means to an end. At the stylistic level, there is a clear recollection and recitation of biblical fragments:

> "Escucha mis palabras oh Señor
>                                   Oye mis gemidos
> Escucha mi protesta" (*Salmos* 5)
> "Líbrame Señor" (*Salmos* 7)
> "Cantaré Señor tus maravillas" (*Salmos* 9)
> "Y séante gratas las palabras de mis poemas Señor,
>                                   mi libertador." (*Salmos* 18)

However, the echoes are intricately blended in a new amalgam. The key lines that seize Cardenal's attention are clearly appropriated, but the bottles are new. Apart from the psalms of praise (18, 93, 103, 113, 148, 150), the predominant tone is one of denunciation and lamentation.

The Psalms, of course, contain a good portion of maledictions. They freely express hatred and invoke divine judgement, since wrong is offensive to both God and the victims of wickedness.[5] The simple life of the righteous is contrasted with the luxury, extravagance, and cruelty of the sinful. Moreover, since the Psalms display characteristic stylistic features of ancient Hebrew lyric, notably, parallelism, patterning, and hyperbole, it is worth looking at the rhetoric and diction of Cardenal's reworkings. He typically expresses indignation by highlighting the antithesis between oppressor and oppressed in order to denounce the wicked:

> Sus ametralladoras están emplazadas
>                 contra nosotros
> y los slogans de odio nos rodean
> los espías rondan mi casa
> los policías secretos me vigilan
>                 de noche
> estoy en medio de los gangsters (*Salmos* 26)[6]

Luxury is exaggerated and presented by means of polysyndeton and auxesis:

> (Señor, líbrame de)
> los que tienen repletas las refrigeradoras
> y sus mesas llenas de sobras
> y dan de caviar a los perros. (*Salmos* 26)

Parallelism and anaphora are distinctive features of the Psalms and Cardenal exploits these rhetorical schemes to produce a rhetoric of blame.

    The appearance of the villains in the *Salmos* becomes aggressively monotonous. "Gangsters, generales, Consejos de Guerra, dictadores, Ministros de Justicia, Cortes Supremas de Justicia, Fuerzas Armadas, Policía Secreta, Primer Ministro, asesinos llenos de condecoraciones," all populate the scene. Reflecting the temper of the times, their weapons are "anuncios comerciales, slogans, la prensa, radio, memorandums, campañas publicitarias, periódicos, propaganda, testigos falsos." These are in essence the lying lips of the Hebrew Psalms. The oppressed suffer from "campos de concentración, bombas, armas atómicas, el detector de mentiras, alambradas electrizadas, tortura." How banal the forces of repression are. However, if it were not for these agents of destruction, so necessary to the revolutionary code, the world could be freed for the poor and oppressed, superior in their splendid covenant with God to all the creatures by whom they have been exploited.

    Cardenal's *Salmos* are radical not because the speaker holds contemporary views but because he expects history to submit to him, not *vice versa*. Sanctity, love, and humility, appear to give way to spiritual pride, self-righteousness, and a persecuting zeal. There may not yet be freedom at the end of Cardenal's struggle in Nicaragua, but it is unfortunate that his new political eminence prevents him from writing poetry. *Salmos* are important as much because of his biblical expression of modern indignation as because of the creative expression of wonder and gratitude in his psalms of praise. But the psalms of praise will be a subject for another time.

Purdue University Calumet<br>
Hammond, Indiana

## NOTES

1. *Salmos* was originally published in Colombia in 1964 and reprinted in Buenos Aires in 1969. All references are to the Buenos Aires edition. See also J. M. Marcos's article on Vallejo and Neruda.
2. See also Cardenal's *El evangelio*.
3. Merton, of course, was with Cardenal at the Trappist monastery of Gethsemani, Kentucky.
4. *Salmos* 1, 4, 5, 7, 9, 11, 15, 16, 18, 21, 25, 30, 34, 36, 43, 48, 78, 93, 103, 113, 129, 130, 136, 148, 150.
5. On judgment and cursing in the *Psalms*, see C. S. Lewis's book on *Psalms*, 9-33.
6. See Marina Martínez Andrade's article.

## WORKS CITED

Brookner, Anita. "An Important Woman." Rev. of *The Mad Woman's Underclothes: Essays and Occasional Writings (1968-1985)*, by Germaine Greer. *The Spectator* 25 October 1986: 31-32.

Cardenal, Ernesto. "Conversación en Solentiname." *La Santidad de la revolución*. Salamanca: Ediciones Sígueme, 1976, 3-18.

─────. *Epigramas*. Mexico: UNAM, 1961.

─────. *El evangelio en Solentiname*. Salamanca: Ediciones Sígueme, 1975.

─────. *The Psalms of Struggle and Liberation*. Trans. Emily G. McAnany with forward by Thomas Merton. New York: Herder and Herder, 1971.

─────. *Salmos*. Medellín, Colombia: Universidad de Antioquía, 1964. Buenos Aires: Ediciones Carlos Lohlé, 1969.

Lewis, C. S. *Reflections on the Psalms*. New York: Harcourt Brace, 1958.

Marcos, J. M. "Vallejo y Neruda: la guerra civil española como profecía hispanoamericana." *Cuadernos Americanos* 258 (Jan-Feb): 217-24.

Martínez Andrade, Marina. "Ernesto Cardenal: denuncia profética." *Plural: Revista*

Cultural de Excelsior (Mexico) 130 (1982): 24-34.
Pring-Mill, Robert, ed. *Marilyn Monroe and Other Poems.* By Ernesto Cardenal. London: Search Press, 1975.
―――――. "The Redemption of Reality through Documentary Poetry." Introduction. *Zero Hour and Other Documentary Poems.* By Ernesto Cardenal. New York: New Directions, 1980.

# MARY G. BERG

## The Presence and Subversion of the Past in Gabriel García Márquez' "Eréndira"

"Post-Boom" is an ugly word, but useful in a discussion of recent Latin American literature. It may be taken to mean anything written after *One Hundred Years of Solitude* (1967), the quintessential Boom Book. If the Boom may be said to deal with the creation, the construction, and the establishment in literature of a coherent Latin American history, culture, and myth, the fiction of the post-Boom may be defined by its deconstructionist intent, its desire to take the pieces apart again, and reexamine the past critically. The fiction of this most recent period is characterized by its obsession with texts of the past, with the retelling —and often in the process, subversion— of the familiar stories of the past. A few of the many recent works where this is happening are:
—Carlos Fuentes' *Gringo viejo* (1985), which resurrects the 19th century North American writer Ambrose Bierce;
—Mario Vargas Llosa's *La guerra del fin del mundo* (1981), which is based in part on Euclides da Cunha's *Os sertões* (1902);
—Gabriel García Márquez' *El amor en los tiempos del cólera* (1985),which tells a 19th century love story;
—Enrique Molina's *Una sombra donde sueña Camila O'Gorman* (1973), which retells the Camila story, complete with the texts of the period; this novel and the Maria Luisa Bemberg film based on it, as well as many other recent demonstrations of interest in Camila clearly reveal an interest, an anxiety, a need to reexamine stories of the past;

—Martha Mercader's *Juanamanuela, mucha mujer* (1980), which recounts the life and adventures of the 19th century writer Juana Manuela Gorriti, also revealing a compulsion to go back and reexamine the texts of the past; and
—Augusto Roa Bastos' *Yo el Supremo* (1974) and its elaborate exhuming and rewriting of the memoirs of the 19th century dictator, José Gaspar Rodríguez de Francia, perhaps the most obsessive and complex of these recent retellings.

Gabriel García Márquez' story of "Eréndira" also fits into this context of resurrection, reexamination and rejudgment of past Western cultural history.

"Eréndira" is a very funny and very disturbing movie and short story.It is particularly interesting to compare the two because García Márquez wrote the screenplay first[1] and then rewrote it into a long tale or novella which was published in 1972 as the title story of *La increíble y triste historia de la cándida Eréndira y de su abuela desalmada*. Many years later, García Márquez was very closely involved with director Ruy Guerra in the making of the film.[2] He has commented that just after he had won the Nobel Prize in 1982,

> while my friends from all over the world were celebrating my Nobelity, all of my innermost interest was concentrated on the heart of an estate in ruins, 45 miles from San Luis Potosí, in Mexico, where the shooting of this story, written fourteen years before, was beginning.[3]

Thus the story and the film are folded over each other and in many ways serve to illuminate and extend each other. García Márquez had an unusual number of opportunities to add and subtract images, to rearrange the sequence of events and to interconnect the texts of film and novella. The basic story had long haunted him, and it is one which García Márquez has told and retold in many different forms. It goes back, according to him, to

> one evening, a very long time ago, when I was living it up in a lost village in the Caribbean, /and/ I met a little girl of eleven whom an old woman, perhaps her grandmother, had forced into prostitution. Following the itinerary of the religious feasts, from village to village they trailed their travelling bordello with their own tent, their own group of musicians and their own flow of drink.
> 
> At the time I was almost sixteen and I was already aware that sooner or later I would be a writer. The little girl was one of the frailest creatures that I can recall, and her way of being had nothing to do with her profession. She seemed not to have the least idea of what she was doing, but rather to be repeating a lesson learned by heart.
> 
> Their stay in the village lasted only three days, but the memory has

retained rooted in my mind. I was unable to feel it, however, as a novel. I saw it rather as a drama in images; it was film rather than literature. For this reason, I wrote it in the form of a screenplay. It was only much later that I decided to adapt it as a novel.

García Márquez tried the story in various forms in a 1961 tale ("El mar del tiempo perdido") and as an episode involving Aureliano in the 1967 *Cien años de soledad,* but it took him many years to find the right way to tell the story and when he did, it emerged more or less simultaneously as film and story, a very literary film and a very visual story.

García Márquez does not just tell us the story of the child prostitute he saw years before. We immediately feel the weight of the past. In Ruy Guerra's film, the first image that defines what the story will be about, the very first things we see are the tombs of the Amadises in the incongruous swirling sands and whistling winds of the desert. The very name Amadís evokes very explicitly the connection with the mythic exploits of the Spanish 13th and 14th century "virtuoso caballero Amadís de Gaula," also called "Amadís Sin-Tiempo, fijo de rey," "Doncel del Mar," and "el Caballero de la Verde Espada" (all of these qualities which resonate in this story), who struggles against enchantments and monsters to free the beautiful princess Oriana. In the film, we move on to the enormous old fashioned mansion, the upkeep of which as well as the total care of the Grandmother is in the hands of the young girl, Eréndira (which is a Tarasco Indian name, García Márquez says). It is clearly an overwhelming job for anyone. There is no way the present can sustain the maintenance of the past. It takes six hours just to wind the clocks. The Grandmother is a perfectionist, and the house could obviously occupy ten servants full time. Eréndira works along submissively, always answering "Sí, abuela," but it is no wonder that in her utter exhaustion, she eventually falls into bed without blowing out her candle and the house burns down. The weight of the past has been too much for her.

The story version emphasizes first the eerie isolation of the mansion and the foreshadow of disaster, the "viento de su desgracia." The Grandmother luxuriates in her "baño adornado de pavorreales repetidos y mosaicos pueriles de termas romanas" (97). In both story and film, the Grandmother is shown to be living in the past, possessed of "el dominio de una grandeza anticuada" (98). She insists on being treated as royalty ("Soy la Dama" *[125]*, she proclaims) and is shown throughout both film and story as occupying a throne, often set up on heights. Her elaborate bed is also elevated, higher and higher in the various tents that reveal their increasing prosperity. She wallows in the past, sobbing over sentimental songs of years gone by, losing herself in vivid dreams of past occurrences. "Mientras la abuela navegaba por las ciénagas del pasado, Eréndira se ocupó de barrer la casa, que era oscura y abigarrada, con muebles frenéticos y estatuas de césares inventados /again a reference to a Roman past, although here a spurious one; not even the past is genuine/ de lágrimas y ángeles de alabastro, y un piano con barniz de oro, y numerosos relojes de formas y medidas imprevisibles" (98). The fire should be a liberation from the past, an elimination of this grotesque white elephant of a mansion, a new beginning. But it is not. Shards of the past are rescued from the smoking ruins: "el bastidor del piano dorado, el torso de una estatua" (103). All through the film and story, the heavy remains of the Amadises are lugged from town to town as well as the hodgepodge of useless artifacts —like the busts of fraudulent emperors—which burden them. The Grandmother intends to sacrifice (to sell) the present (the youth of Eréndira) to replace the outdated, useless, grotesque past. And Eréndira goes right along with it. She is literally weighed and sold as merchandise, without any real protest. She, too, is trapped in the mystique of the past. We begin to see her as versions of many different fairy stories and folktales. Several critics have written about these parallels, the ways in which we are encouraged to see Eréndira as Cinderella, Snow-White, Sleeping Beauty and many other almost generic passive heroine-victims of Western European folk tradition (Hancock, Palencia Roth).

Andrea Dworkin, in her 1974 book *Woman Hating*, talks about ways in which fairy tale images have been imposed upon the present:

> The point is that we have not formed that ancient world—it has formed us. We ingested it as children whole, had its values and consciousness imprinted on our minds as cultural absolutes long before we were in fact men and women. We have taken the fairy tales of childhood with us into maturity, chewed but still lying in the stomach, as real identity. Between Snow-White and her heroic prince, our two great fictions, we never did have much of a chance. At some point, the Great Divide took place: they (the boys) dreamed of mounting the Greta Steed and buying Snow-White from the dwarfs; we (the girls) aspired to become that object of every necrophiliac's lust —the innocent, *victimized* Sleeping Beauty, beauteous lump of ultimate, sleeping good. Despite ourselves, sometimes knowing, unwilling, unable to do otherwise, we act out the roles we were taught.

García Márquez has fun with the traditional image of the innocent Snow-White, victim of an evil stepmother and various enchantments. He plays this up for all it is worth in both story and film, although in both, the elaborate charade of good and evil, black and white, day and night is complicated and subverted by the end. The colors in the film show this on its simplest level. The Grandmother, cast in the role of the evil stepmother or wicked witch, wears many layers of black and red, while Eréndira is initially shown to us dressed like Alice in Wonderland in a white pinafore and bulky white bobby socks. All through the film, Eréndira is shown lightly clad in white or light colors, while the Grandmother is arrayed heavily in dark, ornate textures, ruffles, veils and feathers, often trimmed with bright blood red. The only exception is the scene where the Grandmother dresses Eréndira up to go seduce Senator Onésimo Sánchez so that he will write a letter for her; there Eréndira wears startling bright orange and looks like an overdressed doll, her passive puppet nature emphasized by the clothing she clearly did not choose. At the very end, when roles are being switched or inherited vertiginously, the murdered Grandmother's blood runs green over white-clad Ulises, who is the truly innocent victim in this whole Wagnerian melodrama; and Eréndira runs off over the sand dunes with the bars of gold, her tracks turning bright red behind her. Again, the bright color in association with Eréndira is a shock. It can be the blood of the murdered Grandmother, since it is Eréndira who is really guilty of the butchery. It can be the menstrual red of the girl who suddenly grows up, achieves maturity, arrives at adulthood (and develops lines on her heretofore blank palm) and autonomy by being freed of the Grandmother's spell of domination. It can be that in this moment of apparent liberation Eréndira herself takes on qualities of the Grandmother, takes on the weight —literally, the weight of the gold— of the inescapable past even as she runs from it, and the red color previously associated with the Grandmother is now hers forever.

A recent advertising summary of the film "Eréndira" extolls the magnificent performances by Irene Papas as the Grandmother and Claude Ohana "as her young, innocent and beautiful granddaughter, Eréndira.... No matter how many peons visit her desert digs, Eréndira keeps her innocence intact" (Northeast Conference program). "Innocence" is an odd adjective to choose for a prostitute who, through most of the course of story and film, indicated as a period of some six years (since Eréndira is initially fourteen and is twenty at the end), has serviced thousands of men without ever a complaint about the sexual aspect of this enterprise but only, occasionally, about her extreme fatigue at the end of a long day. It is a little hard to reconcile our traditional notion of Snow-White and Sleeping Beauty, both untouchable virgin princesses of invulnerable chastity —whatever happens to them, it will not be rape— with tough, impassive little Eréndira and the long lines of men outside her tent handing over their coins to the Grandmother.

Insofar as Eréndira con be perceived as innocent, this is both a positive and a negative attribute. It is closely allied with sexual inmaturity and with subservience, a lack of individual definition, confidence and enterprise. The central joke of both the story and film versions is that Eréndira's conspicuous innocence of appearance and guileless manner are not sullied or destroyed by imposed sexuality. She seems to be a Peter Pan figure who manages to evade growing up until —perhaps— the very end. She seems almost totally unaffected by sexual depravity, religious mania, political corruption and the bizarre behavior of her own grandmother. Even the love of Ulises fails to transform her, to penetrate the surface of her invincible childishness.

In the English translation of the story, the title itself, "The Incredible and Sad Tale of Innocent Eréndira and Her Heartless Grandmother," brings us immediately to the issue of Eréndira's innocence. On the other hand, in the Spanish title, the adjective "cándida" immediately connects us with the more problematic choice between frank truthfulness and the insistent naïveté of Voltaire's Candide. Indeed, the adjective "innocent" is never applied to Eréndira in the Spanish original. We do, however, hear of "la inocencia de Ulises" (119), "un muchacho de corazón inocente" (129), and we are for a time encouraged to view Eréndira and her lover as Hansel and Gretel innocents in the clutches of the evil witch; but for the most part, the quality of innocence is Ulises' defining —and finally fatal— attribute, used and then spurned by Eréndira.

This brings us to the question of myth and mythic history, here the tale of Ulysses, and how it is used in the story. As in the case of fairy tales, various classic or Homeric parallels are evoked in "Eréndira," the most unmissable of these being the name of the hero and the vaguely mystifying supernatural attributes associated with him, from the mention of his grandfather's angel wings, the glass objects that change color when he touches them, to his ability to hear Eréndira when she calls him from miles away, like the sirens in the *Odyssey* whose song is irresistible. Like Circe, Eréndira attracts and enchants men with her sexual power. She has been compared to Ariadne and the Nereids, both anagrams of her name, Eréndira, and of the version Ulises uses, Arídnere (Palencia Roth, Sarrailh, Peel). When Eréndira asks Ulises his name and he tells her,

"Es nombre de gringo," dijo Eréndira.
"No, de navegante" (118),

says Ulises, alluding perhaps to the voyages of the classic Ulysses and, of course, tying in with the extensive sea imagery present particularly throughout the story version but also in the film as well and connecting, too, with the

Grandmother's dream images of a "barco griego" (152). Ulysses' ship —or his white horse, if we think of him as a rescuing fairy tale prince— is the old truck that he and his father use for running contraband diamonds across the border disguised as a load of bird cages. The golden apples of the Hesperides are seen here as golden oranges, magical fruit in the surreal setting of modern day border heroes, the contraband smugglers. The namesake of the hero of the novel of chivalry, Amadis, is also here a "contrabandista legendario," as great and as known in his time as the medieval hero.

But the hero's white horse fails him. It cannot go as fast as the pursuing police car. And the Hansel and Gretel story gets tangled in: the truck leaves a trail of bird feathers, like Hansel and Gretel's crumbs. The folk tale is reversed: Eréndira and Ulises are caught because they can be followed; Hansel and Gretel are lost because their trail is erased by birds who eat the crumbs. The traditional hero is a failure. The strategies of the past are ludicrous in the present.

But Ulises, unlike Eréndira, is incapable of learning much from failure. He keeps on trying to rescue the princess from the evil witch. It is increasingly obvious that she is using him, that she is a Snow-White become manipulative and greedy, although still incapable of escaping the enchantment all by herself. The comedy escalates, along with Ulises' desperation. He must rescue the princess; his manhood is on the line. Arsenic in the birthday cake is a ludicrous flop. Eréndira is contemptuous; "'Lo que pasa,' dijo, 'es que tú no sirves ni para matar a nadie'" (157). She perceives now that the Grandmother's tie to the past makes her vulnerable —"Estaba tan absorta en su nostalgia que no se daba cuenta de la realidad" (158)— but Eréndira still needs Ulises to perform the actual murder. And he fails again. The detonation of the piano only repeats the disaster of the initial fire; the past is a shambles, but not yet destroyed, and the Grandmother insists again upon repayment. Ulises looks to Eréndira for guidance, but she says only

> "Lo único que has conseguido es aumentarme la deuda". Los ojos de Ulises se turbaron de ansiedad. Permaneció inmóvil, mirando a Eréndira en silencio, viéndola partir los huevos con una expresión fija, de absoluto desprecio, como si él no existiera. (160)

When Ulises does butcher the Grandmother, it is shown in the film as a scene remarkably similar to the first rape of Eréndira by the shopkeeper: the same winds, blowing fabrics, choppy violence, predominant gray shades. In the film, Eréndira is shown watching her hand as lines develop on her palm. In the story, "su rostro adquirió de golpe toda la madurez de persona mayor que no le habían dado sus veinte años de infortunio" (162), and off she runs, with never a look behind. Ulises collapses in tears, crying after her desperately

> con unos gritos desgarrados que ya no eran de amante sino de hijo, pero lo venció el terrible agotamiento de haber matado a una mujer sin ayuda de nadie. Los indios de la abuela lo alcanzaron tirado bocabajo en la playa, llorando de soledad y de miedo. (162)

For Ulises, the past has failed, over and over again, to provide him with adequate models for the present. His pistol, a legacy of Sir Francis Drake's exploration of the Caribbean coast, is useless; it will no longer fire. The ideals and roles designated by novels of chivalry, classic myths, a heritage of folk tale, history itself, are inappropriate for the modern age. Innocence is outmoded and even dangerous. Ulises is trapped in the childhood world of dragon stories and naïve Prince Charmings. Not only is he left behind, but he is shown as pathetic, his innocence unappealing. Eréndira has now shed the past and moved on.

Center for Literary Studies, Harvard University<br>
Cambridge, Massachusetts

## NOTES

1. Parts of it were published in ¡Siempre! 906 (Nov. 4, 1970).
2. As documented in the 1983 film "Del viento y del fuego" co-directed by Adolfo García Videla and Humberto Ríos, produced by Cooperativa Condor, Filmoteca de la UNAM, which is about the making of Ruy Guerra's "Eréndira" and García Márquez' participation in this venture.
3. This quotation and the next are from a publicity release on the film. See also García Márquez, "Chronicle of a Film Foretold."

## WORKS CITED

Dworkin, Andrea. *Woman Hating*. New York: Dutton, 1974. As cited in Zipes (170).
García Márquez, Gabriel. *La increible y triste historia de la cándida Eréndira y de su abuela desalmada*. Mexico: Hermes, 1972.
_____. "Chronicle of a Film Foretold." *American Film* 9 (Sept. 10, 1984): 12-13.

Hancock, Joel. "Gabriel García Márquez' 'Eréndira' and the Brothers Grimm." *Studies in Twentieth Century Literature* 3.1 (1978): 43-52.
Jameson, Frederic. "On Magic Realism in Film." *Critical Inquiry* 12.2 (1986): 301-25.
Palencia Roth, Michael. *Gabriel García Márquez*. Madrid: Gredos, 1983. 152-63.
Peel, Roger M. "Gabriel García Márquez y *La increíble y triste historia de la cándida Eréndira y de su abuela desalmada.*" *Estudios en honor a José J. Arrom*. Chapel Hill: U. of North Carolina P, 1974. 277-88.
Sarrailh, Michèle. "Ruben Darío y el modernismo en *La increíble y triste historia de la cándida Eréndira y de su abuela desalmada,*" *XVII Congreso del Instituto Internacional de Literatura Iberoamericana* 1 (1978): 707-24.
Zipes, Jack. *Fairy Tales and the Art of Subversion: The Classical Genre and the Process of Civilization*. New York: Wildman Press, 1983.

# FRIEDA H. BLACKWELL

## Spoofed Spies, Duped Detectives, and Elusive Reality in Torrente's *Quizás el viento nos lleve al infinito* and Benet's *El aire de un crimen*

Traditionally, detective and spy fiction has been the almost exclusive domain of British and American writers, with a few notable exceptions, such as the short stories of Borges. In recent years, though, popular "criminal" fiction has been flooding into Spanish bookstores, leading critics, such as Juan Tebar to state definitively, "La bibliografía indica que *hay* una novela policíaca española. No podemos ignorarla" (4). The popularity of this formula fiction may be explained in part, by its relationship to myth and fairy tales which simplify the complexities of reality into clear-cut opposites and offer happy endings. These same elements though, invite parodies of the genre. *Quizás el viento nos lleve al infinito* by Gonzalo Torrente Ballester (1984) and *El aire de un crimen* by Juan Benet (1980) extensively parody the familiar configurations of criminal fiction. However, in both instances, the parody functions, not merely to expose the well-known limitations of this genre, which makes no pretense of being serious literature, but to further the writers' exploration of the elusive nature of reality inside and outside the fictional world.

*Quizás el viento nos lleve al infinito* purports to be the memoirs of the master spy, El Maestro Cuyas Huellas Se Pierden En La Niebla, possessor of the unique ability to transform himself into any human or object while retaining his own identity. The secret agent's supposed mission is to discover the party guilty of the theft from NATO's Paris headquarters of the Strategic Defense Plan, which could upset the East-West balance of power. While borrowing the body of the Russian Colonel Etvachenko, the Maestro meets and falls passionately in love with his host's lover, Irena Tchernova, poet and secret agent. The amorous adventure is soon halted when the Maestro discovers he is being stalked by an olifactory CIA robotic agent, Eva Gardner (or Gradner). Many close calls and metamorphoses later, the Maestro and Irena meet in Berlin, only to be permanently separated in a shootout at the Brandenburg Gate. From the wound Irena receives from a stray bullet come a puff of blue smoke and a tangled web of computer cables. Inverisimilarly, Irena too is a robot. The shock of this discovery leads the Maestro to search for Irena's programmer and an explanation of her capacity for human love and religious reasoning.

The opening pages of *El aire de un crimen* detail the discovery in Bocentellas, a village in Región, Benet's imaginary region in northern Spain, of a cadaver in the main plaza — a cadaver with a bullet hole through the neck. Captain Medina, from the nearby army outpost takes charge of the murder investigation, and the body is stored, first in the empty ice house, and then in a vat of aguardiente to preserve it for inspection by a civil judge. As life continues in Región, Dr. Sebastian comes back to the province and helps with the final days of a family friend. Captain Medina tracks two military prisoners who successfully escape from his command post, aided by civilians Amaro, father and son, and money from the Madrid tycoon, Mr. Peris. Medina establishes a liason with Chiqui, protegé of the bar owner, La Tacón. Chiqui is kidnapped and raped after the military fugitives, friends of La Tacón, abuse Amaro's hospitality and his daughter. By the novel's end, several more unsolved murders have surfaced, but life plods on in Región.

While it is obvious from the opening pages of both novels that Torrente and Benet are parodying the conventions of "criminal" fiction, the works offer a few fundamental differences which must be taken into account before similarities are considered. Torrente's novel is built on the conventions of the spy novel; whereas, Benet's work is constructed on those of detective fiction. In both fiction types there is a problem to be solved and suspense is built as the solution is sought. They differ, though, as Van Dover succinctly summarizes, in that "the secret agent novel generates suspense, not through 'who's' and 'why's,' but through 'how's' and 'when's'. Knowledge is the conclusion of the detective; the premise of the secret agent" (153). The detective seeks to explain the past. The spy seeks to alter the future. Torrente's Maestro's mission is to discover the perpetrator of a theft and intercept the stolen documents before their delivery to the enemy. In Benet's novel, the problem is identifying the author of a murder.

The settings of the spy novel and the detective's world offer further contrasts. Spy fiction, escapist by its very nature, usually uses exotic or romantic settings. The spy leaves the familiar to enter a world of fantasy and adventure, usually in a foreign country (Sauerberg 37-8, 90). The detective's world, as Charney states, is a familiar social world where evil is a man-made intrusion (xx). The action of *Quizás* occurs principally in Paris and Berlin, with short shifts to Russia, London, and the Far East. *El aire* transpires in Región, a rural mountainous area with sleepy villages, strikingly like areas of northern Spain.

Time flows in different directions in spy and detective fiction. For the spy, time converges forward toward a single moment and possibly, a catastrophic event. For the detective "time flows backwards," says Murch, because in detective fiction, unlike other genres, one must know the outcome from the first moment and work backwards (31). The action of *Quizás* converges as the Maestro races between Paris and Berlin, knowing he has but one week to complete his mission. In *El aire*, Medina must look backwards in time to explain the appearance of a cadaver in the Bocentellas' plaza.

Perhaps the most significant distinction between these types of criminal fiction lies in each's assumptions about order, right, and wrong. The spy novel, arising in the tensions of the Cold War era, accepts the basic premise that my country is right and any threat to its stability must be stopped by whatever means, including violence (Van Dover 154). The detective novel views violence, especially murder, as always wrong and determines innocence and guilt in order to punish the latter (Charney 78). The Maestro must resort to lies, deception, and even violence in carrying out his mission. Medina, however, insists upon calling in a judge and following legal requirements in his murder investigation, much to the irritation of Bocentellas' residents.

In spite of these differences, Torrente's and Benet's novels are both part of a tradition, beginning in the late 1800's, of parodying criminal fiction, and found almost exclusively, until very recently, in English language literature. Torrente's and Benet's works bring the parodic process into Spanish letters. The parodic dimensions of both works become obvious almost immediately. *Quizás's* preface, "Las cosas claras" begins, "Este relato es completamente inverosímil, lo cual no quiere decir que sea falso" (7). This disclaimer violates the first convention of the genre, that the narrator is supposed to clarify reality. The reader is further alerted to the work's parodic intent when, in the preface, the narrator claims that the work is a "found" manuscript, linking the work to Cervantes' parodic masterpiece, and then claims that the manuscript was written by Nobody. Elsewhere, Torrente acknowledges the work's parodic dimensions stating, ". . . este relato . . . en un principio tiene, sobre todo, una intención paródica" (qtd. in Goñí 11). The reader of Benet's work is similarly, although more subtly, alerted to the parody being effectuated. In reference to the cadaver's appearance, narrated in the first paragraph, the narrator adds, "Durante dos días, se habló de él pero al cabo de siete . . . nadie volvió a mencionarla" and later adds, ". . . el enigma del cadáver se desvaneció sin quedar resuelto" (1,8). Thus, the detective novel's traditional trajectory of solving a problem is immediately deflected.

After establishing this burlesquing tone, Torrente's and Benet's novels proceed to parody similar elements of their genre's conventions. In formula fiction, the reader is aware of a finished plot summary before he begins reading and expects certain steps in the plot's development. The outcome is never in doubt, and chaotic reality always becomes ordered. Perry Mason's comment to helper Paul Drake, "There's a reason for everything" could serve as the leitmotif for criminal fiction (qtd. in Van Dover 75). Torrente's and Benet's works thwart all expectations of an ordered reality. Torrente's Maestro eventually solves the mystery of the stolen documents, but not by fingering the culprits. He says, "Ese Plan no ha existido jamás . . . una maniobra de desconcierto dirigida al enimigo" (204-5). His mission succeeds, but the Maestro never reports to a superior, much less, clarifies anything. In Benet's fictional world, the motto could be "There's a reason for very little." The crime detailed in the opening pages is never solved for the general public. It is not even mentioned in most of the book. Medina never brings the perpetrator to justice. The villagers are more puzzled by changes in water output from the fountain than the appearance of a dead body by it. The narrator says, ". . . coleó por mucho tiempo el problema de la fuente a la que muchos dedicaron horas de estudio, análisis y discusión" (8). Later murders remain likewise unsolved and the plot remains a tangled web of disparate fragments.

Time in crime fiction, as has been commented, is lineal, serving as an ordering agent in the fictional world. Torrente, in comments elsewhere, states:

> En algunos de los buenos modelos de la literatura policíaca, el juego de elementos prospectivos y retroactivos es constante, hasta el punto de que con mucha frecuencia el movimiento final de la novela consiste en un elemento que corrige todos los anteriores; es decir, que reorganiza la que hasta entonces nosotros habíamos organizado a lo largo de la novela. (qtd. in Becerra 144)

In *Quizás* the shocking discovery of Irena's true nature does indeed reorganize and correct previous assumptions. However, the moment of discovery only leads to more doubts, rather than a moment of understanding. The Maestro now wonders if he is human and is tempted to test his corporeal composition with a dagger. Benet's novel likewise parodies temporal conventions. The reader of *El aire* cannot piece together a chronology of events. Chapter order assumes no sequential arrangement. In one chapter it can be May and a character be dead, and in the next be July and the same character be very much alive.

The perennial popularity of both spy and detective fiction, critics explain, lies in the genre's relationship with myth and fairy tales. Van Dover affirms that this type of fiction is "a fable for modern adults, reassuring them that the apparently pointless ambiguities and nuances of existence have meaning." He adds that like the fairy tale, in criminal fiction, "they all live happily ever after" (10). Bettelheim points out that the fairy tale appeals because it states an existential dilemma and simplifies all situations to manageable proportions (8). In the modern world, such simplicity sells. Furthermore, the "criminal" novel, like the fairy tale for children, offers "chances for fantasy, recovery, escape, and consolation," as Harper writes, and appeases that deep-seated human need for justice (13). These Spanish novelists break such fairy tale promises. *Quizás's* preface's very title, "Las cosas claras," is ironic. In the spy's world, everything is shrouded in fog perpetually. The results of the Maestro's mission remain ambiguous, favoring neither superpower. Revelation of Irena's robotic nature complicates, rather than clarifies. Benet's title similarly underscores the parody of this convention. There is only the air of a crime, but no clear-cut identification of guilt and innocence, resulting in a more just and equitable social order. The cadaver remains pickled in the aguardiente, a second cadaver inexplicably joins the first in the whisky, and no one explains either's appearance. Violence in Región is a nuisance, but not really a crime.

Neither novel's characters live "happily ever after" as the formula promises. The Maestro is left wandering around Russia searching pathetically for solutions to inscrutable metaphysical problems. In Benet's final pages, the villagers, gathered at the winery, are having a drink from the same aguardiente with the pickled salamander in the bottom of the bottle which initially gave them the idea for preserving the first corpse in liquor. No one in either work is any happier.

The novel's central protagonists, modern day versions of the hero/savior archetype, are demythified in both novels. That the protagonist of the spy or detective novel has ties with the mythic hero is acknowledged even by a popular writer like Ian Fleming who states, "James Bond is really a latter day Saint George. He *does* kill dragons after all." Fleming adds that his character, like knights of yore, vanquishes villains, embodying social and moral evils, and rescues damsels in distress (qtd. in Sauerberg 13). The spy or detective is usually a strong, self-reliant, charismatic character, sure of himself in all situations, and possessing a clear sense of his identity and his own capabilities (Palmer 24, 83). Sauerberg explains that formula fiction uses larger-than-life heroes whose superiority lies in the "quantitative extension of normal capacities" (101-102). Torrente immediately spoofs the spy's special capacities by presenting James Bond as a robot, though still the perfect secret agent: experienced, loyal, lacking in original thoughts, and possessing extreme sexual powers (54). Later models improved on the Bond prototype, especially in terms of sexual strength.

Both novelists' protagonists are the antithesis of the archetypal heroes characterized above. Neither the spy nor the sleuth can see past life's ambiguities nor order reality. They create ambiguity. They slay no dragons, and in some cases cannot even identify the evil. The Maestro and Medina are not particularly self-reliant nor sure of themselves. At one point, the Maestro comments, ". . . mis maravillosas facultades de transformación no me servían de nada" (127). So unsure of his identity is he that he describes himself as "un sistema de paradojas en equilibrio inestable" (24). Similarly, Benet's captain is awkward in the presence of women, and the narrator says of him on several occasions, "Pero no acertaba ver claramente . . ." (37). The mythic hero in these fictional worlds has been demythified, humanized, and even, in the case of Torrente's Bond, merely mechanized.

Serious literary critics have roundly condemned the spy and detective novels as being totally unrealistic and completely inverisimilar. They are right, of course. However, even on a superficial level, this formula fiction lends itself well to forcing the reader to examine the shape of his reality. The success of both the spy and the sleuth (and the reader vicariously) depends on their accuracy in reading and interpreting their surroundings. These author's similar parodying of criminal fiction points to their like concerns about the presentation of reality in a work of fiction.

In the 1950's when Torrente and Benet were at the beginning of their novelistic careers, the dominant literary movement was objectivism, which averred that the novel's function was to offer a "slice of life," reproducing external physical reality with no authorial subjectivity. Both authors flatly rejected objectivists' tenets of literary creations. For Torrente, there are many levels of reality beyond the sensory, which all gain equal validity in the mind. Torrente's ultimate novelistic convention, developed during his long career, is what he calls "sufficient reality" and defines as follows: "un número de elementos dispuestos de tal forma que basten para que el lector pueda imaginarlos como reales, con la misma fuerza que lo real, aunque no correspondan a seres o acciones que existan objectivamente" (*Quijote* 46). Thus, the writer's task, as Torrente sees it, is to create new realities through the power of the word, and to explore the disparity of appearance and reality. Similarly, Juan Benet affirms the enigmatic nature of art and avers that the artist's function is to create ambiguities, an omnipresent element in a literary work (Cabrera 14). Critic Compitello further elucidates Benet's literary philosophy stating, "The aim of the artist is the exploration through his art of a created second reality, a 'system of representations,' as Benet labels it" (11). According to Cabrera, Benet believes that the artist "moves toward the invention of mystery, mystery that will always remain beyond reason's reach" (15). With such surprisingly similar theories of literary creation and perception of reality, it is small wonder that both Torrente and Benet should use a parody of crime ficiton to challenge their readers to examine assumptions about reality, as these writers play elaborate, intellectual word games.

*Quizás el viento* and *El aire* present a fictional reality which is nebulous and difficult to discern, much less identify properly. In Torrente's world, everything is enveloped in a dense fog, which renders reality diffuse and enigmatic. For example, people are not always people. The robot Eva Gardner looks so human that no one knows she is a machine until the battery runs down and she goes into spasms, seeking an electrical outlet into which she can plug herself. The Maestro himself offers an even clearer example of the enigma of reality. Because of his transformational skills, he can look like another person and yet be himself, thus leading those around him to identify him erroneously. Reality in Torrente's novel changes shapes as rapidly as does the Maestro. Characters in Benet's work likewise misinterpret reality. For example, in her efforts to recover her protegé Chiqui, kidnapped by the Amaro, La Tacón first sits down to try to reason out the young lady's disappearance. Such logic leads her to the wrong conclusion: "Tal confianza le llevó a la Tacón a desdeñar el rapto de la Chiqui por Amaro" (211). The reader already knows that La Tacón has rejected the correct reading of reality, a mistake she identifies only much later.

Benet's detective novel could perhaps be defined by a comparison from the work itself: " . . . ciertas ruinas paleolíticas *[que]* sólo conservaban el enigma de una ordenación original desaparecida y no reconstruible" (197). The pieces of reality can never be ordered to yield ultimate truth, through logic and reasoning As Bettelheim has expressed so well, the truth of these "adult" fairy tales is the "truth of our imagination, not that of minimum causality" (9).

Although Torrente's *Quizás el viento nos lleve al infinito* and Benet's *El aire de un crimen* are, in many ways, dissimilar, these contemporaneous works, based on a popular fictional genre' offer striking similarities in their parodies of "criminal" fiction, which ultimately force the reader into a closer examination of the shape of his reality. While Torrente's novel is a spoof of spy fiction and Benet's a burlesque of the conventions of the detective novels, both novelists destroy the adult fairy tale's illusion of an unambiguous, ordered reality, and demythify the larger-than-life hero, reducing him to merely human proportions. Reality and appearances never converge, right and wrong are not absolutes, and the enigmatic nature of reality places it beyond man's powers of reason and logic. Reader expectations in this formula fiction are left unfulfilled. From these broken conventions, though, does emerge a more acute awareness of the elusiveness of reality, as well as its richness and multiplicity. Such initial disillusionment may, in the long run, carry us on to the infinite facets of the realities beyond, or at least allow us a tantalizing glance of their shapes, barely perceptible in the hazy air.

Howard Payne University<br>Brownwood, Texas

### WORKS CITED

Becerra, Carmen. "*Quizás el viento nos lleve al infinito*: La coherencia narrativa de Gonzalo Torrente Ballester." *Anales de la literatura española contemporánea* 9 (1984): 142-46.

Bettelheim, Bruno. *The Uses of Enchantment.* New York: Alfred A. Knopf, 1968.

Benet, Juan. *El aire de un crimen.* Barcelona: Planeta, 1980.

Cabrera, Vicente. *Juan Benet.* Boston: Twayne, 1983.

Charney, Hanna. *The Detective Novel of Manners.* London: Associated University Presses, 1981.

Compitello, Malcolm. "The Paradoxes of Prasix. Juan Benet and Modern Poetics." *Critical Approaches to the Writing of Juan Benet.* Ed. Roberto Mantiega, et. al. Hanover: UP of New England, 1984. 8-17.

Goñí, Javier. "Gonzalo Torrente Ballester. Un hombre tranquilo." *Insula* 452/453 (1985): 11.

Harper, Ralph. *The World of the Thriller.* Cleveland: Press of Case Western Reserve University, 1969.

Murch, A. E. *The Development of the Detective Novel.* 2nd ed. New York: Port Washington, 1968.

Palmer, Jerry. *Thrillers: The Genesis and Structure of a Popular Genre.* New York: St Martin's Press, 1979.

Sauerberg, Lars Ole. *Secret Agents in Fiction.* New York: St. Martin's Press, 1984.

Tébar, Juan. "Novela criminal española de la transición." *Insula* 464/465 (1986): 4.

Torrente Ballester, Gonzalo. *El Quijote como juego*. Madrid: Guadarama, 1974.

_____. *Quizás el viento nos lleve al infinito*. Barcelona: Plaza y Janés, 1984.

Van Dover, Kenneth J. *Murder in the Millions*. New York: Frederick Ungar, 1984.

# MIREYA CAMURATI

## Borges, Dunne, y la regresión infinita

Entre los pensamientos que atarean la mente humana, ninguno más escandaloso que el de la eternidad y el infinito. Por esto, no resulta extraño que ellos aparezcan entre las reflexiones más tempranas y más persistentes de ese curioso inquisidor que fue Jorge Luis Borges. En 1936, Borges escribe "Historia de la eternidad," texto al que familiarmente denomina "biografía de la eternidad" (47).[1] Tres años más tarde, presenta el artículo "Avatares de la tortuga" como substituto abreviado de una "ilusoria *Biografía del infinito*"(149)[2] que en algún momento pensó compilar. Alternativamente, Borges llama a la eternidad "mágica," "el estilo del deseo," o "un juego o una fatigada esperanza" (HE 14, 42, 11). Por su parte, dice que el infinito es "un concepto que es el corruptor y el desatinador de los otros (OI 149), o una "palabra de zozobra que hemos engendrado con temeridad y que una vez consentida en un pensamiento, estalla y lo mata" ("Perpetua carrera" 120). Si bien estas calificaciones son sugerentes, y resuenan con terrible fuerza, Borges se previene muy bien del riesgo de convertirse, según sus palabras, en "un argentino extraviado en la metafísica (OI 235). Así, cuando se ve próximo a conclusiones doctrinarias o solemnes, cambia el tono con ironía o gracia socarrona. Por ejemplo, al comentar "nuestra incapacidad natural de concebirle principio al tiempo," anota: "Adolecemos de la misma incapacidad en lo referente al espacio, de suerte que invocar una Eternidad Anterior es tan decisivo como invocar una Infinitud A Mano Derecha" (HE 104).

Como sabemos, este delicado equilibrio entre la pura meditación y los límites y exigencias del texto literario es una de las características más originales y más valiosas de la obra de Borges. En el "Epílogo" de *Otras inquisiciones*, el autor nos da la pauta para interpretarla cuando reconoce su tendencia "a estimar las ideas religiosas o filosóficas por su valor estético y aun por lo que encierran de singular y de maravilloso" (OI 263).

En este trabajo nos proponemos analizar un breve ensayo que ejemplifica acabadamente algunos de estos rasgos del estilo borgesiano. Nos referimos al titulado "El tiempo y J.W. Dunne," incluído en *Otras inquisiciones* (OI 31-35).

Recordemos primero que John William Dunne (1875-1949) fue un escritor británico de segundo orden cuyas ideas atrajeron sin embargo la atención de Borges. En "Libros y amistad," artículo en el que Adolfo Bioy Casares comenta su relación con Borges, leemos que "los libros de J.W. Dunne sobre el tiempo y los sueños" (153) ocupaban tardes y noches de la conversación entre los dos amigos.[3]

Dunne combatió en la guerra de los Boers y, como ingeniero aeronáutico, diseñó el primer aeroplano militar británico. Sus escritos incluyen libros para niños junto a textos de filosofía popular en los que aplica procedimientos de las matemáticas. Los títulos de estos últimos son: *An Experiment with Time* (1927), *The Serial Universe* (1934), *The New Immortality* (1938), y *Nothing Dies* (1940).

En la Introducción a *The Shape of Things to Come* (1933), H.G. Wells se refiere a las teorías de Dunne, y dice que la lectura de *An Experiment with Time* le resultó tan atractiva y estimulante que lo movió a escribir algunos artículos sobre el libro.

Entre los escritores de habla inglesa, quien estudió detenidamente la obra de Dunne fue J.B. Priestley. En la Introducción a *Two Time Plays*, la edición de 1937 de *I Have Been Here Before* y *Time and the Conways,* Priestley llama a Dunne "bold pioneer of Time exploration" (ix), y expresa su deseo de que sus ideas se divulguen y sean consideradas con la atención que merecen. En 1964 Priestley publicó *Man and Time*, texto extenso al que califica como un ensayo personal sobre el Tiempo. Entre sus capítulos, son interesantes el tercero, dedicado a los estudios científicos sobre el Tiempo, el cuarto donde el autor considera el tema del Tiempo en la ficción narrativa y el drama, y el décimo, titulado "Dunne y el Serialismo" (242-61). En este último, Priestley analiza las obras de Dunne, principalmente *An Experiment with Time* que es la primera publicación de Dunne sobre el tema y contiene las tesis fundamentales que el autor seguirá elaborando en los libros posteriores. En esta relación entre Dunne y Priestley, algunos críticos también observan la influencia del primero en la obra dramática del segundo.[4]

Con estas informaciones adicionales, volvamos ahora a "El tiempo y J.W. Dunne." Borges inicia su ensayo con el siguiente párrafo:

> En el número 63 de *Sur* (diciembre de 1939) publiqué una prehistoria, una primera historia rudimental, de la regresión infinita. No todas las omisiones de ese bosquejo eran involuntarias: deliberadamente excluí la mención de J.W. Dunne, que ha derivado del interminable *regressus* una doctrina suficientemente asombrosa del sujeto y del tiempo. La discusión (la mera exposición) de su tesis hubiera rebasado los límites de esa nota. (OI 31)

La nota a la que se refiere Borges es "Avatares de la tortuga," texto que como su precedente, "La perpetua carrera de Aquiles y la tortuga," parte de la famosa paradoja de Zenón de Elea, a la que Borges resume así:

> Aquiles corre diez veces más ligero que la tortuga y le da una ventaja de diez metros. Aquiles corre esos diez metros, la tortuga corre uno; Aquiles corre ese metro, la tortuga corre un decímetro; Aquiles corre ese decímetro, la tortuga corre un centímetro; Aquiles corre ese centímetro, la tortuga un milímetro; Aquiles Piesligeros el milímetro, la tortuga un decímetro de milímetro y así infinitamente, sin alcanzarla...(OI 149-150)

En "La perpetua carrera de Aquiles y la tortuga," Borges considera algunas de las refutaciones de la aporía, como las formuladas por Stuart Mill, Bergson, Russell, y William James. "Avatares de la tortuga," según lo indica el título, contiene variaciones o nuevas versiones de la paradoja entre las que se anotan la de Agripa, Sexto Empírico o, saltando siglos y propósitos, frases y razonamientos que la aluden como los de Byron, Coleridge, Santo Tomás, Hermann Lotze y Lewis Carroll, entre otros. En la misma línea, y en relación con aspectos de la regresión infinita, "El tiempo y J.W. Dunne" trae comentarios de Paul Deussen, Schopenhauer, Herbart, Leibniz, y menciones complementarias de Huxley, Gustav Spiller, Juan de Mena, Ouspensky, Bradley, y Bergson. Así, y como los anteriores, este ensayo pone en evidencia la técnica de Borges de utilizar citas y menciones de otros autores como base o referencia en la estructura de su texto.[5] El procedimiento aparece repetido en sus obras, desde las más tempranas. Por ejemplo, puede observarse en "La penúltima versión de la realidad" (1928), o "Una vindicación del falso Basílides" (1931), artículos incluidos en la primera edición de *Discusión*, de 1932. Con frecuencia se trata de un autor poco conocido, a veces recuperado gracias a la lectura de alguna edición antigua de la *Enciclopedia Británica*, como es el caso del John

Wilkins de "El idioma analítico de John Wilkins," en *Otras inquisiciones*. Iniciada la lucubración sobre determinado personaje o su obra, la misma empieza a bifurcarse y da cabida a otras citas de otros autores y textos. El recurso será aún más fructífero cuando se lo emplee en la ficción narrativa dada la posibilidad de utilizar en ella nombres y libros apócrifos.

Continuando con el análisis de "El tiempo y J.W. Dunne," llegamos a los párrafos en los que Borges sintetiza las ideas centrales del escritor ingles:

> Este (*An Experiment with Time*, capítulo XXII) razona que un sujeto consciente no sólo es consciente de lo que observa, sino de un sujeto A que observa y, por lo tanto, de otro sujeto B que es consciente de A y, por lo tanto, de otro sujeto C, consciente de B... No sin misterio agrega que esos innumerables sujetos íntimos no caben en las tres dimensiones del espacio pero sí en las no menos innumerables dimensiones del tiempo. (OI 32)
> ............................................................
> *[Dunne]* postula que ya existe el porvenir, con sus vicisitudes y pormenores. Hacia el porvenir preexistente (o desde el porvenir preexistente, como Bradley prefiere) fluye el río absoluto del tiempo cósmico, o los ríos mortales de nuestras vidas. Esa traslación, ese fluir, exige como todos los movimientos un tiempo determinado; tendremos pues, un tiempo segundo para que se traslade el primero; un tercero para que se traslade el segundo, y así hasta lo infinito. (OI 33-34)

Por fin, Borges menciona la interpretación de Dunne de los sueños premonitorios como prueba de que ya existe el futuro:

> Dunne, asombrosamente, supone que ya es nuestra la eternidad y que los sueños de cada noche lo corroboran. En ellos, según él, confluyen el pasado inmediato y el inmediato porvenir. (OI 35)

Aunque a lo largo del artículo Borges ha delatado errores en las tesis de Dunne y las ha rebatido con reflexiones propias y ajenas, las líneas que lo cierran son reveladoras en cuanto a su apreciación última:

> Dunne asegura que en la muerte aprenderemos el manejo feliz de la eternidad. Recobraremos todos los instantes de nuestra vida y los combinaremos como nos plazca. Dios y nuestros amigos y Shakespeare colaborarán con nosotros.

Ante una tesis tan espléndida, cualquier falacia cometida por el autor, resulta baladí. (OI 35)

Claramente, Borges sostiene que lo "espléndido" de la tesis resta importancia a la falsedad o al engaño en que ésta pueda apoyarse. Esto condice perfectamente con la actitud habitual de Borges en cuanto a enunciar y comentar ideas y teorías físicas y metafísicas. Su preocupación está por sobre todo en la función que las mismas cumplen en la estructura del texto, o en su capacidad de sugerencia. Al insistir en que sólo era un escritor, no un científico, filósofo, o teólogo, el criterio de verdad, o de razón lógica pueden pasar a un segundo plano.

Además de ejemplificar en forma acabada algunas de las técnicas más comunes en la obra borgesiana, "El tiempo y J.W. Dunne" es también importante en el aspecto temático. Al comienzo del artículo Borges comenta que lo estimuló a escribirlo "el examen del último libro de Dunne —*Nothing Dies* (1940, Faber and Faber)— que repite o resume los argumentos de los tres anteriores" (OI 31). Con frecuencia, Dunne acompaña la enunciación de sus teorías con esquemas y dibujos. En el segundo capítulo de *Nothing Dies* titulado "Los límites del conocimiento" ("The Boundaries of Knowledge"), presenta una secuencia de grabados con los que ilustra las ideas acerca de la relación entre un observador autoconsciente y su visión total del mundo. Propone que el observador sea un artista que decide pintar un cuadro completo del universo, tal como lo conoce. Terminada la tarea, la primera figura nos muestra un paisaje. Pero el artista descubre que hay algo incompleto: falta él incluido en el paisaje. Produce entonces la segunda figura que presenta el paisaje el fondo y, en primer plano, al artista frente a la tela donde pinta el paisaje. Pero de nuevo el observador advierte que falta él como el que está pintando el cuadro que lo contiene en el acto de pintar el paisaje. Y así puede seguirse indefinidamente.

El lector familiarizado con la obra de Borges reconocerá en estas imágenes de la regresión infinita[6] uno de los motivos más usados por el escritor. Por ejemplo, en "Magias parciales del Quijote," leemos:

> Las invenciones de la filosofía no son menos fantásticas que las del arte: Josiah Royce, en el primer volumen de la obra *The World and the Individual* (1899), ha formulado la siguiente: "Imaginemos que una porción del suelo de Inglaterra ha sido nivelada perfectamente y que en ella traza un cartógrafo un mapa de Inglaterra. La obra es perfecta; no hay detalle del suelo de Inglaterra, por diminuto que sea, que no esté registrado en el mapa; todo tiene ahí su correspondencia. Ese mapa, en

tal caso, debe contener un mapa del mapa, que debe contener un mapa del mapa del mapa, y así hasta lo infinito." (OI 68)

Algo semejante aparece en "La Biblioteca de Babel," cuando se propone un método "regresivo" para hallar el libro que sea el compendio perfecto de todos los demás:

> Para localizar el libro A, consultar previamente un libro B que indique el sitio de A; para localizar el libro B, consultar previamente un libro C, y así hasta lo infinito....(*Ficciones* 92-93)

Lo mismo puede observarse en la "'novela regresiva, ramificada' *April March*" de "Examen de la obra de Herbert Quain" sobre la que el narrador comenta que "Alguien ha percibido en sus páginas un eco de las doctrinas de Dunne" (*Ficciones* 79).

En el capítulo III de *Nothing Dies*, para explicar la idea de la regresión y el serialismo Dunne habla de una cadena o "serie" de seres en la que cada uno de sus integrantes conoce la existencia de un ser inferior a él, y es conocido por un ser que está arriba.[7] Si recordamos aquí la trama de "Las ruinas circulares" notaremos la relación de la "serie" de Dunne con la cadena del mago que forma un hijo a quien envía a oficiar a un templo río abajo, para venir a descubrir al final que también él es criatura formada por un mago que habita río arriba.

Por fin, en uno de los últimos textos de Borges, el que significativamente se titula "Un sueño," reaparece la imagen de la regresión. Leemos:

> En un desierto lugar del Irán hay una no muy alta torre de piedra, sin puerta ni ventana. En la única habitación (cuyo piso es de tierra y que tiene la forma de círculo) hay una mesa de madera y un banco. En esa celda circular, un hombre que se parece a mí escribe en caracteres que no comprendo un largo poema sobre un hombre que en otra celda circular escribe un poema sobre un hombre que en otra celda circular... El proceso no tiene fin y nadie podrá leer lo que los prisioneros escriben. (*La cifra* 71)

Como dijimos al comienzo, "El tiempo y J.W. Dunne" ofrece en sus breves páginas materiales que, desde diversas perspectivas, ayudan a penetrar e interpretar el universo complejo y deslumbrante de la escritura borgesiana.

En primer término, observamos que la elección de un autor poco conocido y de importancia menor se justifica si, como en el caso de Dunne, algunas de sus ideas tienen ese algo de "singular y de maravilloso" que atrae a Borges.

Por otra parte, las reflexiones que integran el texto no se limitan a Dunne sino que parten de éste y de su obra hacia otras obras y otros pensadores en los que una misma tesis puede presentarse en forma armónica o contrastante.

Finalmente, cabe conjeturar que algunos de los motivos que aparecen reiterados en las ficciones de Borges, como éste de la regresión inclusiva e infinita, pueden haberse reavivado en la mente del escritor por la observación de ciertos dibujos intercalados en páginas prescindibles.

Quizás jugando con la paradoja de Zenón, las cajas chinas, o los grabados de Dunne, Borges encontró una forma de aquietar la angustia del infinito. Y si no como alivio metafísico, es claro que el tema de la regresión inacabable sirvió de base para algunas de sus creaciones más felices.

State University of New York<br>
at Buffalo<br>
Buffalo, New York

## NOTAS

1. De aquí en adelante, las referencias a "Historia de la eternidad" se harán en el texto, con la abreviatura HE.
2. De aquí en adelante, las referencias a *Otras inquisiciones* se harán en el texto, con la abreviatura OI.
3. En *Bioy Casares y el alegre trabajo de la inteligencia*, manuscrito de un libro sobre la obra del escritor argentino, tratamos en detalle las relaciones entre las ideas de Dunne y la narrativa de Bioy.
4. Ver por ejemplo el artículo de Grover Smith, Jr.
5. Sobre este tema, puede consultarse el artículo de Sylvia Molloy.
6. Por otra parte, la representación gráfica o material de un objeto que contiene a otro, que a su vez contiene a otro, que a su vez contiene a otro, y así en serie repetida, no es nada original. Baste recordar las "cajas chinas" (Dunne las había mencionado en *An Experiment with Time* 187). Para este tema, puede verse el artículo de Eduardo González Lanuza.
7. "Such a chain is known as a 'series' —hence the name of the new science. What we disclose is a series of knowers each of which is aware of an inferior knower and is known by a superior knower. Thus, the ultimate knower can never by discovered" (*Nothing Dies* 31).

## OBRAS CITADAS

Bioy Casares, Adolfo. "Libros y amistad." *La otra aventura*. Buenos Aires: Galerna, 1968.

Borges, Jorge Luis. "Avatares de la tortuga." *Otras inquisiciones*. Buenos Aires: Emecé, 1960.

_____. *La cifra*. Buenos Aires: Emecé, 1981.

_____. *Ficciones*. Buenos Aires: Emecé, 1956.

_____. "Historia de la eternidad." *Historia de la eternidad*. 5a ed. Buenos Aires: Emecé, 1968.

_____. "La perpetua carrera de Aquiles y la tortuga." *Discusión*. Buenos Aires: Emecé, 1957.

Dunne, J. W. *An Experiment with Time*. New York: Macmillan, 1938.

_____. *Nothing Dies*. London: Faber and Faber, 1940.

González Lanuza, Eduardo. "Cuando el continente cabe en el contenido." *La Nación* (Buenos Aires) 11 junio 1982: 4a sección, 1.

Molloy, Sylvia. "Borges y la distancia literaria." *Sur* 318 (mayo-junio 1969): 26-37.

Priestley, J. B. "Introduction." *Two Time Plays*. London: William Heinemann, 1937.

_____. *Man and Time*. London: Aldus Books, 1964.

Smith, Grover, Jr. "Time Alive: J. W. Dunne and J. B. Priestley." *The South Atlantic Quarterly* 56.2 (1957): 224-33.

FRANK P. CASA

## The Duality of the King in Golden Age Drama

Countless plays of the Golden Age period refer to the divinity of the king. The concept is old and embraces cultures as diverse as ancient Egypt, the Roman Empire, and the Christian Middle Ages. It is also a subject of great complexity and one which has produced an immense bibliography. With respect to our subject, we need to consider two basic points: 1) the idea of a political order as a reflection of a cosmic order is a constant in human history and is the basis for the claim of monarchical divinity; 2) the concept of the divinity of the monarch originates with the need to legitimize the authority of the ruler as an antidote to more established claims of the Church as the sole holder of authority on earth.

Within the Christian world the special nature of the king is derived from the sanctity he receives at his consecration. The coronation symbolizes the re-affirmation of the public order as sanctioned by the renewed contact with the holy power (García Pelayo 13). Through the symbol of the crown, the intermediary between heaven and earth, the sacro-political nature of power is validated. Strictly speaking, the king becomes a leader who is appointed by God and who is to reign according to his will (Hidding 54-56). However, medieval monarchical apologists seize upon this idea in their struggle to emancipate the state from the tutelage of the Church. Their purpose is not only to forge the king's independence from the Church's authority but also to establish parity between the contending forces (Gierke). The steps by which monarchy affirmed its sacral nature during the Middle Ages and after are traced in Ernst Kantarowicz' famous book, *The King's Two Bodies*. The consecration imparted upon the monarch an ecclesiastic dignity equal to that of the bishop, thus giving him not only temporal but also spiritual power. Above all, it gave him a new nature: "At the moment of unction...the Spirit of the Lord as a deificatory power leapt into the men of God, transforming them into 'viros alios'. The anointed king became fortwith a 'gemina persona' remaining as he was by nature with his own peculiarities, but becoming also another person by grace, embued with spirit and power exceeding all others" (164). It is this concept that the so-called Norman Anonymous utilizes to develop his Christocentric conception of the king. If the king is human by nature and divine by grace, a clear parallel is established with the dual nature of Christ who was divine by nature and human by grace.

This theory, which was to take increasing hold in English political thought, did not find a parallel development on the continent. Nevertheless, there are interspersed in Spanish documents sufficient references, some explicit and some less definite, that allow us to conclude that Spanish theorists accepted implicitly the force of this argument. To begin with, there is an emphatic assertion of the divinity of kings in the *acta* of the Cortes of Castile and León, held in Olmedo in 1445, which calls the king "ungido de Dios" and "vicario de Dios" (Carlyle 186). The promulgation of the act of Olmedo was brought about by the political necessity to impose peace and order in the turbulent 15th century, but this very practical end does not diminish the belief in the divinity of the king nor the special nature imparted by the unction. The consequences of this sacramental rite were not only pressed by monarchical apologists but came to be accepted by the Church, since it felt itself obliged to change the anointing of the kings from the head to the arm, thus emphasizing the lesser role of civil government (Kern). Donald W. Bleznick in his study of Fadrique Furió Ceriol, states that "El príncipe de Furió se compone 'casi' de dos personas: una, el hombre natural, semejante a sus prójimos; la otra favorecida por el cielo para gobernar, y por consiguiente, una persona pública" (25). Finally, the *Segunda Partida*, title XIII, law XIII, states: "Onde por esta razon dixeron que deue el pueblo conoscer al rey, primeramente en el mesmo, como es temporalmente Senor, e otrosi, como es escogido de dios, e que en su nome tiene lugar en tierra."

This duality, while imparting upon the monarch an edge of divinity, did not absolve the king from the bonds that held him to his people. The fragmented nature of feudal authority re-inforced the concept of mutual duty between kings and vassals and required the king to honor the rights that had been granted to the people. Thus, a contradictory situation ensued in which the prince, who is "legibus solutus," had also irrevocable duties toward the governed.[1] It is clear that by invoking supernatural explanations for the power of the king, one enters the contradictory world of theology. Can the king be the receptor of divine rights which are absolute and at the same time be bound by ordinary laws? The confusion is due to the existence of two separate currents: on one hand, there is the historical development of royal power with its struggles against powerful opponents and eventual accomodations with their claims; on the other, there is the theory of absolute power, divinely received, which was created in order to sustain royal rights. Political doctrines, however, seldom direct human events; they are, rather, used to justify decisions that have been taken (Mack). The dual nature of the king cannot, therefore, be used to shed light on either the historical process underlying royal power nor on the concept of divine kingship. What it does do is to reveal the hidden meaning present on the border of these two realities. The king and the ambiguities that derive from his dual nature are a symbol of the confusions that people perceive in their world. The inconsistencies and contradictions of life are projected onto a single, representative figure. The duality of the king per se, however, does not shed light on the human condition or even on our relation with the divinity. What it does illuminate is the contradiction that developed from society's acceptance of a world in which there existed both a divine pattern of events and man's desire to control his own destiny. When there exist two powerful forces in opposition to one another, truth is not to be found in either of them but in the values that human beings discover in choosing one or the other side.

Golden Age Drama deals with this issue incompletely. There is no major work such as Shakespere's *Richard II*, in which the king's incapacity to rule and his subsequent abdication becomes, at the same time, a strong affirmation of the man's integrity. For the most part, the *Comedia* hints at the problem in such a way that it seems to undermine its very structure. Thus in *El Caballero de Olmedo*, King John is presented as a weakling dominated by his minister, only showing himself as a strong and decisive monarch when he metes out justice at the end of the play. Without the concept of the duality of the king and the separation of functions, this change in King John would be a major error in characterization. Similarly, much of the confusion relating to the personality of King Pedro in *El médico de su honra* is due to our inability to accept the existence of two distinct realities in one person. There are, however, two plays which I can discuss on this occasion that deal with the subject in a substantial way; and both, curiously enough, are of doubtful paternity, *La Estrella de Sevilla* and *El rey don Pedro en Madrid*, the latter being attributed variously to Lope de Vega and Tirso de Molina.[2]

*La Estrella de Sevilla* uses as its very structure the duality that exists between man and king. Basically, it contrasts the monarch's theoretical position with his actions. The author makes the audience privy to the disparity that exists between the personage's awareness of his reality and his behavior. The ideal nature of the king is presented through the device of a ceremonial entrance into the city. Ceremonies are symbolic events used to make patent the larger significance of the persons involved. Thus, when the king fails to act in accordance with this representative act and uses the occasion to put forward his sexual preferences, we know that he is unable to understand its significance (Mack 26). Further evidence of his unworthiness is presented when he receives Busto Tavera, whose reverence for the king's place in the order of things is in sharp contrast to the lightness with which the king is willing to trade what is considered the prime duty of the monarch, the dispensing of justice, for the benevolence of the man whose sister he seeks to seduce. Finally, his total incomprehension of the duties that befall him is revealed when he is about to enter surreptitiously Estrella's bedroom and, pleased with the fact that he has been able to bribe a slave in order to effect such an entrance, exclaims: "Divina cosa es reinar." Once again, it is his incapacity to comprehend the deeper meaning of the phrase that renders him a worthless monarch. The play, as William McCrary has shown, deals with the education of the king. It has nothing to do with the nobility of Seville but with the problem of whether or not Sancho will become aware of the responsibilities of his position or will continue to be an unworthy ruler. The ideal ruler was thought to be a man who had sufficient self-discipline to hold in check his passions so that the order of society would not be disrupted by the consequences of personal disorder. The social conflict created by an unaware monarch could not be easily remedied. Since removal was not possible, the best solution to the problem was a personal conversion, that is an internal spiritual movement that reconciled the erring monarch both to his sacred duties and his people: "Conversion of the king afforded the best solution of all, whether it was accredited to the sovereign's magnanimity or to his realization that the popular outcry was the voice of Heaven which 'est toujours pour les Rois'" (Baudin 84). Thus Sancho, through the example of personal probity by those whom he seeks to destroy for his own gratification, is able to restore the personal and public man into the just figure of the king by revealing publicly his responsibility. The king's confession represents not only his re-integration into the divine order of things, but also a ritual cleansing through which social order is reestablished.

The most intriguing treatment of this topic is to be found in *El Rey don Pedro en Madrid*, a controversial play dealing with the violent Castilian king whose enemies succeeded in destroying him first and in blackening his reputation later (Watson, McCrary). The play on one level deals with the rebellion of an overbearing nobleman against the king. The challenge to royal authority is to be found in many plays and is, therefore, not of unusual interest. What gives the work its distinction is the reaction of the king to the challenge. The personal involvement of the monarch makes the struggle not only a test of royal authority, but also a contest to prove the individual worth of the two enemies.

The dramatist parallels the character of the two antagonists by emphasizing the violent natures of both: Tello with his disrespect for the rights of his vassals and his contempt for the king, Pedro as a man given to unexplainable actions of violence, represented by a symbolic fall from his horse (I.ii) and an insistence on testing his strength against his courtiers (III.xxv). The discovery of Tello's rebelliousness upsets the turbulent Pedro, who is prey to hallucinations at the same time that he is threatened by the political activities of his half brother, Enrique of Trastamara. The monarch, bent on punishing the defiant nobleman, orders him to court and there, through a series of well-calculated moves, begins to break down his arrogance. The mortification of the insolent vassal begins with the withdrawal of his *fueros* and ends with his arrest. Tello admits that the king cannot be defeated in his own house. However, Pedro is not satisfied by this official victory; he seeks a revenge on a more personal level. For this reason, he frees Tello and engages him in a duel in the dark. In this, too, the king is able to defeat his adversary and when Tello is at his mercy, the monarch exclaims:

> Pues ya
> que has visto que reñir puedo
> contigo en campaña, y sabes
> que por mí mismo te venzo,
> y no por la majestad
> ni el soberano respeto;
> y sabes que te vencí
> en tu casa por modesto
> y en mi palacio por Rey;

It is clear that Pedro sees himself as two different men:

> Aquí soy tu amigo; allí
> soy tu rey: aquí te absuelvo
> de los delitos, y allí
> te he de castigar por ellos. (III.xi)

The division that he sees in his being is clearly not an abstraction but a vital perspective which affects his behavior. He has gone to great lengths to defeat his enemy, both as a king and as a man. The reason for this effort is that Pedro understands that the ultimate proof of one's ability to command resides in personal merit. Baudin remarks that: "... a king was vulnerable whose authority rested solely on the prestige of his office. Personal distinction was essential to his security" (49). Pedro feels the need to prove himself, and the dueling with all of his courtiers as well as with Tello is designed to assure himself of his worth:

> ¡Qué desdichado nací
> en nacer Rey, pues no puedo
> por mis acciones lucir! (II.xxiv)

The differentiation is meaningful to Pedro and cannot be regarded as fortuitous, in spite of the fact that he follows a seemingly contradictory course of action: as a monarch, he must punish the rebellious Tello, but as a man he not only forgives him but seems also to understand the reason for his rebelliousness. However, the contradiction is only apparent. The role of the king as an impartial dispenser of justice is a basic concept of law as well as a supporting column of the *Comedia*. On the other hand, the reason for Pedro's willingness to forgive Tello is to be found within the personality of the man himself. There is in the two men a strong similarity of temperament that draws the two together. Indeed, Tello's rebelliousness against his monarch can be paralleled to Pedro's resistance to God, since the hallucinations to which he is prey and which are represented by the appearance of a *sombra* are due to the king's murder of a monk. The oneness of the two opponents is rendered clearly in a curious speech by Elvira, the woman violated by Tello. She exclaims:

> Y ansí te previene
> leyes que te ofusquen
> iras que te espanten,
> muertes que te turben,
> sombras que te cerquen
> ansias que te apuren,
> Sierpes que te muerdan
> hombres que te acusen,
> culpas que te venzan
> varas que juzguen

> y almas ofendidas
> que tu muerte anuncien. (II.xx)

The oddity about these words is that Elvira talks about things and events that have nothing to do with Tello. It is Pedro and not his vassal that is being pressed by worries, surrounded by ghosts, and disturbed by his own conscience. As for the announcement of death, it is the king who will find Enrique's lost dagger, foreshadowing thus the single combat between the two that will result in Pedro's death.

Finally, when D. Rodrigo, the offended suitor of Elvira, comes to seek satisfaction against Tello, the king gives him contradictory advice: he warns him that he cannot take the law into his own hands while telling him that he should avenge himself. To the understandable confusion of D. Rodrigo, Pedro answers:

> Don Pedro os dice que sí
> Y el rey don Pedro que no. (II.iii)

It is clear that the division between king and man is not a response to the ambiguous situation of having to punish a man he admires but a constant quality of the monarch: the king has a dual personality; he has two bodies.

It is common to find affirmations that the *Comedia* is never critical of the king and that this lack of criticism is due to the fact that dramatists were part of a political propaganda designed to uphold a shaky throne. The contention is debatable, although there is an element of truth in it. However, before utilizing this fashionable idea of art as an instrument of power, it is well to understand the implications derived from the doctrine of the dual nature of the king. If the monarch was granted a sacral characteristic with a consequent belief in the absoluteness of his power, he was also seen as a man who was subject to the same passions and errors of other mortals. It was his duty to reconcile these two realities, and he could do that only once he had achieved total control over himself. The character of a king is not measured only on the basis of his divinely-given powers but also on his capacity to harness his passions. If one looks at Golden Age plays with sufficient care, one will find that monarchical errors, and, therefore, an implicit criticism of the man who plays the king, are as frequent as outright praise of the royal figure. The concept of the duality of the king, while it serves to explain the relationship of the monarch to his people as well as his relationship to the divinity, does not erase his responsibilities both as a man and as a ruler. His "divinity" is a fundamental characteristic of his being, but it does not remove him from human passions and errors.

The University of Michigan<br>Ann Arbor, Michigan

## NOTES

1. See G. R. Elton's introduction to Figgis, xxxii.
2. Another play which deals importantly with the theme of the duality of the king is *El milagro por los celos* by Blas Fernández de Mesa which has been studied by Nancy Mayberry.

## WORKS CITED

Baudin, Maurice. *The Profession of King in Seventeenth-Century French Drama.* Baltimore: Johns Hopkins Press, 1941.

Bleznick, Donald W. "Los conceptos políticos de Furió Ceriol." *Revista de Estudios Políticos* 149 (1966):25-46.

Carlyle R. W., and A. J. Carlyle. Vol. 6. *A History of Medieval Political Theory in the West.* London: Blackwoood, 1936.

Figgis, John Neville. *The Divine Rights of Kings.* New York: Harper and Row, 1965.

García Pelayo, Manuel. "La corona (estudio sobre un símbolo y un concepto político)." *Cuadernos Hispanoamericanos* 70 (1967): 11-48.

_____. *El reino de dios, arquetipo político.* Madrid: Revista de Occidente, 1959.

Gierke, Otto. *Political Theories of the Middle Ages.* Trans. F. W. Maitland. Cambridge: University Press, 1927.

Hidding, K. A. H. "The High God and the King" *The Sacral Kingship.* Leiden: Brill, 1959, 54-62.

Kantarowicz, Ernst. *The King's Two Bodies.* Princeton: University Press, 1957.

Kern, Fritz. *Kingship and Law in the Middle Ages.* Trans. S. B. C. Chrimes. Oxford: University Press, 1948.

McCrary, William C. "Ritual Action and Form in *La Estrella de Sevilla.*" *Homenaje a William L. Fichter.* Ed. David Kossoff and José Amor y Vázquez. Madrid: Castalia, 1971, 505-13.

———. "Theatre and History: *El Rey don Pedro en Madrid.*" *Crítica Hispánica* 1 (1979): 145-67.

Mack, Maynard. *The Killing of the King.* New Haven: Yale University Press, 1973.

Mayberry, Nancy, "The Fallen Favorite Theme in the *Refundición* of *el milagro por los celos.*" *Studies in Honor of William C. McCrary.* Eds. Robert Fiore, Everett Hesse et al. Lincoln, Nebraska: Society of Spanish and Spanish-America, 1986. 157-64.

Molina, Tirso de. *Obras dramáticas completas.* Vol. 3. Ed. Blanca de los Ríos. Madrid: Aguilar, 1968.

Watson, Irvine A. "Peter the Cruel or Peter the Just." *Romanistisches Jahrbuch* 14 (1963): 322-46.

# BIRUTE CIPLIJAUSKAITE

## Entre locura y cordura: la voz de la confesión

La novela en primera persona se ha vuelto muy popular en los últimos años. Si en *Lazarillo* o más tarde en *La familia de Pascual Duarte* el relato subjetivo servía ante todo para la justificación de las acciones del protagonista, hoy los autores, y sobre todo las mujeres, tienden al autoanálisis. De la autobiografía se va hacia el autorretrato (Beaujour). La base de la que parten queda casi la misma: mostrar que el/la protagonista es un producto de su circunstancia. Lo que varía es el enfoque: hoy se pone en tela de juicio el axioma de que en una situación determinada una mujer actuará de un modo determinado prescrito por la sociedad. En el siglo pasado las desviaciones de la norma acarreaban el mote de "loca" (piénsese en las adúlteras famosas). Los estudios recientes de varios psicoanalistas/psiquiatras han demostrado que "la locura" no pocas veces era efecto de la represión (Chasseguet-Smirgel; Chesler; Felman; Hill Rigney; Mitchell). Otros trabajos señalan cómo, para someter a la mujer, se la enclaustraba, mientras que el hombre era libre de perseguir sus propios deseos (Kamuf 44; Kristeva). Estos temas han sido trasladados a la novela e investigados en relación con el uso de la palabra.[1] En España, una de las primeras en ocuparse del problema con mucha agudeza ha sido Lourdes Ortiz. En *Luz de la memoria* se plantea la pregunta de lo que es la locura y cómo se la cura, sirviéndose de procedimientos psicoanalíticos. Acercándose al tema desde una perspectiva cervantina, Rosa Romá, con *La maraña de los cien hilos*, ha creado una novela de gran ambigüedad que incorpora crítica social y da un buen ejemplo del habla paratáctica para reproducir el subconsciente de la mujer. El propósito del presente trabajo es examinar esta novela más de cerca.

El argumento de *La maraña* . . . no podría ser más sencillo: dos mujeres enclaustradas que hablan para evadirse de su soledad; como fondo, varias muertes misteriosas, un incendio, y una doble perspectiva sobre la locura. Bajo las apariencias de una novela policial, Romá invita a la reflexión sobre algunas preguntas fundamentales: ¿dónde acaba la cordura y empieza la locura? ¿Qué es la culpa y qué, la justicia? Por medio de una estructura cuidadosa, una sutil ironía y constante uso de la inversión, la ambigüedad inicial locura/cordura se convierte en cuestionamiento de la significación última de la vida y de la muerte. A la vez, *La maraña* . . . se presenta como una examinación del lugar y del papel de la mujer en la sociedad y plantea la pregunta acerca de su derecho a la libertad. El deseo reprimido se transmite yuxtaponiendo dos discursos femeninos diferentes y contrastándolos con el lenguaje de los hombres.

Una de las protagonistas, Begoña, mujer de un rico industrial, se encuentra recluída en una institución psiquiátrica con diagnosis de loca después de haber incendiado la fábrica de su marido. La otra, Paula, está esperando su sentencia de muerte en la celda de la prisión por haber asesinado a tres señoras en cuya casa servía. En los dos casos se trata, además, del asesinato del ser más íntimo y de las ilusiones de cada protagonista. La novela se desarrolla alternando capítulos con la voz de las dos mujeres: Begoña, en una carta a su marido; Paula, monodialogando con el hombre cuyo amor ha causado todos sus trastornos. Como contraste y contrapunto, de vez en cuando se introducen las conversaciones del psiquiatra con el marido de Begoña, que representan el mundo racional y cuerdo de los hombres.

La constante yuxtaposición de la voz interior de las dos protagonistas, con transición tangible de una a otra, lleva a la abolición del tiempo convencional. En realidad, treinta años separan las dos voces. La conexión existe sólo en el recuerdo: Paula había servido de doncella en casa de los padres de Begoña cuando ésta era niña, y la había tratado con más cariño y comprensión que su propia madre. Un día desapareció, y desde entonces Begoña ha vivido con la obsesión de recrear su pasado y de "descubrir" la personalidad auténtica de Paula: obsesión considerada como locura, que le ha enajenado a su marido. La suya es, pues, una locura "curable." La lleva a la concienciación, pero con esto la pone al margen de la sociedad. Su dilema estriba en tratar de compaginar el "yo" íntimo con el externo. El caso de Paula es distinto: su abogado está intentando alegar locura como causa de los crímenes para evitar la pena de la muerte, aunque él mismo no la crea loca. En los dos casos, el término "locura" es sobreimpuesto por una sociedad logocéntrica. El tono "profesional" de los diálogos entre el médico y el marido contrasta fuertemente con la voz lírica de las mujeres, confirmando que se trata de mundos y concepciones diferentes.

La técnica de contraste se emplea a través de toda la novela. La palabra escrita de Begoña, que debe servirle de terapia, se contrapone a la expresión espontánea, oral de Paula. La falta de cariño por parte de la madre de Begoña es contrastada por las efusiones afectuosas de Paula.[2] Begoña está buscando desesperadamente su propia identidad que, según el médico, se descubre a través del amor, no del raciocinio: algo que su marido es incapaz de ofrecerle. Paula, después de experimentar momentos de amor verdadero, pierde parte de su identidad por su causa.

El "lenguaje de la razón" se contrapone al de la emoción o locura en tres niveles: 1. enunciación directa en voz masculina 2. la presencia implícita del marido raciocinante a quien Begoña dirige sus cartas 3. reacciones de la sociedad referidas por ambas protagonistas. La presencia implícita del marido influye el estilo de Begoña: aunque acusada de loca, formula su exposición con lucidez, manteniendo distancia entre lo narrado y la voz narrante.[3] La cualidad racional se destaca más al yuxtaponer su discurso al de Paula, que fluye libre e irregular. Las voces masculinas, a su vez, son totalmente impersonales. Begoña se encuentra a mitad de camino: emancipada de la mujer primitiva, pero aún dependiente del hombre. Indirectamente, se sugiere que su emancipación ha sido falsa: su lenguaje se rige según los códigos de la sociedad en que se mueve su marido.

Uno de los aciertos de *La maraña. . .* estriba en no reproducir las sesiones psicoanalíticas entre Begoña y el psiquiatra. En vez de esto, el lector oye el diálogo entre el médico y el marido, convirtiendo esta conversación, con implícita ironía, en una investigación psicoanalítica *sui generis*. En sus respuestas, el marido revela su verdadero carácter y sus opiniones acerca del papel de la mujer. Begoña no tiene que formular acusaciones: las palabras del marido definen su situación en la casa con gran precisión.

La presencia masculina se hace notar de un modo muy diferente en los monólogos líricos de Paula. Su grito emocional subraya, además, la dimensión social, muy importante en esta novela. Begoña tiene que someterse al sistema patriarcal; a Paula se la explota por ser de clase más pobre. En la prisión, ella evoca/invoca a la única persona que jamás le había mostrado cariño, Luis. Su relación con él es diferente a la de Begoña con su marido. Begoña está intentando encontrar una vía racional que lleve al entendimiento con él; Paula sólo sabe expresar sus sentimientos de un modo incontrolado, puramente instintivo. Su discurso contiene, sin embargo, un aspecto sociolingüístico curioso. A través de su asociación con Luis ella ha adquirido un nivel de educación más alto y ha leído no poco. (De joven ha ido a un colegio.) Así, una dimensión doble ha sido creada en su vida, y su lenguaje lo refleja. Pero después de moldearla, Luis abandona a su Galatea, y ella, casi esquizofrénica, no se encuentra ni en la realidad ni en la ilusión.

También la percepción del tiempo es diferente en las dos protagonistas y subraya su heterogeneidad. Las dos hablan desde el presente; las dos se refieren al pasado. El discurso escrito de Begoña debería ayudarle a liberarse de su obsesión: "Que una las piezas sueltas, dispersas dentro de mi cabeza" (9).[4] Esto sugeriría el método psicoanalítico, sólo que Begoña asume tanto el papel del paciente como el del escucha: ella misma reconstruye, documenta, incluso comenta el "caso." La visión retrospectiva se complementa con un juicio desde el presente. Begoña procede analíticamente, sin perder vista del lector a quien va dirigida su confesión: "Tú, siempre sensato, equilibrado, juicioso" (21). Nunca olvida lo que su marido y la sociedad esperan de ella. Se declara rebelde, pero lo hace usando un lenguaje racional, lo cual introduce ambigüedad en el mensaje final.

Paula percibe el pasado de un modo radicalmente diferente: no lo "repasa" retrospectivamente, sino que sigue viviendo inmersa en él.[5] Su discurso es totalmente emocional, inmediato, con gran fuerza de imaginación. Ya la madre de Begoña lo había criticado por su cualidad subversiva; en él se podría buscar tal vez la raíz del desequilibrio psicológico ulterior de Begoña. Se pone énfasis en la voz que había cautivado a la niña desde el primer día. Al hablar, Paula no piensa en el "público" probable; su único deseo es volver a vivir los fugaces instantes de felicidad, reclamando la presencia física de Luis. Según Hélène Cixous, una de las características destacadas de lo femenino es la palabra que canta reverberando con los ecos del primer amor. El lema que abre la novela de Romá reza: "Como un mar, alrededor de la soleada isla de la vida, la muerte canta noche y día su canción sin fin." La muerte es el leitmotiv principal de la novela, una muerte doble: la del cuerpo y la del amor. La voz de Paula intenta triunfar sobre ella, rechazando la noticia de la muerte de Luis, ensordeciendo la angustia de su propia ejecución.

El discurso de Paula tiene muchos elementos de lo que los críticos señalan como escritura femenina: irregularidad, información intuitiva, percepción más sensorial que racional. Es totalmente paratáctico, indefinido, lleno de preguntas.[6] Su lenguaje es lírico, apasionado, fragmentario, repleto de reiteraciones y enumeraciones caóticas que, sin embargo, ofrecen a veces un resumen sintético sobrecogedor: "Presa, solitaria, vencida, apabullada y triste. . . . Sola, sin una manta" (32). Paradójicamente, sus declaraciones ante el juez son calificadas de lúcidas, y el médico la declara cuerda. Se podría ver aquí un eco cervantino: la diferencia entre locura/cordura según la razón y según el corazón. Paula se presenta como una víctima de la sociedad que no le permite franquear barreras y de su incontrolable amor a Luis que se posesiona de su corazón y la empuja hacia el crimen.

No hay secuencia cronológica en el discurso de Paula. Su percepción del tiempo es cualitativa. El contraste entre la narración pausada de Begoña y los gritos emocionales de Paula corresponde a etapas diferentes de la concienciación femenina. Begoña ha evolucionado de un ser natural a un miembro de una sociedad regida por parámetros masculinos. Así, también su memoria se somete a cierto orden. Para ella, pasado y presente son tiempo distinto. Paula sigue viviendo con la presencia imaginaria de Luis. Mientras pueda imaginar los brazos de él protegiendo y calentándola, no teme la muerte. El tiempo no cuenta.[7]

El tema de la locura surge en varios niveles y desde perspectivas diferentes. La novela entera es una ilustración de cómo la sociedad puede, con sus presiones, llevar una persona cuerda a la locura. Las conversaciones entre el médico y el marido revelan que éste se había casado con Begoña atraído por su carácter un tanto exótico, que iba a añadir un matiz exquisito a su existencia personal y social. Exigía, sin embargo, que ella se conformara y se amoldara en todo. Cuando no lo hizo, la declaró rara y aun loca.[8]

La locura de Begoña es reconocida oficialmente, aunque lo nieguen su discurso lúcido y las observaciones del médico. La locura de Paula es más compleja: no depende de la perspectiva, está dentro de ella. Habiendo empezado como *bovarysme*, la lleva a un trastorno completo. Pero la ley la proclama cuerda para hacerle expiar su crimen. Begoña lo comenta con ironía: "Lógica conclusión, a la que se llegó por el camino fácil de la simplicidad. No cabía darle vueltas. Todos somos mezquinos, todos somos cuerdos" (45). La solución queda ambigua. La única insinuación se hace en el nivel social: al parecer, hay justicia diferente según la clase a la que se pertenece. Como la honra en el Siglo de Oro, la locura parece ser reservada al sector privilegiado.

La palabra "loca" aparece en el primer discurso de Paula al recordar la reacción de Luis cuando le había confesado que había matado a su madre: "Y vi como tus ojos se agrandaron y musitaste: 'loca'. Y luego, 'loca, loca, loca.' Tres veces. . . . Y te fuiste" (31-32). Puesto que Paula siempre había asimilado todas las ideas y palabras de Luis, sería lícito asumir que en este momento nace la confusión en su cabeza: pierde a la vez la justificación de su actuación y la motivación de vivir/amar. Luis la destruye no tanto física como mentalmente. Algunos fragmentos de los monólogos de Paula prueban que Luis ejercía un poder casi hipnótico sobre ella. Luego, de repente, la deja en el vacío. La ruptura no le parece afectar sobremanera a él. (También el marido de Begoña conserva su calma.)[9] Los dos aparecen como egoístas, sin mucho sentido de responsabilidad. La venganza inconsciente por parte de las dos mujeres estriba en presentarles como caracteres débiles. Las dos habían sido atraídas por una presencia afirmativa, original, que parecía capaz de enfrentarse con la sociedad burguesa; las dos se ven abandonadas en el momento decisivo.

La locura de Paula tiene varias facetas: su reacción emocional a la realidad; su rechazo de los valores y las reglas sociales; el argumento inventado por el abogado para salvarla. La sociedad la acusa de ser hipócrita; ella le devuelve la acusación. Su confusión aumenta al conversar con los consejeros que se le asignan: el abogado y el confesor. La presión que ejercen sobre ella la deja con un lavado cerebral parecido a los que producía la Inquisición:

> Que Dios te perdone, porque has sufrido. Porque he sufrido. Porque eres criatura de Dios. Porque soy criatura de Dios. El te perdonará si te arrepientes. Confía en El, tu padre. Dios me perdona, todos somos criaturas de Dios, hermanos de Caín y de Abel. (70-71)

Ninguno de los dos consejeros intenta comprenderla de veras; sólo aumentan su angustia. Estas voces "oficiales" sirven de punto de transición entre los dos casos de locura: el abogado habla "el lenguaje de la razón" con Paula igual que el médico discute el caso de Begoña en un "lenguaje científico."

El paralelo del lenguaje de un representante de la iglesia se da en el caso de Begoña cuando ella acude al convento donde había estudiado Paula y descubre que un diálogo verdadero con las monjas no es posible. En este capítulo—el central—se subraya que las dos protagonistas viven en un mundo distinto. En la conversación con la monja Begoña defiende la desviación de la norma ofreciendo una posible explicación de la locura de ambas: "¿Acaso existe sólo una forma de vida aceptable? . . . ¿se puede llamar mentira a ese otro mundo que hemos inventado para recrearnos en él?" (108). Se confirma allí también la opacidad de Paula, que permanece inescrutable hasta el fin: "a todas luces impenetrable, y sin embargo, tan pública, tan en las bocas ajenas, repartida de casa en casa, acusada de tantas muertes que clamaban venganza" (104). Esta observación sintetiza el dilema y sugiere una explicación del título de la novela: "la maraña de los cien hilos" podría ser un símbolo de la representación convencional de la mente femenina. La línea divisoria entre la locura y la cordura es muy tenue; la ambigüedad que predomina hace de *La maraña* . . . una novela verdaderamente moderna: "To say that madness has indeed become our commonplace is thus to say that madness in the contemporary world points to the radical ambiguity of the inside and the outside, insofar as this ambiguity escapes the speaking subjects" (Felman 13).

Begoña no logra descubrir la identidad verdadera de Paula, pero adelanta mucho en conocerse a sí misma y en afirmar su deseo de independencia. Lo refleja su lenguaje en los últimos capítulos: se vuelve menos racional, admite rachas emocionales, parece—y el médico confirma este deseo en ella—encaminarse hacia la identificación con Paula que siempre ha representado para ella un símbolo de la libertad. La correspondencia se extiende al nivel erótico[10] y a la percepción de lo que es un crimen: el lenguaje en el que Begoña cuenta sus sensaciones al incendiar la fábrica podría ser el de Paula.

La autora parece haber querido apuntar hacia un prototipo en la fusión gradual de las dos figuras. Lo sugiere una referencia de Paula a sus víctimas: "Ellas son tres, distintas pero iguales" (152).[11] Aquí se puede percibir otro paralelismo entre las dos protagonistas: las tres mujeres asesinadas intentaron moldear a Paula del mismo modo que el marido de Begoña quiso ajustarla a sus propios ideales. A la vez, aparece la ironía trágica: Paula se regodea por haber sabido resistir toda presión: "tú me resucitaste arrancando de cuajo las vacilaciones, el necio titubeo entre eso que alguien llamó el Bien y el Mal" (155). El rechazo del mito burgués sólo ha servido para adoptar otro mito creado por Luis. ¿Cuándo y dónde empieza la vida verdaderamente independiente de Paula?

Como las novelas del siglo XIX, el fin de *La maraña* . . . parece sugerir que la sociedad española aún no está madura para una reforma radical. La rebelión de las dos protagonistas las lleva a la muerte.[12] Y aun en la muerte suena la nota social: Paula es ejecutada por sus crímenes; Begoña sucumbe de un fallo de corazón; su marido, quien declaraba al médico que aun si ella se curara, no querría readmitirla a su casa, se queda libre sin complicaciones ulteriores. Las preguntas planteadas en *La maraña* . . . no tienen fácil solución. Paula enloquece porque sus instintos naturales y su hambre de amor no llegan a fruición. No es capaz de vivir sin la presencia física de un hombre. Begoña tiene un hombre, pero éste no es capaz de proveerle el cariño y la comprensión que necesita. Una muere mientras se está intentando salvarla de la locura; la otra, porque falla el intento de probar la suya. Mientras tanto, el lenguaje de la cordura que se oye en los episodios intercalados se revela como el del dogmatismo: encarcela más irredimiblemente que una celda de la prisión. Las dos mujeres destinadas a morir vibran con gran intensidad. Los representantes masculinos de la cordura continuarán con una vida que más bien parece muerte. Sus diálogos son en realidad monólogos que no se cruzan, mientras que los monólogos de Paula y Begoña trascienden su aislamiento y adquieren fuerza de comunicación. ¿Se perciben el Yo y el Otro de un modo distinto por hombres y mujeres? ¿Dónde empieza la comunicación verdadera?

La estructura de *La maraña* . . . deja el argumento abierto aun imponiendo un fin más bien tradicional. En la última escena el médico y el marido desaparecen detrás de una puerta que "les conducirá a la vista de un cadáver" (214). Pero la novela entera ha sido construída alrededor de otro cadáver —Paula— y de su enigma. ¿Se convertirá también Begoña en una obsesión cuyo misterio no se podrá resolver? Las preguntas relacionadas con ambas continúan vigentes. Con ello, la novela se incorpora a la escritura que Shoshana Felman considera como la más representativa de la narrativa de hoy: "Might it not be possible to define the very specificity of literature as that which *suspends the answer* to the question of knowing whether the madness literature speaks of is literal or figurative?" (253).

Institute for Research in the Humanities
University of Wisconsin-Madison
Madison, Wisconsin

## NOTAS

1. Según Freud, la cura para muchos casos de la locura/histeria es la confesión basada en la asociación libre. Una de las primeras novelas que se basa en estos procedimientos es *Les Mots pour le dire*, de Marie Cardinal.

2. La frialdad, el cálculo, el adherir a las normas sociales convencionales son comunes a la madre y al marido; las reacciones de Begoña a ambos se yuxtaponen irónicamente.

3. Dice Bakhtine: "Représentons-nous un dialogue entre deux hommes dans lequel les répliques du second interlocuteur seraient omises, mais sans que le sens général en soit moindrement affecté. Le second interlocuteur assiste invisible, ses mots ne paraissent pas, mais la trace profonde de ces mots détermine tous les mots existants du premier interlocuteur. Nous sentons que c'est une conversation, quoiqu'un seul parle"(229-30). Ver también Rousset; Gurkin Altman.

4. Esta recomendación del psiquiatra se parece mucho a la que se oye en *La Femme rompue*, de Simone de Beauvoir: "Il a insisté pour que je reprenne ce journal. Je comprends bien son truc: il essaie de me rendre de l'intérêt pour moi-même, de me restituer mon identité" (237).

5. Según Béatrice Didier, la memoria obra de un modo diferente en hombres y mujeres. La de Paula sería típicamente femenina: "L'homme se souvient de ce qui est passé; la femme retrouve ce qui n'a jamais cessé d'être" (259).

6. Didier: "L'image dans l'écriture féminine, renoue tout spontanément avec la tradition orale et permet au texte écrit de demeurer parlé ou chanté" (32). Ver también Jelinek; Rochefort Interview 213; Ezergailis; Yagüello.

7. Como contraste más fuerte se presenta el modo de vivir y reaccionar de la madre y las tías de Begoña y de la "protectora" de Paula, modelos de la mujer tradicional: totalmente reglamentadas, sin atreverse a expresar una emoción personal ni dar un paso imprudente por no ser consideradas como "anormales." Pero incluso su tiempo es cíclico, no lineal.

8. A él, no le preocupa tanto el aspecto patológico como social de la locura. En su actuación se podrían reconocer algunos rasgos de los que Jean Rhys atribuye a Rochester en su interpretación de la locura de Bertha en *Jane Eyre*. Ver también Gilbert and Gubar.

9. El paralelismo estructural subraya la semejanza de fondo en los dos casos. Luis repite "loca" tres veces. El marido de Begoña, al perorar sobre la "obsesión" de ella, repite la palabra "locura" al fin de tres párrafos expositorios bien redondeados.

10. "Es curioso el mecanismo del sometimiento, se odia al dueño, se anhela la libertad y, sin embargo, no podemos separarnos de aquel que nos priva de ella, de aquel que nos anula. . . . Romper ataduras, vivir unos instantes, aunque sólo fuesen instantes, para convencerme a mí misma de que soy una mujer, de que existo, de que soy normal, de que también yo puedo amar, algo de lo que yo no estoy segura" (147-48).

11. Curiosamente, los dos hombres se llaman Luis: otro indicio que apunta hacia el prototipo.

12. "Sometimes death comes to a female character who cannot properly negotiate an entrance into teleological love relations, ones with appropriate ends, a character whose marginalization grows concentrically as the novel moves to the end. . . . Death occurs as the price for the character's sometimes bemused destabilizing of the limited equilibrium of respectable female behavior. . . Yet her punishment is often treated as her triumph" (Blau DuPlessis 15-16).

Las investigaciones para este trabajo se han llevado a cabo mientras disfrutaba de una beca de la Camargo Foundation, a la que quisiera hacer constar mi agradecimiento.

## WORKS CITED

Bakhtine, Mikhaïl M. *Problèmes de la poétique de Dostoïevski*. Lausanne: L'Age d'Homme, 1970.

Beaujour, Michel. *Miroirs d'encre. Rhétorique de l'autoportrait*. Paris: Seuil, 1980.

Beauvoir, Simone de. *La Femme rompue*. Paris: Gallimard, 1967.

Blau DuPlessis, Rachel. *Writing beyond the Ending. Narrative Strategies of Twentieth-Century Women Writers*. Bloomington: Indiana UP, 1985.

Cardinal, Marie. *Les Mots pour le dire*. Paris: Grasset, 1975.

Chasseguet-Smirgel, Janine, ed. *La Sexualité féminine*. Paris: Payot, 1964.

Chesler, Phyllis. *Les Femmes et la folie.* Paris: Payot, 1975.
Cixous, Hélène, and Catherine Clément. *La jeune née.* Paris: Union Générale d'Editions, 1975.
Didier, Béatrice. *L'Ecriture-femme.* Paris: PUF, 1981.
Ezergailis, Inta. *The Divided Self in Women's Novels.* Bonn: Bouvier, 1982.
Felman, Shoshana. *Writing and Madness (Literature / Philosophy / Psycho-analysis.)* Trans. Martha Noel Evans and the author. Ithaca: Cornell UP, 1985. Trans. of *La Folie et la chose littéraire.* Paris: Seuil, 1978.
Gilbert, Sandra M., and Susan Gubar, eds. *The Madwoman in the Attic.* New Haven and London: Yale UP, 1979.
Gurkin Altman, Janet. *Epistolarity. Approaches to a Form.* Columbus: Ohio UP, 1982.
Jelinek, Estelle, C. Introduction. *Women's Autobiography. Essays in Criticism.* Bloomington: Indiana UP, 1980. 1-20.
Hill Rigney, Barbara. *Madness and Sexual Politics in the Feminist Novel.* Madison: U of Wisonsin P, 1978.
Kamuf, Peggy. *Fictions of Feminine Desire. Disclosures of Heloise.* Lincoln: U of Nebraska P, 1982.
Kristeva, Julia. *Desire in Language.* Ed. Leon S. Roudiez. New York: Columbia UP, 1980.
Mitchell, Juliet. *Psychoanalysis and Feminism.* London: Allen Lane, 1974.
Rhys, Jean. *Wide Sargasso Sea.* 1966. New York: W.W. Norton, 1982.
Rochefort, Christiane. "Are Women Writers still Monsters?" *New French Feminisms.* Eds. Elaine Marks and Isabelle de Courtivron. Amherst: U of Massachusetts P, 1980. 183-86.
——————. Interview. *Women Writers Talking.* Ed. Janet Todd. New York and London: Holmes and Meier, 1983. 209-28.
Romá, Rosa. *La maraña de los cien hilos.* Barcelona: Destino, 1976.
Rousset, Jean. "Une forme littéraire: le roman par lettres." *Forme et signification.* Paris: José Corti, 1962. 65-108.
Yagüello, Marina. *Les Mots et les femmes. Essai d'approche socio-lingüistique de la condition féminine.* Paris: Payot, 1979.

ALICIA DE COLOMBÍ MONGUIÓ

El discurso del Cardenal Bembo en tres sonetos
del Siglo de Oro

En 1602 se publica en Lima un libro extraño. La *Miscelánea Austral,* de Diego Dávalos y Figueroa, ha sido emparentada con la *Silva* de Pero Mexía desde Ménendez Pelayo (cxciv) a Luis Jaime Cisneros por lo "inconexo y abigarrado" de su prosa. En realidad, aunque Dávalos conocía sobradamente la obra de Mexía, los coloquios de la suya muy poco tienen que ver con ella, siendo en toda su primera mitad esencialmente un *Dialogo d'Amore,* en la tradición italiana del *Cinquecento.* Ya he demostrado en otra parte que su fuente principal es el *Libro de Natura d'Amore* de Mario Equícola, denso y muy erudito tratado sobre el amor que Dávalos traduce y transforma en diálogo (Colombí-Monguió 95-108). Dentro de esta tradición cae, naturalmente, el Cuarto Libro del *Cortegiano* de Baltasar de Castiglione, ese Conde de Castellón que con tan buena fortuna había traducido el caballero Boscán; versión que Dávalos conocía muy bien, y a la cual se refiere alguna vez en la prosa de la *Miscelánea.*[1] Si bien la inmensa mayoría de las fuentes de sus poemas son italianas, en literatura española no hay poeta que este perulero petrarquista imite más, junto a Garcilaso, que al barcelonés. Dávalos conocía su poesía admirablemente, como se sabía de sobra el gran discurso del Cardenal Bembo en el libro final del *Cortesano.* Así que no le debió ser difícil relacionar cierto soneto del amigo de Garcilaso con sus lecturas en los tratados y libros de amor; lecturas hoy olvidadas, pero muy presentes en el maduro humanismo de la incipiente Ciudad de La Paz, en las inmensas latitudes collas de los Charcas.

El soneto en cuestión es el LXXXVIII de Boscán, el cual nos introduce al tema que un dia ha de tratar el perulero, los efectos de la ausencia en el corazón enamorado:

> Dizen que amor se pierde en el ausente,
> o a lo menos en parte se resfría;
> yo lo creí ya esto en algún día,
> quando mi mal no stava tan ardiente.
>
> Agora tal mi coraçón se siente,
> que'l tiempo, ni el lugar, ni el alma mía
> jamás harán que en mí mi fantasía
> ausente no sté tal, como presente.
>
> Aun digo más: que alguna diferencia
> si uviere en mí, será sentir mi fuego
> mucho mayor al tiempo del ausencia.
>
> Porque'l ver y el hablar me dan sossiego,
> o me tiempla el temor en la presencia,
> tanto, que alguna vez d' ella reñiego. (185)

El amor de Boscán ha crecido a tan alto punto, que ya no habrá agua de ausencia que lo enfríe. Semejante afirmación no tiene nada de raro, por supuesto. Desde siempre los amantes han dicho y para siempre dirán que sus amores son eternos; inalterables por tiempo y ausencia. El segundo cuarteto, sin embargo, ya se aleja del lugar común. No sólo el tiempo y el lugar—las condiciones exteriores—no importan, ahora ya ni siquiera importa la presencia de la amada. El alma la guarda en la imaginación, por igual tanto presente como ausente. Luego el primer terceto refuerza la aparente paradoja: el enamorado siente su amor mucho más poderoso durante la ausencia de su dama. La explicación llega en los últimos versos: ver y hablar a su señora calman el deseo y el temor, y así disiminuye la intensidad del fuego amoroso. De ahí que el enamorado llegue a renegar de la presencia. El amante prefiere a la amada ausente: junto a tantas quejas por esa ausencia, tal afirmación parece extraña, pero no le sonaría rara a aquél que estuviese al tanto de la filosofía del amor renacentista. Para entender a Boscán basta leer el libro que él debía conocer mejor que nadie. La explicación comienza en el Capítulo vi del Cuarto Libro. Allí el Cardenal Bembo aclara que el alma para desear ha de conocer, y hay en ella tres formas de conocer: por el sentido, de donde nace el apetito, común a hombres y a animales; por la razón, de donde proviene la elección, propia del ser humano; y por el entendimiento, de donde nace la voluntad, propia de ángeles y de hombres, y cuyo objeto—a diferencia del del apetito—son las cosas inteligibles, no las sensibles. El objeto más alto de contemplación, raíz de toda hermosura, y hermosura perfecta Él mismo, es naturalmente Dios. En una palabra, lo que el Cardenal Bembo presenta es una clasificación jerárquica de tres clases de amor, siguiendo la tradición de Ficino, quien en *Sopra lo Amore ver' Convito di Platone* (Firenze, 1544), había enunciado ya tres categorías: el amor divino, propio de la vida contemplativa, que partiendo del sentido de la vista asciende a la consideración de lo espiritual y divino; el amor humano, propio de la vida activa, que continúa gozando de la vista y conversación de la persona amada; el amor bestial, propio de la vida concuspiscente, que partiendo también del sentido de la vista desciende al del tacto (4.149).

El amor que presenta Boscán en este soneto encuentra su ubicación justa en algún peldaño de la *scala coelis* construída para el ascenso del Cortesano ideal hacia el amor perfecto. En ninguno de los poemas que hemos de tratar se llega a la cima del amor divino, puramente espiritual; ninguno de ellos tiene que ver con el amor más bajo, sensual por completo. Pero dentro del amor humano caben varios grados de perfección, y será tanto más alto cuanto más tienda hacia la contemplación, y tanto menos acabado cuanto más necesite del estímulo sensorial. Al Cortesano de Castiglione le está permitido ver y conversar con la amada (porque vista y oído eran considerados los sentidos más espirituales) pero es de notar que ambas son actividades propias de un grado relativamente bajo en la escala amorosa. Por eso, después de hablar de lo que es lícito hacer en estos honestos amores, considera lo que acaba de decir, notando el peligro implícito entrañado en actos que aun espiritualizados participan del mundo sensorial, peligro que impediría el ascenso del amante a un grado más alto: "Pues me habeis hecho comenzar a mostrar a nuestro Cortesano como pueda ya amar de ese amor tan alto y tan lleno de bienaventuranza, yo quiero agora hacelle pasar más adelante, haziéndole subir a otro mayor grado, porque ciertamente dexalle en este término de que agora hemos tratado, es harto peligroso, considerando que nuestra alma es en estremo inclinada a los sentidos" (504).

El amante de Boscán ha pasado el punto en que necesita perentoriamente de la presencia física de la amada; ya no se trata del enamorado que al gozarse en ella, aunque honestamente, se deleita en algo sensorial, por lo cual en su ausencia se aflige hasta "que alguna vez vuelve a ver aquella hermosura por [su alma] tanto deseada, y luego, en viéndola, sosiega y descansa" (505).

Volvamos al v. 12 del soneto de Boscán: "porque'l ver y el hablar me dan sossiego": es claro que aquí aún no se es indiferente al estímulo sensorial de la vista y el oído, aunque el amante de Boscán se diferencia del enamorado de que está hablando Bembo en que éste desea el sosiego, y aquél prefiere la intensidad de un implícito desasosiego. Castiglione no discute semejante paradoja, pero creo que no es difícil de explicar, como ya veremos. Lo cierto es que en el poema se prefiere la ausencia, en contraposición de ese amante que Castiglione considera todavía ligado a una necesidad que le impide ascender en la escala amorosa, y que sufre y se lamenta si no goza de la vista de la amada. El grado más alto del que habla el Cardenal Bembo es justamente aquél en el cual se ha abolido el dolor de ausencia, al hacerse innecesario el desear la presencia: "Así por huir el tormento de esta ausencia y gozar sin ninguna pasión la hermosura, conviene que el Cortesano, ayudado por la razón, endereçe totalmente su deseo a la hermosura sola, sin dexalle tocar en el cuerpo nada, y cuanto más pueda la contemple en ella misma simple y pura, y dentro en la imaginación la forme [vv. 7-8] separada de toda materia, y formándola así la haga familiar de su alma, y allí la goce, y consigo la tenga días y noches en todo tiempo y lugar [v. 6] sin miedo de jamás perdella... No sentirá los tormentos de las partidas ni de las ausencias, porque llevará siempre en su coraçón su tesoro [v. 5], y aun con la fuerça de la imaginación se formará dentro en sí mismo aquella hermosura mucho más hermosa que en la verdad no será" (505-506).

A mi juicio las palabras de Castiglione aclaran en mucho el soneto de Boscán. Su amante está a medio camino entre aquél que necesita la presencia física del objeto deseado, y el que se goza en la contemplación de su pura belleza inteligible con un amor ya indiferente a todo lo sensorial. Aquí el amante ha aprendido que para amar verdaderamente la presencia no es necesaria, como creyera antes en una pasión menos auténtica (primer cuarteto). Ha sabido contemplar en su imaginación, independientemente de toda condición témporo-espacial, y por lo tanto ajena al mundo sensible (segundo cuarteto). Pero no ha podido aún hacerlo cuando ausente con mayor perfección que en su presencia. Si prefiere la ausencia se debe a que el hecho de ver y oír a la amada aún le mueven el alma, la cual si sosiega su fuego y templa sus temores todavía no ha logrado alcanzar las alturas del amor nacido del entendimiento, puramente espiritual.

Creo que la relativa imperfección del amante de Boscán se debe al difícil maridaje del neoplatonismo de Castiglione con la larga y poderosa tradición del amor cortés. Esta amada que se prefiere ausente para que no se calme el deseo ni se entibie el temor del amante se entronca fácilmente con la prestigiosa estirpe de esas señoras que los trovadores adoraban con su *amor de*

*Ionh*. Ya he dicho en otra ocasión que a mi juicio el elemento esencial en el *fin amors* es la lejanía: "los finos amadores son almas en tensión apasionada, que penden de un hilo de sobrecogimiento su júbilo de amar, amasado en sueño, nostalgia, deseo y distancia" (Ferraresi 58-64). Por eso el amante de Boscán reniega de una presencia que entibiaría la intensidad de una pasión que para sobrevivir exige la ausencia.

La pervivencia de la erótica cortés hace que en el soneto de Boscán la ausencia de la amada conlleve elementos sensuales, ajenos al grado más elevado donde, según preconiza Bembo, la contemplación de la ausente se da libre de cuanto mueva a los sentidos. Sin embargo, el amor cortés por sí solo no puede explicar satisfactoriamente el poema. Unicamente la espiritualización neoplatónica da cuenta del ascenso implícito del enamorado que una vez exigía la presencia física de su señora para que no se enfriara su sentimiento, al que había aprendido a amarla sin que tiempo y lugar pudieran afectar un amor que vive en la libérrima contemplación de la fantasía. De modo tal que los cuartetos del poema se alimentan del noble caudal de Castiglione, mientras que sus tercetos regresan sus aguas al antiguo y jamás olvidado estuario del amor cortés.

El amor de Boscán, sin embargo, ha avanzado bastante más que aquél de que habla Garcilaso en su Soneto VIII:

De aquella vista pura y excellente
salen espíritus vivos y encendidos,
y siendo por mis ojos recebidos,
me passan hasta donde el mal se
    siente;

entránse en el camino fácilmente
por do los míos de tal calor movi-
    dos,
salen fuera de mí como perdidos,
llamados d'aquel bien que 'stá presente.

Ausente en la memoria la imagino;
mis espíritus pensando que la vían,
se mueven y se encienden sin medida;

mas no hallando fácil el camino,
que los suyos entrando derretían,
rebientan por salir do no ay salida.

La fuente del soneto de Garcilaso es también el último capítulo del Cuarto Libro de Castiglione, como señaló lúcidamente Elias Rivers ("Sources" 96-100). Se trata, sin embargo, de un pasaje distinto a los arriba señalados, que Rivers hace comenzar en las siguientes palabras: "el estar ausente de la que amáis no puede sino afligir mucho, porque aquel penetrar o influir que haze la hermosura, siendo presente, es causa de un estraño y maravilloso deleite en el enamorado'' (505).

No hemos de entrar aquí en esta curiosa óptica del amor, en la que tan fervientemente creyó Dante y en la que tan por extenso entró Herrera al comentar este soneto. Baste decir que el fenómeno, si bien al parecer necesario para el nacimiento del amor sólo se continúa de este modo en el grado donde todavía está el Cortesano que no ha aprendido a ascender al peldaño siguiente, donde ya parece pisar el amante de Boscán. El de Garcilaso, lejos de complacerse en la ausencia sufre, en otro fenómeno también explicado en el discurso de Bembo: "Y así aquellas vías, por donde los espíritus y los amores van y vienen, quedan entonces agotadas y secas, . . . los espíritus hallando los pasos cerrados, hállanse sin salida, y porfían cuanto más pueden por salir, y así encerrados no hacen sino dar mil espoladas al alma. . . . Y de aquí proceden las lágrimas, los suspiros, las cuitas y los tormentos de los enamorados" (505-506). El amante de Garcilaso sufre de mal de ausencia. Sólo en el tipo de amor que vive de la presencia, con la ausencia prolongada puede ocurrir lo que dicen los primeros versos del soneto de Boscán, "el amor se pierde en el ausente,/o a lo menos en parte se resfría." La misma razón que puede causar la pérdida del sentimiento es la que produce el sufrimiento del amante. Tal amor se nutre de la presencia física. Sin ella, el amante se queja famélico por falta del alimento necesario, de ahí las lágrimas y suspiros; o, si por lo contrario, aprende que no lo necesita, entonces, al morir la queja, muere el sentimiento. La amada del toledano no vive en su memoria con la suprema libertad de la que existe en la pura "fantasía" de su amigo. Para el Cortesano de Garcilaso la amada ausente es causa de llanto; no de contemplación intemporal.

Como decía antes, Diego Dávalos había leído y releído *Las obras de Boscán y algunas de Garcilaso de la Vega*, y estaba continuando con su propia obra la tradición de los diálogos y tratados de amor que hizo proliferar el Renacimiento italiano, bajo la doble égida neoplatónica y petrarquista. Teniendo todo ello en cuenta, escribe el siguiente soneto:

El firme amante que lamenta ausen-
    cia,
de su norte juzgándose apartado,
ofensa haze al amoroso estado
y a su inmenso valor y preheminen-
    cia;

que siempre el amador está en pre-
    sencia

que siempre el amador está en pre-
    sencia
del bien que adora, pues en el costa-
    do
deve tenerlo al vivo retratado,
antídoto eficaz de esta dolencia.

Assí podrá valerse y aun quexarse,
y gozar su beldad con los del alma,
ya que no puedan corporales ojos;

y quien de esto supiere aprovecharse
alcançará de ausencia triumpho y
palma,
y de celos, do vida son despojos.²

Delio, el interlocutor de los coloquios de la *Miscelánea* que representa a Dávalos, antes de leer el soneto, dice haberlo escrito "culpando a los amantes que publican quexas de ausencia," y Cilena, su mujer, queda muy satisfecha porque halla que "es nuevo su concepto" (XXXIX, 187v). A estas alturas ya se comprenderá que el concepto no tiene tanta novedad, salvo en lo acabado de su desarrollo. Desde el comienzo una pregunta se impone ¿por qué culpa Delio a los amantes que se quejan de la ausencia de la amada? La respuesta ha de sernos clara: Dávalos está siguiendo de cerca los razonamientos del Cardenal Bembo. El "inmenso valor y preheminencia" del amor al que alude, se debe a que ha aprendido a "huir toda vileza de amor vulgar y baxo, y entrar con la guía de la razón en el camino alto y maravilloso de amar" (*Cortesano* 6.499). Para ello es necesario considerar que la verdadera hermosura no es la del cuerpo, antes bien, tanto más perfecta es "cuanto menos [del cuerpo] participa, y si dél se aparta del todo es perfetísima" (499). El enamorado que sólo contempla la hermosura en el cuerpo de su señora, como ya sabemos, es el que se queja y lamenta por su ausencia, tal como es el caso en los versos del gran toledano. No por cierto para Dávalos. Nuestro perulero ha entendido muy bien a Castiglione, y sabe que la solución no radica en los "corporales ojos," sino en los del alma, los únicos que pueden gozar la perfecta belleza de la amada (vv. 10-11). Por eso Delio puede culpar a los amantes que se quejan de mal de ausencia, porque no han aprendido a "huir el tormento de esta ausencia, y gozar sin ninguna pasión la hermosura" como aconsejaba en su discurso Bembo. La amada ausente debe ser contemplada en su inmarcesible belleza, formada en la imaginación amante, y "separada de toda materia." De esta manera el Cortesano estará "fuera de todas aquellas miserias y fatiga que suelen casi siempre sentir los mozos, y así no sentirá celos ni sospechas" (506), palabras que nos aclaran perfectamente el último verso del soneto de Dávalos. En la *scala coelis* de Castiglione, el amante del ecijano ha subido un peldaño más que el de Boscán, quien a su vez mira desde su relativa altura las quejas del enamorado de Garcilaso.

El soneto de Dávalos y Figueroa es un ejemplo admirable de un humanismo insospechadamente maduro en las arduas tierras de la altiplanicie colla. Allí el encomendero andaluz trajo el vuelo neoplatónico del discurso del Cardenal Bembo a su acabado desarrollo en lo que aún tocaba al amor humano. Allí perpetuó los ecos de un petrarquismo que nutrió lo más genuino del *Cinquecento* italiano. Allí se inventó una patria, al repetir en el eco del toledano, la seguridad de pertenecer a la misma nación espiritual del humanismo español. Este soneto es una de sus más genuinas cédulas de identidad, refrendada por Castiglione, Petrarca y Garcilaso. Con ellos el trasterrado ahuyentó los fantasmas del exilio. Ellos, y tantos más en el resto de su obra en verso y prosa, le fueron necesarios para acallar el desgarro del destierro y la duda, oculta, de su identidad.

De este modo el Señor de Castellón supo inspirar tres sonetos: tres etapas en la escala de un pensamiento que iluminó el mundo hispánico de Barcelona a Nápoles, de Écija a La Paz.

State University of New York at Albany<br>Albany, New York

## NOTAS

1. Sobre la admiración de Dávalos a Boscán ver *Petrarquismo* 123; para ejemplos de la presencia del Cortesano en la prosa de la *Miscelánea* 109; para la importancia de la poesía de Boscán en la de Dávalos 161-63.
2. Cito la *Miscelánea Austral* por la reproducción fotográfica del ejemplar que se halla en la British Library. Doy en texto el número del Coloquio y la página correspondiente.

## OBRAS CITADAS

Boscán, Juan. *Obras poéticas de Juan Boscán*. Eds. Martín de Riquer, Antonio Comas, y Joaquin Molas. Barcelona: Facultad de Filosofía y Letras, 1957.

Castiglione, Baltasar. *Los cuatro libros del Cortesano, compuestos en italiano por el Conde Baltasar Castellón, y agora nuevamente traducidos en lengua castellana por Boscán*. Madrid, 1873.

Cisneros, Luis Jaime. "Notas sobre la *Miscelánea Austral* de Diego Dávalos y Figueroa." *Revista Histórica* (Lima) 19 (1952): 298-315.

Colombí-Monguió, Alicia. *Petrarquismo peruano: Diego Dávalos y Figueroa y la poesia de la Miscelánea Austral*. London: Tamesis, 1985.

Ferraresi, Alicia C. de [Alicia Colombi-Monguió]. *De amor y poesía en la España medieval: Prólogo a Juan Ruiz*. México: El Colegio de México, 1976.

Garcilaso de la Vega. *Obras Completas*. Ed. Elias Rivers. Madrid: Castalia, 1981.

Menéndez Pelayo, Marcelino. *Antología de poetas hispanoamericanos*. Vol. 3. Madrid, 1894.

Rivers, Elias. "The Sources of Garcilaso's Sonnet VIII." *Romance Notes* 2 (1960-61): 96-100.

ELADIO CORTES

## Las novelas cortas de Emilio Carballido: temática y técnica

Emilio Carballido es esencialmente dramaturgo. Así se le clasifica en todas las historias de la literatura mexicana y así está considerado por cualquier estudioso de este autor. Sin embargo su novelística, aunque no muy numerosa tiene un gran valor intrínseco que le hace escaparse de lo corriente. En opinión de Margaret S. Peden:

> Carballido is not solely a dramatist. To overlook his four novels and collection of short stories would be a disservice to the literature and to the author. His narrative prose is an important contribution, and minor reputations have been founded on less. (9)

El propósito de este limitado estudio es mostrar la temática y la técnica de sus novelas cortas. Se va a prescindir de *Las visitaciones del diablo* por considerarse y tener las características de una novela larga. Ya Peden hace esa distinción al observar que Carballido había publicado cuatro novelas, *La veleta oxidada, El norte, Las visitaciones del diablo* y *El sol*. Sin embargo, exceptuando *Las visitaciones*, las demás se pueden clasificar como cortas (69).

Además de estas novelas citadas hay que añadir otra publicada en 1984, *El tren que corría*. Importante obra porque rompe el lapso novelístico de Carballido, que existía desde la publicación de *El sol* en 1970. Quizá este silencio, de acuerdo con el autor, se rompa en 1980 con la salida de *Los zapatos de fierro,* que él considera novela. Creemos, no obstante, que esta obra es un magnífico cuento largo y no se debe considerar novela.

*La veleta oxidada* es la primera de este último género que Carballido publica, en 1956. Es la historia de un matrimonio donde el contraste de gustos y aficiones lleva al alejamiento sistemático de la pareja, que llega en un momento si no a odiarse, sí a perderse el cariño mutuo. Se dan cuenta de esto al intentar explicar Adán, el marido, por qué no se ven como antes: "Mira —... y estalló bruscamente—: ¡No tenemos de qué hablar, ya no nos gusta dormir juntos!"(88). El alejamiento del matrimonio ocurre paulatinamente a lo largo de un conjunto de episodios cortos, a manera de capítulos que dan a la novela una técnica interesante. El tema de la provincia contra la capital constituye quizá el punto fundamental de la obra. Adán está cansado de su vida falsa. Su mujer no atiende a las labores propias de la casa. Es de esta manera como Adela, la hermana de Adán, ve a su cuñada Martha:

> Se sentía mal después, se levantaba acalorada pensando que Adán era muy débil y Martha muy gastadora y muy floja. "No cocina, no lava, no limpia la casa". ¡Dos criadas! Cuando necesitó ella más de una. (19)

Esto contrasta con el momento en que al volver solo de México después de la operación de su esposa, Adán vive una vida regalada gracias a los trabajos y al interés de su hermana y las criadas, entre ellas Nieves, otro de los personajes más importantes:

> La comida era espléndida, inusitada, y así fue los días siguientes. Adela en persona preparaba verdaderos banquetes para resarcir al hermano "de aquellas cochinadas que dan en México." (60)

En la cita anterior se ve claramente la idea de que la ciudad de México es un compendio de lo malo, lo sucio, mientras el pueblo es, por contraste, lo bueno, lo limpio, lo perfecto. Después de la operación y a su vuelta a casa tres meses más tarde de lo que debía, Martha, encinta, se encuentra con que Adán ha puesto también en estado a Nieves, que es la sencillez misma y quien contrasta en su actitud con la soberbia disposición de su esposa.

La criada acaba despedida por Martha al decirle ella quien es el padre de su hijo. Adán recoge a la joven y a su hermana Encarna, y las lleva a un viejo caserón para vivir con ellas. La actitud de confusión que ocasiona esto en Martha choca con su segura vida anterior y decide ir a buscar a su marido.

La llegada de Martha a la casa vieja constituye un cambio importante en su manera de pensar. Es la aceptación de sus errores. Es quizá la aceptación del pueblo, obligada a causa del rechazo de ella por la ciudad, que expresa de esta manera:

> —No sé cómo he podido verlo, Adán, pero es muy fácil. Es culpa mía, porque he querido seguir siendo yo misma. Entonces, hay un momento en que ya no se puede, porque ya no es natural.... Yo...Mira, cuando estuve en México lo supe y no quise verlo bien; era la última vez, ya no pertenezco, ya no soy nadie allá. Ahora debo volverme impersonal, dejar de dar vueltas buscando rumbos, destinos. Es la edad o el pueblo, algo, lo que me ha hecho ver. (86-87)

Con la negación de Adán a volver con ella, la reacción de Martha es de vergüenza por estar mendigando amor sin ser correspondida. El hijo nace muerto y la madre se venga exponiendo el cadáver en la ventana para que todo el mundo pueda ver el parecido del niño con su marido. Es todo lo contrario al horror sentido por ella cuando el hijo de la cocinera murió y lo expusieron también al público. Pero para Martha significa su contestación a las murmuraciones del pueblo sobre quien puede ser el padre, y es en cierto modo la revancha contra su marido. quien también llega a dudar en cierto momento de ser el padre.

Entre los valores que se pueden ver en esta novelita uno es el diverso aspecto humano retratado en cada uno de los personajes. Adán, que sólo pretende vivir tranquilo. Martha, frustrada a causa de su aislamiento intelectual en el pueblo. Adela, que odia a la esposa de su hermano y vive para urdir tramas y murmurar de su cuñada, y la simple Nieves, inocente y sencilla como su nombre. El título es, en medio del aparente realismo de la obra, un símbolo de algo inmóvil. El "ya no nos amamos más" de Adán, es la excusa válida para justificar la inutilidad de su vida matrimonial. Sirve a la vez para que el lector pueda aceptar un final que refuerza el valor de esa excusa como elemento catalítico que separa a los protagonistas. Los contrastes entre los personajes, ocasionados por sus distintos puntos de vista sobre lo que constituye la familia, la casa, los amigos y en general la vida es lo que el autor intenta exponer. El hecho de que triunfe lo simple, el pueblo frente a la falsedad de la capital, está de acuerdo con lo que se señala como tendencia principal en la obra temprana del escritor.

En la misma vena realista de *La veleta oxidada* aparece, en 1958, *El norte*, que está considerada por la crítica como la mejor novela corta de Carballido. A medida que se va leyendo, la plenitud del autor se hace más patente. Si bien los elementos realistas abundan, están mezclados con claras pinceladas psicológicas que ayudan a retratar cada personaje. Estas caracterizaciones se van completando poco a poco. Es a través de los elementos psicológicos como se nos aclaran los aspectos físicos de cada uno de los tres protagonistas, Isabel, la viuda del General Díaz, Aristeo, joven de familia pobre quien al defender a Isabel de los ataques de un hombre, en el cine donde trabaja, acaba siendo el querido de ella, a pesar de ser ésta mucho más vieja que él. Max es el otro personaje de la novela. Dibujado incompletamente sirve, sin embargo, para precipitar el final de la acción. Nos recuerda a Nieves de *La veleta,* que también se usa para acabar con el matrimonio. Aquí en *El norte* termina con las relaciones amorosas de Isabel y Aristeo. El punto central de la novela es el amor sensual, ya que a pesar de algunos momentos dudosos de cariño entre ambos, es el sexo lo que une a los dos protagonistas. La acción, con una técnica muy efectiva, cambia de Veracruz a México y esto le da rapidez a la vez que contribuye a dar contraste a la novela. Este ir y venir desde la orilla del mar a los "flash back" de la vida en la capital hacen que el diálogo y la acción no se conviertan en algo frío. El conocimiento de Max por Aristeo introduce en la novela un ser extraño a la acción principal pero que al entrar en ella la rompe y la termina. Las descripciones físicas están sin acabar y tienen que ser completadas por los pensamientos de los personajes. El retrato de Isabel o de Aristeo no se hace convencionalmente en unos párrafos, sino poco a poco de acuerdo con lo que cada uno va encontrando en el otro. Este es uno de los grandes aciertos de Carballido. Sólo sabemos que Aristeo es joven y ella de media edad, bien entrada en años. En Veracruz se presentan como tía y sobrino y sólo a través de las páginas nos damos cuenta de como son en realidad uno y otro.

    La técnica de alternar los capítulos con los impares en el presente y los pares en el pasado da movilidad a la acción y completa una novela circular. Se empieza con Aristeo en el puerto de Veracruz y se acaba con él en el mismo sitio. El diálogo es rápido porque está hecho con frases cortas y lacónicas. Ocurre, la mayor parte, en los capítulos localizados en Veracruz, mientras los vividos en la capital son más narrativos y es en estos donde se encuentran los pensamientos dirigidos a retratarse ambos.

    La trama es muy sencilla. Se encuentran Isabel y Aristeo en el cine y comienza su aventura. Después de algún tiempo deciden ir a Veracruz, donde continúa su ansia sexual que los mantiene unidos. Aristeo conoce a Max en una de sus escapadas para pasear por el puerto y aunque no se vuelven a ver muy frecuentemente le confiesa que Isabel es su amante. Al ir Max a buscar a su amigo una mañana la encuentra en bata en la habitación y acaban haciéndose el amor. Este hecho, al ser conocido por Aristeo, motiva su abandono de la mujer y el final de la novela.

    Se trata de personajes sacados del elemento popular. Ella vive en un barrio sencillo, con gustos simples y vida tranquila. Aristeo viene del sector pobre y tiene que ser pulido por su compañera. De nuevo esta novela es una muestra costumbrista característica de la primera época de Carballido. El norte, viento fuerte que azota Veracruz en cierta época del año, es el símbolo de la revuelta que ocasiona Max en la tranquila y simple vida de los dos amantes.

En 1970 se publica *El sol*. Es una novela más simbolista que las anteriores y que va marcando el proceso de perfeccionamiento técnico del autor. El sol, como el viento Norte es un símbolo que hace ver las cosas más claras y acentúa los colores. Por eso la novela trata del despertar a la vida real de un chico inocente. Se trata del nacimiento como hombre, del amor y al final de la desilusión. Esto es lo que al cabo significa la vida para Mario Escudero. Enamorado de Hortensia, tiene que luchar contra la realidad, representada por Ricardo, su hermano. Todas las mujeres son iguales, según éste, y sólo sirven para engañarlas. Esta contradicción en la mente de Mario es amargante porque ama a Hortensia. Hay una serie de episodios que complican la acción. Ella es enviada a casa de su hermana. Su cuñado Efraín aparece ahogado. Ricardo comienza a beber todas las noches. Al fin éste quiere volver a México a casa de sus padres. Mario a última hora decide quedarse y el hermano se marcha solo. Aquella noche va a la habitación de Hortensia que le hace desnudarse. Sentados en la cama ella le cuenta todo el misterio de las acciones sin explicar en la novela. Así nos enteramos de que Ricardo y Hortensia han sido amantes y de que ésta también ha tenido amores con su cuñado Efraín, al que los dos encuentran en una de sus salidas nocturnas a una cueva en el monte. Ella ha estado viéndose allí con sus dos amantes. Pelean y matan a Efraín arrojando su cuerpo al agua. Toda esta trama se encuentra salpicada de detalles que sugieren el final: la invención de un ermitaño que muere en una cueva, como Efraín, la chamarra de cuero de Ricardo que está manchada de sangre, la obsesión de Hortensia de lavarse el pelo, también salpicado de sangre...

Los personajes de *El sol* muestran la preocupación de Carballido por una caracterización más completa que la que se ha visto en las dos novelas anteriores. Los protagonistas aparecen de una manera que concuerda con los papeles de cada uno. Mario serio, un poco infeliz. Ricardo más maduro. Hortensia callada, pero fija en su interés de ir a vivir a México. Las relaciones entre ellos, con sus acercamientos y alejamientos nos hacen ver las características de personajes de teatro. No se puede hablar de novela circular, aunque la obra comienza y termina con la palabra Sol. Este sol tiene características distintas. Al principio se filtra a través de las ramas y no quema, es un sol de esperanza. El del final atosiga, no se soporta, ilumina cuevas con cadáveres. Es un sol deprimente, es simbólico de la desilusión de Mario con el amor, con Hortensia, con la vida. Este es el mensaje contenido en esta obra de Carballido.

La última novela del escritor mexicano es *El tren que corría*, que aparece en 1984. Es una divertida novela en donde cinco personas pierden el tren, a pesar de estar éste en la estación y ellos en el andén. Van todos a Monterrey y el chófer de un taxi, graciosamente bautizado "YA BAS," los convence de meterse en él para alcanzar al tren en la próxima estación. Los personajes son, Gilberto Alcalde, Ramón Ruíz Romano, escritor de discursos políticos, Leocadia Zanabria, la más vieja del grupo, Consuelo Ceja (Chela), que va a Monterrey a conocer a su novio y Nora del Real, actriz, además del chófer Damián. Se van presentando y retratando dentro del taxi, aunque ya en la estación se han visto los primeros detalles de la personalidad de cada uno. Llegan a Lechería sin tiempo para coger el tren. Discuten con el chófer sobre el precio y deciden seguir hacia la próxima estación, Querétaro. Después de un viaje difícil, a la vez que divertido, no pueden alcanzarlo. Tienen que seguir hasta San Luis. Allí faltan dos horas para que llegue y deciden ir a cenar. Al volver a la estación lo han perdido de nuevo y tienen que continuar el viaje en el taxi hasta Monterrey. El camino es accidentado, el coche incómodo, pero en medio de las dificultades, la solidaridad de los pasajeros se va tejiendo. Chela y Gilberto se tocan un poco, pero luego ésta se mete con Damián. Por fin llegan a su destino. Nora se va con Gilberto y todos encuentran a su gente. Sólo Chela decide no irse con su novio y volverse a México con el chófer.

Es una novela simple llena de un humor sin complicaciones. En el viaje les pasa de todo, desde persecución por la policía, hasta emborracharse con mezcal. Se puede ver la influencia del teatro en algunos momentos y está hecha con una técnica a veces cinematográfica. Hay descripciones que presentan vistas casi de cámara. La llegada a Monterrey y la entrada del tren con los pasajeros en la estación es una escena que empieza viéndose desde lejos y se va acercando paulatinamente. De una gran plasticidad, las descripciones ayudan a que el viaje se haga divertido y que el lector no pierda el interés.

La narrativa forma una limitada parte de la obra de Carballido, pero así como su teatro tiene una linea cambiante que va desde un costumbrismo provincial en sus primeras obras hasta un simbolismo, que en algunos momentos roza el surrealismo, en sus últimas, las novelas continúan una tendencia que prácticamente no cambia. Por el contrario, se hace quizá más precisa, se fija, y desde *La veleta oxidada* hasta *El tren que corría* sigue una línea costumbrista que le da a este género una unidad interesante dentro de la diversidad de temas y técnicas que sigue el escritor a lo largo de los otros géneros que cultiva.

Rutgers University-Camden<br>
Camden, New Jersey

## OBRAS CITADAS

Carballido, Emilio. *La veleta oxidada*. México: Los Presentes, 1956.

Peden, Margaret S. *Emilio Carballido*: Twayne, 1980.

GLEN F. DILLE

The Plays of Cervantes, Lope,
Calderón and the New World[1]

As the five-hundredth anniversary of Columbus's discovery of America nears we must brace ourselves for a flood of paeans on the event, of which even so cynical a figure as Voltaire rhapsodized, calling it "Le plus grand événement sans doute de notre globe, dont une moitié avait toujours été ignorée de l'autre" (Lemartinel i). Indeed the discovery, exploration and exploitation of the New World circumscribe a series of fantastic events that have captured the imagination of scholars of diverse fields and of all ages. We, in the United States, can point with pride to the classic example of the attraction of these incredible adventures in the dedication of an all-but-blind Boston Brahmin, W. H. Prescott, to their chronicling. In the darkness of his study he produced seminal histories of the Catholic Kings, of Cortéz and Pizarro that have, in turn, stimulated the imaginations of later generations who read with awe the fantastic exploits of the Spanish *conquistadores*.

Because eighteenth, nineteenth and twentieth-century readers found these adventures so transcendent, one presumes that every age was likewise so inspired. It, therefore, comes as rather a surprise to contemplate the relative silence on the subject in the *comedia* of the Spanish Golden Age. After all, one would suppose that a genre so incredibly fecund, so involved with the dramatization of national heroes and events, and so accustomed to the portrayal of super-human deeds would have produced innumerable plays glorifying Columbus, Cortéz or Pizarro or the literally dozens of sixteenth and seventeenth-century adventurers who explored, subjugated and exploited the New

World for Spain, fearlessly entering territories as alien to them as a visit to another planet would be to us today. Nevertheless, after rather diligent search and consultation with others, I have been able to put together a list of only fourteen Golden Age *comedias* on the Discovery and Conquest of America, of which only a dozen are extant.[2] Obviously, even a century or so after the events, the seventeenth-century Spanish dramatists' perceptions of the New World were rather different from what we might have expected. In the remainder of this presentation I will sketch characteristic attitudes of the day concerning the topic via representative plays of the foremost Golden-Age writers—Cervantes, Lope, and Calderón.

We begin with Cervantes's *El rufián dichoso* (c. 1597-1600) which, in truth, deals with neither the Discovery nor the Conquest of America, and, as such, is not one of the previously mentioned fourteen play. It does, however, treat Mexico in a way that well illustrates a common sixteenth and seventeenth-century peninsular view of the New World which could be characterized as effectively no view at all, or at least no positive view. To understand this lack of interest we must recall that from before Columbus's voyages to Cervantes's time, Spanish official and private attention was firmly fixed in another direction, one closer to home—that is toward the Islamic world, which for centuries had menaced religiously, politically, economically and even culturally the Christian Mediterranean countries. During all this time, for Spaniards, indeed for most Europeans, anything foreign, exotic, dangerous or threatening was associated with the Muslims who lived just across a short stretch of water and whose power and influence extended for thousands of miles to the East and South. Everywhere about peninsular Spaniards were reminders of the infidels, particularly in a large and unassimilated population of Moorish descendants suspected of plotting the re-establishment of Islamic power over the peninsula.[3]

Small wonder then that Cervantes, whose life was intimately connected with the struggle against Muslim expansionism, and who had only to look at his own useless hand and ruined career for reminders of it, was both fascinated and repelled by things Islamic and only very marginally interested in a remote and non-threatening world on the other side of the globe that was exotic beyond all comprehension. Cervantes's life also attests to the fact that for anyone with any pretensions to *hidalguía* and a yen for adventures that could lead to advancement, *the* theater of operations outside the country was Europe and the Mediterranean (Morínigo 19). Gentlemen such as Cervantes sought their fortunes in Italy, in Flanders, in Germany or fighting Turks on the high seas, where they could distinguish themselves in the sight of those emperors, princes, cardinals and high nobles whose favor could lead to fame and fortune at home, where fame and fortune is best enjoyed.

The New World was decidedly *déclassé;* it beckoned a completely different type (Gibson 113). For those who were *segundones* or whose low birth, disgrace, criminality or similar disadvantage disqualified them from opportunities in the more prestigious European arena, there was the new continent where all were children of their own cunning and bravery.[4] The taint customarily associated with business was intensified by the way fortunes were made in the New World and resulted in the negative stereotype among peninsular authors of the wealthy, crude parvenu back from the colonies. Contrast the ridiculous figure of the *indiano* with that of the *galán* back from Flanders or Italy to measure the difference in status. With rare exception, the New World was viewed as the place to make money by any means, a place of opportunity and refuge for those who could not make it in the Old World. Again, Cervantes himself provides the example with his own frustrated efforts to make a new start in America.

Cervantes's *El rufián dichoso* is all the more pertinent for being a dramatization of the real-life story of Cristóbal de Lugo.[5] Since Cervantes's own interest in America was limited, one supposes that Cristóbal's story attracted him because of the protagonist's early ruffianesque life in the Seville, an *ambiente* that fascinated Cervantes. In Act I we are introduced to Cristóbal in Seville, where he is ostensibly the servant of the pious Inquisitor Tello de Sandoval, but he is more likely to be found brawling and pimping through the streets. Cristóbal's *curriculum vitae* includes "cortar la cara / a un valentón arrogante," "calcorrear pasteles," "sustanciar una cuestión / entre dos jacques noveles," and "el tener en la dehesa / dos vacas [i.e. prostitutes], y a veces tres" (Sainz de Robles 404a). In other words, Cristóbal is exactly the type most likely to emigrate to America. Also his motivation for leaving Spain—the desire to escape this sort of past—is typical.

That is it for Cervantes's vision of America. It is a dumping ground and place of refuge for society's dregs. More than that the great writer could not imagine. Acts II and III take place in Mexico where the now Fray Cristóbal has become famous for his piety, humility and self-sacrifice, but, outside of a couple of very general references to the setting, there is absolutely nothing to suggest a world different from that of any Spanish city. The distinctive features of the New World are simply not there in any recognizable form, nor is there any pretense that they should be.

If Cervantes's vision was fixed eastward, Lope's admitted a more ample view toward the West—he, at least, had sailed in the Atlantic. One might say, in fact, that the *comedia* of the *conquista,* such as it is, begins with Lope's *Los guanches de Tenerife y conquista de Canarias* and is continued westward with his much debated *El Nuevo Mundo descubierto por Cristóbal Colón* and *La conquista de Cortés y el marqués del Valle*.[6] However, the mere fact of recognizing that America exists does not necessarily indicate a favorable attitude toward the Discovery and Colonization. J. W. Hamilton, twenty years ago, drew attention to the series of misfortunes that associated Lope with the New World, culminating in the drowning of his son off the Venezuelan coast. Hamilton suggests that when we read in *La Dorotea,* "¡Pluguiera el cielo que nunca se hubieran descubierto *[*las Indias*]*, ni Colón hubiera nacido en el mundo!" there is a good deal of Lope's own sentiments wrapped up in the statement. Nevertheless, Lope's negativism was based on wider ground than personal loss, for he was a witness to more than a century of corrupting elements bred by New World riches. Lope's *El Nuevo Mundo* is one of only two plays in the "American canon" to reveal a certain skepticism concerning the Discovery and Conquest, even though, in the main, it keeps within the "party line" that the *comedia* adopted towards the Spanish presence in the New World.[7]

The most frequent criticism of the Spanish New World presence was that it was fueled by greed. Thus, in the play a page at the Spanish court dismisses Columbus's theories of the existence of another world alleging "Yo me fundo / en que si hubiera el mundo que éste *[*Colón*]* indica, / o le hallara Alejandro o la codicia" (BAE 129b). Indeed Lope's play suggests that *codicia* does, in fact, find the New World, even though he takes some pains to exonerate Columbus and the Spanish crown. Nevertheless, we see that Colombus's promises to the various European monarchs in exchange for backing appeal mainly to potential wealth, and he is incredulous when both the kings of England and Portugal respond negatively to his proposal. He exclaims, "¿Que no hay quien quiera ser rico? / extraña novedad es" (BAE 131b). To King Ferdinand Columbus promises not only subjects and souls for Christ but also riches to replenish the treasury depleted by the long and costly war to expel the Moors from Granada. According to the play, once Columbus and his crew arrive in America they are plunged into a strange world of easy money and accommodating women so far removed from civilized Europe that the old societal and moral restrictions do not seem pertinent. Only high-minded persons of great strength of character like Columbus and Fray Buyle can escape the blandishments of the New World. The play clearly indicates that Lope was concerned about the negative moral and economic effects of the Discovery and Conquest on the status quo. Ever the spokesman of the privileged classes, Lope worries "Despobláranse las tierras / por ver las nuevas que encierras / Nuevo Mundo en tu horizante" (BAE 158a)—the tales of plenty would lure away workers whose long hours and low pay supported the large land owners. Nor are the corrupting influences of New World riches confined to America in Lope's view, since the getting of the wealth and the bringing of it home will disrupt established economies and fixed social orders. For Lope the danger was at least as great for the Old World as for the New.

Faced with what he felt were the domestic disadvantages of the Discovery and Conquest and the international condemnation of Spanish treatment of the indigenous peoples, Lope's play ponders the "whys" of the historical events. Not surprisingly there is some ambiguity. He cannot help but feel pride in the audacity and scope of the Spanish endeavor and, as a loyal Spaniard, determines that foreign criticism results from envy at the vast Spanish Empire—"No ha de haber provincia extraña / a quien la envidia no mueva" (BAE 157b). But, whatever the disasters that may have been inflicted upon the native American populations, it is evident, according to Lope, that their inclusion into the Spanish fold was a benefit not to be denied. With the Spanish would come law and order—"A los Católicos Reyes / va Colón a pedir orden y leyes, / y que por mares profundas / domen su yugo y coyundas / a aquestos bárbaros bueyes" (BAE 157a). An even greater benefit, one beyond all price, was the salvation through the Church that was now possible for the indigenous people. Lope naturally shared the belief that, as the foremost defender of Catholicism, Spain was especially entrusted with the mission of introducing Christianity to the vast areas heretofore held in thrall by the Devil. European greed, it seems, is not such an evil after all as Lope decides that (1) the American treasures are just recompense for the hardships suffered in the undertaking—conquering so much territory for Christ; and (2) in fact the gold and silver are Divine Providence's lure, since with the Spanish comes the true treasure—the Church. He writes, "Dios juzga la intención: / si El, por el oro que encierra, / gana las almas que ves, / en el cielo hay interés, / no es mucho que le haya en la tierra" (BAE 134b).

As we have seen, Cervantes's play is only superficially concerned with the New World—no indigenous Mexican even appears in it. Lope's work views the land and its people mainly through the perceptions of the Spanish principals. Calderón's *La aurora en Copacabana*, however, is the only one of the three to assign starring roles to natives and to interpret the effect of the arrival of the Europeans on the indigenous characters by contrasting their lives before and after the Conquest. For Calderón there is no doubt concerning the motives for the Spaniards; even such a mercenary group as that led by Francisco Pizarro comes solely to evangelize—"pues es la propagación / de la fe causa primera" (BAE 237b). And so after some initial statements to that effect, the topic is viewed as settled.

Calderón's play is of interest to this presentation because of the typical condescending attitude it displays towards the indigenous Americans and their culture. In *Aurora en Copacabana* we have the love story of Yupanguí and Guacolda, two members of the highest pre-Columbian society, who come together as they become aware of the truth of Christianity. The contrast between their pre-Christian lives and the colonial period, as interpreted in all sincerity by Calderón, reveals unintentionally the horrors of the Conquest for the Americans. From positions of wealth, power, plenty and self-rule in Act I they are reduced to subservience after the Conquest. In an unwitting indictment of the Conquest, Calderón has Guacolda lament "sólo me pesa que esté, / de pestes, hambres y guerras, / tan en necesidad suma / nuestro caudal" (BAE 257a). As Yupanguí and Guacolda before the Spanish they enjoy the best of everything, but as the converts María and José they wear "humildes trajes españoles" and suffer happily the patronizing comments of the Spanish Viceroy and of the Governor. They do not mind their penury or second-class status, of course, because they are now Christians. The play's final act emphasizes their new found devotion to the Blessed Mother by Yupanguí's efforts to honor Her by sculpting a likeness he saw in a miraculous vision. It is taken for granted by Calderón and, one presumes by Europeans in general, that Christianity is the strict charge of Europeans—Indians can be ministered to but cannot themselves minister. Thus, an *indio bozal* is incapable of such refined work as to make a statue of the Virgin because, as the governor notes "a estas provincias / aun no han pasado los nobles / artes de España" (BAE 253b). Yupanguí's statue assumes acceptable form only through the miraculous intervention of what are obviously European angels thoroughly familiar with European artistic conventions.

The absolute blindness to any worth whatsoever of any aspect of indigenous life is rooted in the firm belief in the self-evident superiority of European, Catholic civilization contrasted with the pagan horrors of the New World. What art, literature, music or culture could there be in such an ungodly environment, as the Governor explains to the Viceroy:

> Dirá la objeción que ¿cómo
> no había arte donde había
> estatuas de tantos dioses?
> Y hallárase respondida
> con saber que eran estatuas
> tan toscas, tan mal pulidas,
> tan informes y tan feas,
> como una experiencia diga. (BAE 253c)

There are two elements to emerge from *La aurora* that are especially pertinent to this paper. The first, which was noted before with regard to Cervantes, is that, in spite of all the chronicles, histories and treatises on the New World, Spanish dramatists found it impossible to conceive of what the Americans looked like, how they dressed, their customs, their surroundings, in short, anything at all connected with them (Morínigo 34; Elliott). For Golden Age dramatists to represent any American it was enough to bring on a character dressed in skins, with a topknot of feathers and carrying a bow and arrows. The second observation is that not only did the dramatists not know anything about the New World, but they could not conceive of anything worth knowing. Patronizing at best, disdainful and disparaging at worst are their attitudes. The New World was not only a savage land, it was a land of savages who were consistently referred to by all the dramatists as *bárbaros* and who were variously portrayed as cannibalistic, ignorant, lascivious, idolatrous, sometimes of bovine passivity and at other times of animal fierceness. In *La aurora en Copacabana* it is clear that these childlike people are incapable of existing in any decent manner without the tutelage of Spain and that no aspect of their lives past, present, and future which is not in the Spanish and Catholic tradition has any worth whatsoever.

To summarize and, of course, oversimplify: most Spanish dramatists, while they were proud of the extension of the empire especially entrusted to them by God, were not much impressed with the Spaniards who undertook the conquests and not much impressed with what they found, other than the stupendous monetary value of the treasures. If indeed the gentlemen dramatists were indifferent, what about the public? Since the Golden Age playwrights were keenly aware of what sort of play would sell (none more so than Lope, one might add), we might surmise that such a small production of plays on the topic indicates a lack of interest by the theater-going public as well.

Obviously the subject of the presence of the New World in peninsular literature awaits a good deal more investigation.

Bradley University<br>Peoria, Illinois

### NOTES

1. Some of the material in this presentation is greatly amplified in an article to appear

in *Hispania* in 1988.

2. The plays are: *El Nuevo Mundo descubierto por Cristóbal Colón, El Arauco domado, La conquista de Cortés y el marqués del Valle*, all three by Lope; *Hernán Cortés triunfante en Tlaxcala* of Jacinto Cordero; *La aurora en Copacabana* of Calderón: *Todo es dar en una cosa, Amazonas en las Indias, La lealtad contra la envidia*, all three by Tirso; *Los españoles en Chile* of González Bustos; *Las palabras y los reyes y gloria de los Pizarro* of Vélez de Guevara; *La conquista de México* of Antonio Enríquez Gómez; *Algunas hazañas de las muchas del marqués de Cañete* of "nueve ingenios"; *La belígera española* of Pedro Juan Rejaule; and *El gobernardor prudente* of Gaspar de Avila. I would like to gratefully acknowledge the advice and assistance of Professor Richard Tyler in identifying these plays. I am not considering the plays in which an "indiano" merely appears or those in which there are mere references to the New World. Several scholars have documented the New World presence in Golden Age literature. See, for example, the works of Dellepiane, Morínigo, and Valentín de Pedro.

3. "The fall of Granada at the end of the fifteenth century, moreover, did not rule out the possibility of another Muslim invasion of the peninsula" (Hess 1).

4. "Hijo de ti mismo" as Francisco Pizarro is described in Tirso's *Todo es dar en una cosa*.

5. Cervantes found the account in *Historia de la fundación y discuros de la provincia de Santiago de Méjico de la orden de predicadores. Por las vidas de sus varones insignes y casos notables de Nueva España* (1569) of Fray Agustín Dávila Padilla (Sainz de Robles).

6. Lope's play about Cortéz is unfortunately not extant. Another Cortéz play, Jacinto Cordero's *Hernán Cortés triunfante en Tlaxcala* appears to be likewise lost.

7. By the "party line" I mean the belief that, whatever the consequences, the conquests were ultimately beneficial because of the introduction of Christianity and the inclusion of the Americas into the Spanish Empire. The other play critical of the Mexican conquest is Antonio Enríquez Gómez's *La conquista de México*.

WORKS CITED

Calderón de la Barca, Pedro. *La aurora en Copacabana*. Madrid: BAE, 14, no. 4.
Cervantes Saavedra, Miguel de. *El rufián dichoso*. In Vol. 3 of *Obras escogidas*. Ed. Federico Carlos Sainz de Robles. Madrid: Aguilar, 1958.
Dellepiane, Angela. *Presencia de América en la obra de Tirso de Molina*. Madrid: Revista "Estudios," 1968.
Elliott, J.H. *The Old World and the New (1492-1650)*. Cambridge: University Press, 1972.

Hamilton, J.W. "Las relaciones personales de Lope de Vega con el Nuevo Mundo." *Romance Notes* 8 (1966-67): 260-65.

Hess, Andrew C. "The Moriscos: An Ottoman Fifth Column in Sixteenth-Century Spain." *The American Historical Review* 74 (1968): 1-25.

Lope de Vega Carpio, Félix. *El Nuevo Mundo descubierto por Cristóbal Colón.* Ed. Joaquin de Entrambasaguas. Madrid: Instituto de Cultura Hispánica, 1963.

──────────. *El Nuevo Mundo descubierto por Cristóbal Colón.* Eds. J. Lemartinel and Charles Minguet. Lille: Presses Universitaires, 1980.

──────────. *El Nuevo Mundo descubierto por Cristóbal Colón.* Madrid: BAE, 215, no. 25.

Morínigo, Marcos A. *América en el teatro de Lope de Vega.* Buenos Aires: University of Buenos Aires, 1946.

Pedro, Valentín de. *América en las letras españolas del Siglo de Oro.* Buenos Aires: Ed. Sudamérica, 1954.

Tirso de Molina. *Todo es dar en una cosa.* In Vol. 3 of *Obras dramáticas completas.* Eds. Blanca de los Ríos and Luis Escobar Bareña. Madrid: Aguilar, 1958.

# LEE H. DOWLING

## The Chronicle of Pedro Pizarro

That the particular circumstances of the discovery and conquest of America made writers and even historians out of captains and soldiers who otherwise, in all likelihood, would never have aspired to such titles, is well known. A number of different motives spurred these men of action to record their stories. Some were unhappy at having ended up with too small a share in the takings and wrote to petition the Spanish crown for a favorable adjustment. Some, survivors of expeditions that had failed, needed to convince the Crown that they themselves were not to blame. Others wrote in an attempt to correct prior versions of their stories and thus set the record straight. Still others clearly sensed the uniqueness of their encounters with fabulous cities and remarkable races of people, hastening to write down as much as they could to preserve these experiences. And the ethnic Americans whose world had been forever turned upside down by the conquerors sometimes wrote as well, overcoming formidable cultural and linguistic barriers to attempt protest and to beg for a redress of grievances before it was too late.

It is not surprising that the quantity and diversity of writers and writings thus produced has resulted in a corpus of texts not easily classifiable by literary critics, although numerous attempts at classification have been made. In an illuminating article on the subject Walter Mignolo seeks to distinguish between the era's letters, *relaciones*, and chronicles—the last term being synonymous with "histories." Mignolo demonstrates convincingly that the *relación* responds to a request for official information. He notes that for the period 1520 through 1572 "se supone que . . . rige más o menos explícitamente una disposición general, para descubridores y pobladores, que se ponía en práctica cuando éstos solicitaban rentas, vasallos o tierras" (72). The information requested within *relaciones* included the names of provinces and settlements, the identity of their original conquerors, the number of provinces the latter had settled, the location within them of any valuable mines, and finally, a calculation of the amount due the crown in tributes.

The history or chronicle, on the other hand, while often providing the same information as the *relación*, is undertaken as a public act. It must include, according to Mignolo, internal evidence of the writer's ideological position vis-à-vis the subject of historiography. The following authors completely satisfy such requirements: Fernández de Oviedo, Gómara, Las Casas, and Garcilaso de la Vega, el Inca. Mignolo notes that in the opinion of most scholars, nevertheless, the *Verdadera historia* of Bernal Díaz del Castillo also qualifies as a history, even though in Mignolo's own words "no encontramos en Díaz del Castillo, como en los demás historiadores, una clara posición con respecto a la actividad escriptural que emprende" (82). While Bernal Díaz himself refers to the work as a relación at times, Mignolo suggests that it is probably accepted as a history for the following reasons: "a) una, . . . la de hacer la historia no de capitanes o de emperadores sino de elevar al rango de personaje digno de ser historiado a los participantes en las acciones de la conquista; b) la otra, un cierto imponderable como es 'el arte de contar,' que lo destaca sobre informes semejantes de otros muchos capitanes o descubridores" (83). Even while apologizing for the rudeness of his style, moreover, Bernal spiritedly defends his competence in the matter of writing history, basing his argument on the frequently repeated claim that he was a *testigo de vista* to its making.

We may wonder how Mignolo would classify Pedro Pizarro's *Relación del descubrimiento y conquista de los reinos del Perú*, completed in 1571, a work he does not discuss in his article. Although Pizarro, like writers of mere *relaciones*, does indeed provide specific answers to most of the questions mentioned above, his work is repeatedly characterized as comparable to the *Verdadera historia* (Lohmann Villena xiii; Carrillo 29). There are good reasons to pose such a comparison. While Pizarro does not specifically concern himself with common soldiers, and is a cousin of the Marqués Francisco Pizarro, it is interesting to note that he never rose to a position of leadership or even of prominence during the Peruvian conquest. Pedro Pizarro therefore observes the flow of events from a vantage point not unlike that of Díaz. In addition, both authors, as they record some of the most extraordinary moments of ethnic encounter in all of history, do so in autobiographical form, neither having been much more than a boy at the outset. Both Díaz and Pedro Pizarro were present during all the key moments of their respective campaigns, luckily survivviving to savor the material rewards granted them for their services—to a greater or lesser extent. Both men wrote their stories long after living them. The primary motive for doing so, as given by each, is the need to correct the already circulating versions of events formulated by nonwitnesses. In spite of stylistic imperfections, the accounts left by both these men for posterity are considered to be among the most reliable of such historical records in existence.

Regardless of their affinities, however, the two works differ markedly with respect to Mignolo's second point—"un cierto imponderable como es 'el arte de contar.'" Where Bernal Díaz incorporates his doubts concerning the adequacy of his style and even of the language itself into his text, Pedro Pizarro fails to show even the slightest compunction for what Bernard Lavalle has politely designated "un estilo a veces rudo e imperfecto" (140), and Guillermo Lohmann Villena more bluntly calls "prosa jadeante y opaca y con hirsuta sintaxis" (i). Differently from Bernal Díaz, it never seems to occur to Pizarro to liken the deeds of the men of Cajamarca to those of any literary hero, although, once again according to Lohmann Villena, he evokes possible association with medieval chivalry in characterizing himself as "muy buen hombre a caballo" (i). Even popular literature seems, in fact, to be far from his thoughts. Probably the best than can be said for him on this score is that in setting the scene for the siege of Cuzco he manages a few passable similes: "hera tanta la gente que aquí vino que cubría los campos, que de día pareçía un paño negro que los tenía tapados media legua alrrededor . . . de noche eran tantos los fuegos, que pareçía un çielo muy sereno lleno de estrellas" (124). Assessing the work carefully against Mignolo's criteria, Pizarro's text thus appears to be something more than than a relación, but not yet clearly a chronicle/history.

Another model for classification is the one recently proposed by Jonathan Loesberg in his article "Narrative Authority: Cortés, Gómara, Díaz." Loesberg would divide chronicles, and presumably relaciones as well, into: (a) experiential firsthand report, and (b) mediated or generic history. According to its proponent, this scheme does not merely specify the status of the narrator, but also determines both how a work claims authority and how it defines the significance of the events it recounts. "Works from separate categories," he states, "cannot really dispute specific details of veracity with each other; they can only argue over the larger claim of what kind of statement has authority" (242). If we apply Loesberg's criterion to the chronicles of Pizarro and Bernal Díaz, the two end up belonging solidly together as a narrative type. In the same way that Bernal grumbles about Gómara's distortion of the facts, Pizarro complains that a certain *Cieza* has written his chronicle "de oydas, y creo yo que muy poco de vista, porque en berdad que yo no le conozco, con ser uno de los primeros que en este rreyno entraron, y así todo lo que en esta escriptura escrivo lo ví y entendí" (211).

Loesberg's categories highlight the clear affinity between Díaz and Pizarro in a way that Mignolo's do not. Yet neither model motivates a comparison between the two chronicles that can get at the truly significant differences and similarities between the two works. There is only *one way* to arrive at this most important kind of knowledge. And this is to investigate, in detail, the historical circumstances surrounding each chronicle's actual production.

One of the first points to consider is the fact that the conquest of Mexico chronologically precedes that of Perú. Nothing like the marvels discovered by Cortés's expedition as it approaches and at last enters the city of Tenochtitlan has ever before been documented by eyewitness historians, and in a well known passage of the *Verdadera historia*, Bernal Díaz allows the reader to share in his wonder at being part of it all: ". . . nos quedamos admirados, y decíamos que parecía a las cosas de encantamiento que cuentan en el libro de Amadís . . . . Digo otra vez que estuve mirando, que creí que en el mundo hubiese otras tierras descubiertas como éstas, porque en aquel tiempo no había Perú ni memoria de él" (159).

Awareness of the Mexican experience, on the other hand, ironically underlies and conditions every step of the Peruvian campaign begun some twenty years later. Rather than awe at the spectacle unfolding on the shores of the Mar del Sur, what stands out in the later chronicle is a desperate desire to match, in terms of economic gain, what went before. In his recent analysis of Pizarro's *Relación,* Francisco Carrillo shows that when its various anecdotes or, in his terminology, *fábulas,* are examined and compared, the theme of the majority is gold—hearing of it, seeing it, getting or losing it (41). Gold is the overriding concern in Pizarro's chronicle and thus in the narrative evaluation of all he sees.

Second, as is well known, many of Bernal Díaz's primary motives become part of the text itself: his disgust at the fact that Gómara has not emphasized the bravery of Cortés's men sufficiently; his insistence that he, as an eyewitness, is in a better position to present the true picture for posterity; his lament that recompense for risks taken is inadequate since he still claims to be in some need.

Pizarro's primary motives, unlike Bernal's, are not directly stated in the *Relación* itself. Unless these motives are clarified by consulting other sources, however, much of the significance of what he tells and how he evaluates it is lost. Let us look briefly at some of the most notable items. The year in which it is completed, 1571, finds the Viceroy Francisco de Toledo well along in the revisionist campaign that seeks to discredit Lascasian apologetics and reaffirm, following the bitter and devisive civil wars between conquerors and governors, the legitimacy of the Spanish act of conquest. The conquistadors may now openly abandon any compunction Las Casas' arguments may have inspired and proceed to publicize their military feats in the light of strong political and theological reinforcement.

It is this call to which Pizarro responds. The intention of many of his statements becomes clear, in fact, only if the reader understands the broader issues being debated as he wrote. One of these pertains to the legality of Francisco Pizarro's execution of the Inca Atahualpa and subsequent takeover of his kingdom in the name of Spain, since if the Inca king qualifies as a *rey natural*, Francisco Pizarro, a commoner, is guilty of the crime of lèse-majesté. If, on the other hand, it can be sustained that Atahualpa and not Pizarro is the real usurper, then the latter's subsequent actions will have been not only justifiable but proper, as well. Because of the high stakes involved in these polemics, of which Pedro Pizarro is most certainly not unaware, his statements regarding Atahualpa *cannot* be innocent. In fact, they must be seen as a polemical response to these questions, even though he never overtly presents them as such.

What Pizarro does say is that Atahualpa, an illegitimate son of Inca Huayna Capac, grew up to be "muy hombrazo y belicoso" (50), eventually usurping the throne from his legitimate half-brother Huascar. It is Atahualpa, he maintains, who orders the death of Huascar. Later, as the *Relación* tells us, Francisco Pizarro is forced by his officers and the greedy Almagro to have the Inca executed. Pedro Pizarro affirms that his cousin does not wish to issue the order condemning him. In fact, he writes, "Yo vide llorar al Marqués de pesar por no poder dalle la vida, porque çierto temió los rrequerimientos y el rriesgo que avía en la tierra si se soltava" (63). The effect is to exonerate Francisco Pizarro, and his loyal followers with him. This clears the way for Spain's claim to have legally inherited all rights over Tawantinsuyu by Papal donation (Duviols xc).

A second important theme is that of the "crimes against nature" of which the Andeans are accused by the Spanish. Since the alleging of such acts is another of the conventional justifications of the conquest, the chronicler's comments on native sexual practices cannot in all cases be assumed to represent nothing more than innocent anthropological excursus. His report emphatically denounces the so-called cult of the dead adhered to by Cuzqueñans on the grounds that it fostered and encouraged such practices as drunkenness, lechery, sodomy, and incest (chapter 15). In another place, referring to the inhabitants of Puerto Viejo, he notes: "Eran xente çuzia en el pecado nefando; adoravan las piedras y ydolos de palo, y, por mandado del Ynga, al sol" (19). Again, concerning the people of el Collao: "Es gente çuçia; tocan en muchos pecados abominables; andaban muchos varones en ábito de mugeres usando mal y en muchas ydolotrías" (111). It is instructive at this point to contrast Pizarro's view of Andean society with that offered by another equally committed chronicler, Guaman Poma, in the latter's treatise on *Buen gobierno*.

It is hardly surprising that Pedro Pizarro, like other chroniclers, attributes the success of the conquistadors to the providence of the Almighty. Atahualpa's seizure and the lifting of the siege of Cuzco are ascribed to to the grace of God (40, 135-55), though Pizarro does not go so far as the Inca Garcilaso and others who attest to the presence of both Santiago de Compostela and the Virgin Mary during the battle (*Historia general del Perú* 24-25; 174-82). Furthermore, Pizarro is scrupulous in insisting that during the inital encounter between Pizarro and Atahualpa, the former sent Fray Vicente de Valverde to "rrequerille, de parte de Dios y del Rey, se suxetase a la ley de Nuestro Señor Ihesu Chrispto y al servicio de Su Magestad." But when handed a breviary by the priest, "como lo tubo en las manos no supo abrille, arroxólo en el suelo" (37-38), an important point in the justification of the Spaniards' later subjugation of the Inca state.

It would be a mistake to create the impression here that Pizarro is motivated by no impulse other than the vindication of Spanish domination. Pierre Duviols observes that "está claro que para él, hombre inteligente y curioso, humanista aunque tosco, lo esencial es recordar, informar, relatar anécdotas personales y ejemplares, comunicar al lector el asombro todavía palpitante que había experimentado ante muchos aspectos de tan sorprendente civilización" (xci). Despite the depiction of Atahualpa as a usurper, Pizarro does present him as both refined and astute. In response to the Marquis's question as to why he no longer believes in the power of the god Pachacama, for example, Pedro Pizarro has the Inca reply:

> Guascar, mi hermano, le ynbió a preguntar que quién avía de uençer: yo u él, y dixo que él, y uençi yo. Quando vosotros benistes, yo le ynvié a preguntar que quién avía de uençer: vosotros u yo; ynbióme a dezir que yo, y bençisteis vosotros. Así que es mentiroso y no es dios, pues miente. (57-58)

While this passage of the *Relación*, like many from the *Verdadera historia*, may momentarily amuse the reader, the work as a whole offers few witty touches, creating instead a series of graceless images of brave and grimly determined men who tenaciously persisted until they could achieve what they wanted. It is clear, however, that the aesthetic failures of a Pedro Pizarro as compared to the successes of a Bernal Díaz should not discourage us from an equally careful consideration of the former's chronicle. As students of early Latin American literature move beyond the corpus of well known works and into the realm of those equally important treatises left by less skilled writers, they increasingly meet the need to abandon belleletristic criteria and to delve even more deeply into the complex and still crucial ideological issues that underlie this discourse.

University of Houston<br>
Houston, Texas

## WORKS CITED

Carrillo, Francisco. "Tesis, historia y fábula en la crónica de Pedro Pizarro." *Revista de Crítica Latinoamericana* 10.2 (1984): 29-43.

Díaz del Castillo, Bernal. *Historia de la conquista de Nueva España*. Known as the *Historia verdadera*. 1632. Ed. Joaquín Ramírez Cabañas. Mexico: Porrúa, 1976.

Duviols, Pierre. "Lo indígena en la *Relación*, de Pedro Pizarro." *Relación del descubrimiento y conquista de los reinos del Perú*. By Pedro Pizarro Lima: Pontificia Universidad Católica del Perú, 1978. lxxxviii-xciii.

Garcilaso de la Vega, el Inca. *Historia general del Perú*. 1617. Ed. Angel Rosenblatt. Buenos Aires: Emecé, 1944.

Lavalle, Bernard. "El Inca Garcilaso de la Vega." *Historia de la literatura hispanoamericana*. Ed. Luis Iñigo Madrigal. 3 vols. Madrid: Cátedra, 1982. 1: 135-143.

Loesberg, Jonathan. "Narratives of Authority: Cortés, Gómara, Díaz." *Prose Studies* 6.3 (1983): 239-63.

Lohmann Villena, Guillermo, ed. Introducción. *Relación del descubrimiento y conquista de los reinos del Perú*. By Pedro Pizarro. Lima: Pontificia Universidad Católica del Perú, 1978. i-lxxxvii.

Mignolo, Walter. "Cartas, crónicas y relaciones del descubrimiento y la conquista." *Historia de la literatura hispanoamericana*. Ed. Luis Iñigo Madrigal. 3 vols. Madrid: Cátedra, 1982. 1: 57-116.

Pizarro, Pedro. *Relación del descubrimiento y conquista de los reinos del Perú*. 1844. First complete edition. Ed. Guillermo Lohmann Villena. Lima: Pontificia Universidad Católica del Perú, 1978.

# TOMAS ELOY MARTINEZ

## La Habana de Bernal Díaz: La memoria como transgresión

Cuando Bernal Díaz del Castillo escribe su *Historia verdadera de la conquista de la Nueva España,* entre 1553 y 1575, La Habana no es ya la aldea inestable, insignificante y movediza que asoma en lo primeros veinticuatro capítulos del texto sin reaparecer hasta casi el final, como encrucijada oscura en el destino de algunos capitanes. Han pasado cuatro décadas. De mero almacén de provisiones se ha convertido en un lugar de poder. ¿Para qué describirla, entonces si el lector del presente sabe de qué se trata? En un relato cuyo centro es México, el autor pareciera no conceder a La Habana otra función que la de simple referencia.

Y sin embargo, la clara identificación entre autor y narrador que hay desde el comienzo mismo del relato impone un sutil movimiento en esa estrategia. Uso la idea de identificación en el sentido que le asigna Philippe Lejeune en *Le pacte autobiographique*:[1] yo viví esta historia, yo la estoy narrando, estos hechos me pertenecen. La escritura de Bernal Díaz se sostiene siempre como acto a la vez que como obra. Para que la historia sea verdadera es preciso que el autor la posea como vida, y que esa vida se publique. El deseo de eternidad (que Bernal Díaz presenta como deseo de reivindicación) reposa sobre esta esforzada "pasión del nombre propio." La verosimilitud encuentra su razón de ser en el yo narrador. No es un yo cualquiera en este caso. Es un yo que se precia de haber estado en todas partes, de haberlo visto todo, y que, por lo tanto, podrá también narrarlo todo. Será el único yo que posea tanto. Una vez más hay que citar el orgulloso alarde del primer capítulo:

Digo que ningún capitán y soldado pasó a esta Nueva España tres veces arreo, unas tras otras, como yo; por manera que soy el más antiguo descubridor y conquistador que ha habido ni hay en la Nueva España. (31)

Es un yo único pero no solitario. En lo que Bernal Díaz cuenta, luego de haberlo visto más que nadie, están todos los demás hombres de la conquista, envueltos por la placenta de su escritura; él, de algún modo, es todos: guardado por Dios "de muchos peligros de muerte... para que diga y declare lo acaescido en las mesmas guerras" (31).

¿Cómo se legitima esa omnipresencia? Una de las más interesantes estrategias del texto es la cuidadosa iluminaciín de los detalles. Ninguna nimiedad deja de ser registrada. Es como si, mientras navegara por un gran río, un naturalista se detuviese a observar las nervaduras de las hierbas que arrastra la corriente. Dentro de esa estructura omnívora, una Habana que es todavía ínfima para los historiógrafos se torna plena de sentido en el dibujo narrativo de Bernal. El pobre almacén de tocino y cazabe va lentamente convirtiéndose en presagio de poder: lugar último donde Cortés, desbaratando las órdenes adversarias del gobernador Diego Velázquez, "manda sacar sus estandartes y ponellos delante de las casas donde posaba" (100). Bernal Díaz caza en el aire cada respiración de la aldea, va poseyéndola con su ojo insaciable. No se trata ya tan sólo de refutar a Francisco López de Gómara sino también de ocupar los espacios vacíos dejados por la *Historia de la conquista de México*, repitiendo en el texto el mismo proceso de apropiación de la empresa descubridora.

Lejeune y Northrop Frye coinciden en que toda autobiografía tiñe el pasado con la visión estructuradora del presente: el pasado aparece como un friso donde los hechos se encadenan y se suceden con un orden lógico. Cada episodio parece una consecuencia natural de otro. El ritmo espasmódico de la atención, el vagabundeo de la memoria, son borrados por la racionalidad de una escritura que va justificando todo. Ciertos incidentes adquieren así una significación o trascendencia de la que carecieron cuando se los vivió. No es la memoria la transgresora, entonces, sino la escritura de la memoria: esa escritura reconstruye el pasado, lo maquilla, y por lo tanto, lo traiciona. De ahí que ciertas miserias y desventuras de la empresa mexicana aparezcan impregnadas de heroísmo en el texto de Bernal Díaz: lo que las tiñe es la perspectiva de quien ya sabe, muchos años después, que esos tropiezos fueron parte de una gesta histórica. En la hazaña narrada se omiten el desconcierto, los azares y las desazones de la hazaña vivida: como si la historia hubiese respondido, paso por paso, a un plan perfecto.

En ese sentido, la función cumplida por La Habana es ejemplar: sitio de encuentro y abastecimiento durante los preparativos de la expedición a México, confín del mundo donde Cortés puede resistir las órdenes de apresamiento del gobernador Velázquez y desbaratarlas luego con cartas de servidumbre, la aldea mísera en la que se afinca Bernal Díaz antes de cada salida descubridora es al principio, cuando no existe México, el centro y la cifra del mundo. Allí, en La Habana, está todo: el refugio, los víveres, el reposo de los heridos, los navíos alistados. Pero después que se conquiste México, La Habana carecerá de sitio en las historias que empiezan a contarse. Será un mero puerto en el horizonte: para la gloria de la empresa no tiene importancia el lugar desde el cual se salió; lo que vale es adónde se ha llegado. De ahí que al rescatar Bernal esa imagen desvanecida por el presente, reivindica no tanto la función histórica de La Habana en la conquista de México cuanto su infalibilidad como testigo: él sabe cómo empezó todo, él estuvo allí cada vez que la verdadera historia sucedió.

En el relato de Bernal Díaz, La Habana es un lugar de paso pero también de transgresión y marginalidad: es la villa antípoda de Santiago, donde se asienta el poder legítimo. En La Habana se habla, sobre todo, de lo que pasa en Santiago; es el confín donde reverberan los chismes de la capital lejana: si éste viene, aquél se va, si se han visto pasar tales o cuales caballos. Las intrigas, los favoritismos, los informes enviados a los Reyes se cocinan en Santiago o en Trinidad. En La Habana no se tocan esos instrumentos: sólo se los oye resonar. La llegada de Cortés pondrá fin a ese papel vicario.

Ciertos énfasis del texto son significativos: la aldea es criadero de puercos, almacén de tocino y de algodón; la medida del valor y de la destreza de ciertos hombres, en la extensa enumeración con que termina el capítulo 23, está dada por el caballo que monta. Cuando no es así, la suerte está sellada por el caballo: el castaño zaino de Cortés "se le" morirá en San Juan de Ulúa; el overo de Baena "no salió bueno para cosa ninguna." Hay caballos con más de un dueño: la yegua alazana de Pedro de Alvarado y Hernán López de Avila, "muy buena, de juego y de carrera," es tomada al fin por Alvarado no se sabe si comprándola o por la fuerza; y el caballo oscuro al que llamaban el Arriero, "uno de los buenos que pasamos en la Armada," es compartido por Ortiz el músico y por un tal Bartolomé García "que solía tener minas de oro." Lo que sucede en ese momento con las caballos parece —salvo en el caso de Cortés— más memorable de lo que sucede con los hombres. Los soldados son desvestidos de su anonimato sólo para que Bernal Díaz pueda evocar el caballo que montan: aquél iba en uno que "no fue bueno para cosa de guerra," el otro en una "yegua machorra que corría poco." Del hombre hay pocas marcas: el rastro de la guerra que se avecina se desplaza hacia la montura. Un juego especular con el tiempo se abre en ese punto del relato: la suerte última de los soldados ha sido entrevista por Bernal Díaz a intervalos fugaces, como quien entreabre una puerta y curiosea distraídamente en el futuro. En algún momento el lector ha visto llegar a Francisco de Montejo, quien "después de ganado México fue adelantado y gobernador de Yucatán," o al mayordomo Cristóbal de Guzmán, a quien apresará Guatemuz. Pero cuando llega la hora de mentar a los caballos, el destino de los hombres se inmoviliza: una vertiente nueva se abre en la historia. Los soldados pertenecen en ese punto a un lugar sin tiempo, o mejor dicho, navegan uncidos al tiempo de los caballos. Los caballos salieron buenos, o corredores. o bien revueltos. Los hombres, en cambio, no tienen atributos.

Bernal Díaz sugiere entonces una explicación: en La Habana "no se podía hallar caballos ni negros (esclavos) si no era a precio de oro, y a esta causa no pasaron más caballos, porque no los había ni de qué comprallos" (102). No es la causa única. Para Bernal Díaz el caballo es signo de movimiento, de acción, de batalla, de fama. Sabe ya, cuando está narrando los sucesos de La Habana, que habrá de ser el caballo uno de los arietes que derribe las puertas de México. Es importante entonces que en La Habana, punto de salida de la empresa, el caballo comience a cumplir su función simbólica. El poder está en otra parte, en Santiago y en Trinidad, pero es en La Habana donde se fermenta la historia. Las órdenes y los chismes vienen de la capital; la fama, en cambio, pasa por las corrientes sanguíneas de la ínfima aldea. Se la ve despuntar en el almacenaje de víveres, en el apronte de los navíos, en los pregones de Cortés. Varias veces insiste Bernal Díaz en la idea de que Santiago y Trinidad son lugares de tedio. Al empezar el capítulo 23 anota:

> Después que Cortés vió que en la villa de la Trinidad no teníamos en qué entender, apercibió a todos los soldados que allí se habían juntado para ir en su compañía. . . hasta la Habana. . . .

Y en el primer capítulo, hablando de Santiago, evoca los tres años que pasaron desde su llegada sin que él o sus compañeros hubieran "hecho cosa que de contar sea." El concepto de la urbe americana comienza entonces a vincularse no sólo ya con el concepto de poder sino también con el concepto de hacer. El poder irá deslizándose de las manos de quienes ordenan escribir la historia pero no la hacen a la de aquellos que, haciéndola hoy, la escribirán más tarde. A través del relato de Bernal Díaz, La Habana establece, un tanto premonitoriamente, el arquetipo de las urbes devoradoras, móviles, que aparecerán en el horizonte del siglo XX: villas que se alimentan de aldeas lejanas, que se desplazan, que no siempre están donde parecen estar. En el caso de La Habana no sucede tan sólo la mudanza del asentamiento originario (fenómeno para nada raro en la etapa inicial de la colonización, cuando la insalubridad o impropiedad del lugar elegido por el primer fundador de la aldea se ponía de manifiesto sólo años después). También se advierte una extravagante tendencia al nomadismo.

Ya hacia fines del primer capítulo, Bernal Díaz habla de una Habana que devoró a otra:

> ... un puerto que se dice e nombra en lengua de indios Axaruco, en la banda del norte, y estaba ocho leguas de una villa que entonces tenían poblada, que se decía San Cristóbal, que desde ha dos años la pasaron adonde agora está poblada la Habana. (34)

Y en el octavo capítulo alude a la dificultad de situarla:

> ... un puerto que se dice de Matanzas, que está cerca de la Habana vieja que en aquella sazón no estaba poblada la villa donde agora está, y en aquel puerto tenían todos los más vecinos de la Habana sus estancias. (56)

La ciudad existe poco o existe difusamente en el texto también porque la memoria de Bernal Díaz no sabe bien cómo cazar su imagen. Esa ciudad que en el presente desde el cual narra es tan nítida, con un régimen de lluvias y un perfil de murallas tan definidos, no era en el tiempo de la narración sino una huella de las voces de los hombres: algo que se iba moviendo al compás de los sueños de Cortés.

¿Y Cortés mismo? ¿Cómo es el retrato que Bernal Díaz registra de él en esa Habana tan inasible? Es, poco más o menos, el de alguien que se contempla por última vez en un espejo. Dentro de un reino textual marcado por la virilidad, por el énfasis en adjetivos como *esforzado* y *valeroso*, el autor —que todavía se maneja con el código de los caballeros andantes, y a quien hemos visto en el primer capítulo rechazar al gobernador Diego Velázquez una dádiva de indios esclavos para no mancillar su honra—, Bernal Díaz entonces, describirá a Cortés como a un héroe caballeresco velando armas y ganando el favor de su dama antes de salir al combate:

> se comenzó de pulir y ataviar su persona mucho más que de antes, y se puso su penacho de plumas con su medalla y una cadena de oro, y una ropa de terciopelo, sembradas por ellas unas lazadas de oro, y, en fin, como un bravoso y esforzado capitán. Pues para

fazer aquellos gastos que he dicho no tenía de qué, porque en aquella sazón estaba muy adeudado y pobre, puesto que tenía buenos indios de encomienda y sacaba oro de las minas; mas todo lo gastaba en su persona y en atavíos de su mujer, que era recién casado. (89)

En este punto se torna ya evidente la transgresión de la memoria. Es aquí donde la escritura crea, en el sitio del pasado histórico, una suerte de pasado ideal: donde el pasado se tiñe de veras con la visión estructuradora (y maquilladora) del presente desde el cual está narrando Bernal Díaz. Porque en ese retrato de Cortés, del cual el autor ha borrado por completo toda brizna del afuera, en ese retrato donde no hay Habana ni navíos ni soldados aguardando para el viaje, el capitán asoma solo, ataviándose, acentuando día tras día el oropel de sus adornos, ante un autor que finge estar allí, sólo para que el lector sienta que ha estado en todas partes. El valor simbólico de la figura humana, a la que hemos visto desdibujarse ante el valor simbólico del caballo, se impone sin embargo a la imagen de la urbe. En el principio de esta historia en la que se van sembrando ciudades por el camino, advertimos que la ciudad de partida (y La Habana es el ejemplo madre) era, sin embargo, el último elemento, lo que menos importaba.

Universidad de Maryland<br>College Park, Maryland

## NOTA

1. "L'autobiographie est le genre littéraire qui, par son contenue même, marque le mieux la confusion de l'auteur et de la personne . . . . D'où l'espèce de *passion du nom propre*, qui dépasse la simple 'vanité d'auteur,' puisque, à travers elle, c'est la personne ella même qui revendique l'existence" (33).

## OBRAS CITADAS

Díaz del Castillo, Bernal. *Historia verdadera de la conquista de la Nueva España*. Madrid: Ediciones Sarpe, 1985.

Lejeune, Philippe. *Le pacte autobiographique*. Paris: Editions du Seuil, 1975.

# MICHAEL J. FLYS

## Duda y amor de Dámaso Alonso

En la primavera de 1986, los círculos literarios de España se vieron sorprendidos por la aparición de un nuevo libro de poesía de Dámaso Alonso, titulado *Duda y amor sobre el Ser Supremo* y publicado junto con una antología de sus versos anteriores (*Antología de nuestro monstruoso mundo*). La sorpresa fue mayor en cuanto que se trataba de una obra compuesta en el espacio de unos meses y de la que tenían noticia previa apenas unos pocos amigos suyos. Llegaba tras treinta años de silencio, cuando ya se daba por concluida la trayectoria poética del ahora ilustre octogenario.

*Duda y amor sobre el Ser Supremo* es una obra unitaria, un extenso poema de tres partes, de unos 850 versos, escritos en forma endecasilábica, con predominio de heptasílabos, endecasílabos y alejandrinos, versos preferidos de Dámaso Alonso. El peso de la edad del poeta es obvio: el lector no encontrará en este poema ni el gran despliegue imaginativo y emocional de *Hijos de la ira*, ni el imponente edificio del pensamiento riguroso de *Hombre y Dios*, ni la riqueza multicolor de sus *Gozos de la vista*. Encontrará, en cambio, una honda actitud meditativa, triste y resignada; un soliloquio íntimo de un hombre que se siente en los umbrales de la muerte, ante las puertas del indescifrable misterio.

Pero no nos equivoquemos. El tema de esta nueva obra damasiana no es la muerte, aunque el poeta esté consciente de su proximidad:

Mi vida está cansada. Inmensos años

(ochenta y seis) producen tal angustia
que no hay más esperanza que la muerte. (181)

Y, aunque en varios lugares del poema se reafirma lo inevitable: "Cuando yo muera / (muy pronto, ya muy pronto)," el tema principal sigue siendo el de siempre: es la vida o, más concretamente aún, la existencia del hombre. Lo único que cambia es el enfoque y la perspectiva de su visión de la vida, dictados por la realidad concreta de su edad avanzada. Por primera vez, el poeta tiene que buscar la posibilidad de una existencia más allá, tras la muerte, porque de ésta le va quedando poco.

El lector que conoce la poesía de Dámaso Alonso sabe que ésta, en su totalidad, se centra en el tema de la existencia humana en la tierra. Triste y trágica en algunos momentos, jubilosa en otros, constituye el gran amor del poeta. Sólo una vez, en el poema "En el día de los difuntos" de *Hijos de la ira*, movido por el "asco ante la 'estéril injusticia del mundo' y la total desilusión de ser hombre" (*Poemas escogidos* 194), el poeta mira con envidia al mundo de los muertos:

> muertos diáfanos, muertos nítidos,
> muertos inmortales,
> cristalizadas permanencias
> de una gloriosa materia diamantina! (25)
> ....................................
> ... Yo os pienso luces bellas, luceros,
> fijas constelaciones
> de un cielo inmenso... (30)

Pero, aún aquí, no se trata de una vida, ni se insinúa siquiera ningún concepto de supervivencia más allá. Los muertos no son más que "fijas constelaciones" o "cristalizadas permanencias." Breves imágenes encontradas en otros poemas corroboran esta visión fija de la *no-vida*: blancura, frialdad, paisajes unánimes, noche, nada; en todo caso, un sueño profundo. En el poema "A un poeta muerto" de *Oscura noticia*, late desesperada la nostalgia de una vida, ya imposible:

> El desvaído mundo de los muertos
> —¡ser!— quiere ser, y es sólo una memoria. (99)

Rehecho de su dramático encuentro con los "tristes años de derrumbamiento, de catastrófico apocalipsis" ("Poesía arraigada" 349) de las guerras, española y mundial, el poeta afirma contundentemente el ansia imperecedora de vivir en el poema "Ese muerto" del libro *Hombre y Dios*:

> Ese muerto, esa ausencia, ¡ah, si vivir pudiera
> como yo que ahora canto, lloro, rujo, estoy vivo! (148)

Ahora, la indagación de la posibilidad de una vida tras la muerte, la única posible ya, trae consigo necesariamente la consideración de dos temas principales: la inmortalidad del alma y la existencia de Dios, garantizador de esta inmortalidad. El segundo tema no es nuevo, aunque requiere un enfoque distinto; el primero, el de la inmortalidad del alma, es totalmente inédito en la poesía de Dámaso Alonso.

Pero, antes de analizar los aspectos concretos de esta temática, apresurémonos a advertir que la postura esencial del poeta no cambia, ni se trata de un intento de volver a las creencias consagradas en la ortodoxia cristiana, ausente en su trayectoria poética.

El tema de la existencia de Dios se halla en el poema clave, el que cierra el libro, y que lleva en su título la doble pregunta: "¿Existes? ¿No existes?":

> ¿Estás? ¿No estás? Lo ignoro; si, lo ignoro.
> Que estés, yo lo deseo intensamente.
> Yo lo pido, lo rezo. ¿A quién? No sé.
> ¿A quién? ¿A quién? Problema es infinito.
>
> ¿A tí? ¿Pues cómo, si no sé si existes?
> Te estoy amando, sin poder saberlo.
> Simple, te estoy rezando; y sólo flota
> en mi mente un enorme "Nada" absurdo. (211)

El poema termina resumiendo la actitud del poeta frente a la incógnita de Dios: "Amor, no sé si existes. Tuyo, te amo." ¿Contradicción? De ninguna manera. Reflejo fiel, más bien, de lo que encontramos en toda la poesía damasiana y cuyo síntesis va subrayado y explicado también en el título de este nuevo libro: *Duda y amor sobre el Ser Supremo*.

Duda y amor son los dos elementos inseparables que forman el concepto de Dios en la poesía anterior. Duda persistente que se debate entre los extremos de una total negación de Dios y una ferviente aceptación de su presencia misteriosa, según los momentos de la iracunda desesperación o la no menos desesperada "búsqueda frenética de centro o de amarre" ("Poesía arraigada" 349). Amor, que inspira las más bellas páginas de la poesía damasiana y estalla en un vehemente deseo de unión, casi místico, de su gran alegoría "La isla" (de *Hijos de la ira*) y que se condensa aun más en el poema posterior (de 1956) "Invisible presencia" (de *Gozos de la vista*):

> Yo digo "Dios," y quiero decir "te amo,"
> quiero decir "Tú, tú que me ardes," quiero decir "tú, tú,
> que me vives, vivísimo, alertísimo,"
> te digo "Dios", como si dijera "deshazme, súmeme,"
> como si dijera "toma este hombre-Dámaso, esta diminuta
> incógnita-Dámaso,
> oh mi Dios, oh mi enorme, mi dulce Incógnita." (64)

Si el sentimiento de amor hacia Dios domina el corazón del poeta a lo largo de su vida, la duda le pedía una solución racional. Y esta solución la encontró Dámaso Alonso, o por lo menos la creía encontrar, en su libro *Hombre y Dios*. Según ella, Dios se identificaba con la Primera Causa, o sea, como creador del universo y del hombre, en quien coexiste y a través de quien continúa su proceso creativo. La idea, magnífica para el pensamiento humanista y la entronización del hombre como centro del universo, presentaba, no obstante, una limitación peligrosa del ser divino, relegándolo al concepto de una Idea, latente pero confinada al cerebro humano:

> Aniquiladme, borrad mi inteligencia:
> donde "Dios" refulgía sólo habrá un gran vacío.
>     (Poema 4 del "Segundo Comentario" 127)

El pensamiento de Dámaso Alonso lograba así la más alta y jubilosa afirmación de la existencia humana, pero dejaba desmoronada la fe en Dios como realidad radical, sobre todo en cuanto a la esperanza de un "más allá" que, en el fondo, no le preocupaba al poeta.

Ahora, con la mirada hacia el futuro incierto, Dámaso Alonso parece darse cuenta de haber caído en la gran trampa de su propio raciocinio, pero sigue manteniendo su validez y no reniega de él:

> Hace tiempo escribí la idea lamentable,
> que es toda verdadera, pero al "Señor" le pido
> que la declare nula. (180)

Esa "idea lamentable" se describe en la primera parte del nuevo poema, titulada "Alma no eterna":

¡Ah, Señor! ¡Si tú existes!
"Señor" omnipotente, me presento tristísimo.
Perdóname, "Señor," éste es mi pensamiento,
lo que juzgo verdad:
creo verdad la idea de la muerte
del alma, al punto mismo en que se muere el cuerpo.
Pienso que esto es lo exacto, lo verídico.

Mas me ocurre, me duele, que esto sea,
o que se considere, como auténtico.
¡Qué tristeza, qué lastima, alma mía,
qué bien quisiera eterna conocerte! (179)

Y esto nos lleva ya a la consideración del segundo tema, realmente el principal, del libro *Duda y amor sobre el Ser Supremo*: el alma. Anticipábamos antes que se trata de un tema casi inédito en la poesía de Dámaso Alonso. Efectivamente, incluso la mención de la palabra misma es poco frecuente; el problema de su inmortalidad no aparece prácticamente nunca.

No es difícil averiguar la razón de este nuevo enfoque. El problema vital del poeta ya no es el *de dónde vengo,* ampliamente contestado antes al reconocer a Dios como la Primera Causa, sino el *adónde voy* que pide la supervivencia del alma.

El poema se divide en tres partes; cada una indaga un aspecto diferente de la temática. Ya hemos visto que la primera parte corresponde a la postura racional, adoptada anteriormente en el libro *Hombre y Dios,* o sea, "Alma no eterna," la que desaparece al morirse el cuerpo y, por lo tanto, no ofrece esperanza alguna. La tercera parte es más negativa aún; su título es interrogativo: "¿Alma?", y considera la posibilidad de su inexistencia total, un mero eufemismo de las facultades cerebrales del cuerpo, que incluyen la vista, el oido, el habla y también la memoria.

"Alma," no existes. Lo que vive, el cuerpo;
vives con él (como él); mas tú no, no eres alma.
No admite el "alma" el hombre. Sus acciones del cuerpo
son simples, actos creados para vida.
No: no hay nada del "alma" que nuestra vida mueva.
Lo que mueve la vida son lazos de cerebro. (202)

Queda la segunda parte, la más extensa (casi la mitad de la obra). Se titula: "Alma eterna." Como es lógico, parte de la necesidad de que exista Dios concediéndole eternidad al alma:

> Te pedi muchas veces que existieras.
> Hoy te pido otra vez que existas; ¿dónde existes?
> Mi amor te ama: ¡que existas!
> Te lo pido con toda tu inmensa intensidad.
> Deseo esto de ti: que el alma quede eterna
> cuando se muere cl cuerpo. (185)

Nos encontramos, pues, con la postura unamuniana de 'querer que Dios exista', una actitud que no responde a una necesidad racional, sino a una angustia vital: el deseo de seguir viviendo. Esta actitud, igual que en Unamuno, rechaza la idea de una absorción, quietud, paz o apagamiento en Dios, y pide, en cambio, la pervivencia eterna de su propia conciencia individual, una extensión de su existencia como Dámaso, aunque a otro nivel distinto.

Pero aquí termina el parecido con la angustia espiritual unamuniana. El gran salmantino se proponía la extensión eterna de su conciencia individual y personal con el fin de seguir su cruzada a la conquista de Dios, un "eterno acercarcarse sin llegar nunca" ("Del sentimiento" 260). Dámaso Alonso, el gran enamorado de la vida, desea en cambio eternizar sus relaciones humanas con los seres queridos y satisfacer su curiosidad, humana también, conociendo a fondo el mundo terrestre y el inmenso universo:

> que cuando yo muriera tendría relaciones
> con mis amigos muertos y con mis muertos padres,
> también con literatos de los pasados siglos.
> Cosas distintas como, yo, ya muerto
> pasar, mirar, interpretarme
> todo el mundo terreno, y, fuera, el Universo
> inmenso, celestial, desconocido.
> Sola mi alma ya eterna (si esto fuera verdad)
> muy apartado ya, muerto su cuerpo,
> tendría inmensas relaciones súbitas
> de acciones increíbles. (207)

Es un deseo nada más, dirigido hacia un Dios que tal vez no exista. Es una ilusión a la que se agarra un instante el poeta ("la tendré varias horas," nos dice), soñando con una extensión de su existencia hacia el más allá. Su motivación, como vemos, no es metafísica, sino puramente existencial: el no querer romper los lazos que se le van desatando con la muerte de sus amigos y compañeros. En hondamente sentidos versos de esta segunda parte, evoca el poeta la memoria de los desaparecidos a quienes quiere volver a encontrar en la otra vida: sus padres (sobre todo el padre a quien no recuerda por haberse muerto cuando Dámaso tenía dos años), sus amigos (Miguel de Unamuno, Jorge Guillén, Pedro Salinas, Amado Alonso, Federico García Lorca, Leopoldo Panero, Vicente Gaos, Rafael Ferreres y Vicente Aleixandre), los literatos muertos a quienes ha dedicado muchos de sus estudios (Cervantes, San Juan de la Cruz, Luis de León, Lope, Quevedo y Góngora).

En resumen, de los tres conceptos del alma: (a) alma no eterna, confirmada racionalmente por el poeta, (b) no-alma, reducida a pura facultad cerebral, y (c) alma eterna, aunque no sea más que un deseo, Dámaso Alonso se agarra a la posibilidad de esta última para tejer su esperanza de seguir viviendo, prolongando su existencia humana, en compañía de los seres queridos.

Para concluir, nos parece interesante indagar un momento en la génesis de esta nueva obra de Dámaso Alonso. En muchas ocasiones comentábamos el hecho de que la poesía damasiana suele aparecer tras largos años de silencio creador. Así, son veinte años los que separan su primer libro de poesía (*Poemas puros. Poemillas de la ciudad*) de los siguientes dos (*Oscura noticia* e *Hijos de la ira*); otros diez, hasta la composición de *Hombre y Dios* y *Gozos de la vista* (este último no publicado íntegramente hasta 1981). Y ahora, tras treinta años de silencio, cuando ya casi no cabía esperar otro brote poético, aparece *Duda y amor sobre el Ser Supremo*. En relación con este curioso fenómeno, comentábamos también que, por lo general, el nacimiento de un poema o de un libro poético de Dámaso Alonso se debe a la necesidad del poeta de reaccionar ante un suceso que le conmueve profundamente y que pulsa las cuerdas de su intuición creadora. Un viaje transatlántico (en barco o en avión), la muerte dada a un moscardón o, en lo grande, los hechos cruentos de las guerras (civil española y la mundial) constituyen el impulso o el punto de arranque hacia una realización poemática. El poeta canta porque algo tiene que decir al corazón del hombre: su indignación o protesta, su tristeza o júbilo.

La génesis de este nuevo libro hay que buscarla, por lo tanto, en algún móvil exterior, suficientemente poderoso para activar la voz poética de Dámaso Alonso. El poema se escribió en 1984. Acababa de morir Jorge Guillén ("Tú, mi Jorge Guillén, muerto hace pocos meses") y el poeta, sumido en una profunda depresión mental, empieza a hacer el recuento de sus amigos generacionales, y a sentir, esta vez con urgencia, la inevitabilidad de su propia desaparición. Surgen los versos, tristes, resignados, un soliloquio íntimo que busca el consuelo en el sueño de un alma inmortal que remediara estas pérdidas. Casi terminado el poema, llega el golpe más duro: la muerte de Vicente Aleixandre, su mejor amigo desde 1917. Unos nuevos versos, incorporados en la obra:

> ¡Alto! Me llega un caso extraordinario,
> Aleixandre era vivo, durante mi poema;
> pocos días después se nos murió.
> Es necesaria, ahora, su alma eterna, ya muerto,
> y juntar aún mi muerte. ¡Oh, "Señor," dámela! (191)

Nos acordamos ahora del gran poema "Mujer con alcuza" del libro *Hijos de la ira*, que cuenta la historia de la cansada viajera del tren de la vida. Cuando Dámaso Alonso publicó, en 1969, *Poemas escogidos,* su primera antología poética, incluyó en ella el comentario sobre su génesis que nos interesa citar aquí en parte:

> Este poema, quizá el más divulgado de *Hijos de la ira,* se llamó en su versión original "La superviviente." No sé si la historia de su origen real mejorará o estropeará la comprensión: en mi casa entró a servir Carmen, una criada muy vieja... En nuestras conversaciones con ella habíamos visto su total desamparo: no tenía familia alguna, todos sus parientes se habían ido muriendo, se le habían muerto también sus amistades. Estaba sola.... En mi poema, claro, el largo viaje en un tren que se va vaciando es el símbolo de la vida de esta mujer, y, en cierto modo, de todo hombre, porque, para todos, la vejez es un vaciarse de compañía, de ilusión y de sentido del vivir. (196)

No hace falta contar aquí el argumento de este poema. Todos conocen la historia; cómo no, si se trata del mejor poema del siglo. Presenciamos en él el panorama de la vieja viajera que, al asomarse a las ventanillas del tren, ve quedarse atrás las estaciones de su trayecto, marcadas por cruces de sus vivencias muertas, y, al fin, encontrándose terriblemente sola "en el enorme tren vacío, / donde no va nadie, / que no conduce nadie," comprende "cuán bestial es el topetazo de la injusticia absoluta."

Esta es la génesis del libro *Duda y amor sobre el Ser Supremo*. Dámaso Alonso, el genial autor de "La superviviente" (o sea, "Mujer con alcuza") se nos asoma por las ventanillas de este nuevo libro y parece exclamar, parafraseando las palabras del autor de *Madame Bovary*: ¡La superviviente soy yo!

Arizona State University<br>Tempe, Arizona

## OBRAS CITADAS

Alonso, Dámaso. *Antología de nuestro monstruoso mundo. Duda y amor sobre el Ser Supremo*. Madrid: Cátedra, 1985.

———. *Gozos de la vista. Poemas puros. Poemillas de la ciudad. Otros poemas*. Madrid: Espasa-Calpe, 1981.

———. *Hijos de la ira*. Madrid: Espasa-Calpe, 1979.

———. *Oscura noticia y Hombre y Dios*. Madrid: Espasa-Calpe, 1959.

———. *Poemas escogidos*. Madrid: Gredos, 1969.

———. "Poesía arraigada y poesía desarraigada." *Poetas españoles contemporáneos*. Madrid: Gredos, 1965.

Unamuno, Miguel de. *Del sentimiento trágico de la vida*. En *Obras completas*, 7. Madrid: Escelicer, 1967.

# VICTOR FUENTES

## La otra generación del 27

En los últimos años varias voces críticas hemos denunciado el sentido estrecho y restrictivo del epígrafe, "generación del 27," bajo el cual se ha venido presentando al grupo poético Lorca-Guillén (para usar otro reduccionismo al uso), dominando, casi exclusivamente, el panorama literario español del período de entreguerras. Con dicha mixtificación de la historia literaria, se intentaba, y con gran éxito durante varias décadas, de opacar o silenciar toda una tendencia artistico-literaria que existió en España por las mismas fechas del supuesto dominio de la generación del 27: tendencia de gran trascendencia histórico-cultural, que acabó absorbiendo a varios de los más destacados poetas y prosistas del grupo del 27: Alberti, Prados, Lorca, Aleixandre, Cernuda, Espina y Arconada. Lo cual no es de extrañar, si consideramos que era parte de una revolución cultural que antecedió y acompañó a los movimientos político-sociales que trajeron la II república y protagonizaron las iniciativas y la resistencia popular durante la guerra civil.

A los escritores de aquel movimiento, enmarcados entre 1918 o 19 y 1931, es a quienes me refiero como la otra generación del 27. Mantengo el dudoso esquema generacional por lo arraigado del uso. Sin embargo, lo apuro hasta diluirlo en las categorías de época, de grupo y hasta de afinidades, electivas e ideológicas, intergeneracionales que rompen con la jerarquía cronológica. Como veremos, por encima de los delineamientos generacionales que se dan en la mayoría de los autores que considero, hay una base unificadora entre los distintos escritores, grupos y fechas que auno bajo el rótulo generacional: esta base es su rechazo de un discurso que confine la obra literaria al orden estético y una declarada vocación de unión con el pueblo: "la marcha hacia el pueblo," que he estudiado en otra ocasión.

En abierto contraste, la generación del 27, tal como nos la definiera Dámaso Alonso y Jorge Guillén —dos de sus integrantes—se caracterizó por su asepsia y su apoliticismo: "No se alza contra nada, no tiene vínculos o preocupaciones políticas," proclama Dámaso Alonso y repite Guillén. Dámaso Alonso ("Una generación poética"), al señalar como acontecimiento generacional, no un hecho histórico-social, sino literario (el homenaje a Góngora), situaba a su generación en cauces ahistóricos y estetizantes. Su caracterización empalmaba con los intentos de Ortega, quien ejerció un auténtico caudillaje generacional, y los de Guillén por vaciar a nuestra literatura de vanguardia de su significación político-social, implícita ya en el nombre, y llevarla por los derroteros de la deshumanización del arte, la poesía pura y el neogongorismo.

Mal que nos pese, dicho intento de despolitizar a toda una generación literaria debió de se bienquisto por la dictadura de Primo de Rivera, en su momento, y, todavía más, en la de Franco, tan empecinada en desvirtuar o borrar la memoria de nuestro pasado inmediato. Por otro lado, mi recuperación de los escritores que agrupo bajo el nombre de la otra generación del 27 se remonta a a finales de los 60, como parte de la resistencia cultural contra el franquismo y como una contribución al esfuerzo de recuperación de la memoria colectiva del pueblo español, tan maltratada en la España de la dictadura. Y, sin más preámbulos, paso a la caracterización de aquella otra generación del 27.

Sus integrantes, jóvenes nacidos (como sus homónimos del 27) con el siglo, o unos años antes o después, advienen a la vida pública, artística y literaria, en la posguerra y al filo de los años 20: en unas fechas de intensa conflictividad político-social y de esperanzas revolucionarias. De aquí que no tengan un solo acontecimiento generacional, sino varios: la posguerra europea y la revolución soviética, en el plano internacional y—en el nacional— el llamado trienio bolchevique español, 1918-1921, el desastre de Annual y su culminación: el desastre de la dictadura de Primo de Rivera, 1923.

1918 o 19 podrían servir como la fecha liminar de la nueva generación (Cansinos Assens habló ya de la generación del 19). En aquel año, estaba ya constituído el grupo ultraísta: en abril, Antonio Machado anunciaba una nueva edad para la poesía y "a los poetas que han de surgir cuando una tarea común apasione a las almas" (Prólogo a *Soledades*). En setiembre del mismo año, *Cosmópolis* publicaba el manifiesto del grupo "Clarté," encabezado por Barbusse y Romain Rolland, que preconizaba la unión de los intelectuales y los trabajadores manuales en una Internacional del arte y las letras paralela a la político-revolucionaria. Ya en 1918, el grupo de estudiantes socialistas de la Universidad de Madrid llevaba a la práctica dicha unión. Figuraron en dicho grupo, universitarios que destacarían en la vida cultural de los años 20, tales como José Antonio Balbontín, Giménez Caballero, Gabriel León Trilla y Eduardo Ugarte, quien sería íntimo colaborador de García Lorca en la época de La Barraca.

Aquellos jóvenes de la otra generación del 27 sí que se alzaron contra mucho: venían a impugnar todo el arcaico y anquilosado orden o desorden establecido, tanto en lo político-social como en lo cultural y literario. El grupo ultraista, con su concepción de la literatura en perpetuo escándalo, personificó el combate artístico-literario. En el capítulo del trato humano y de las relaciones personales, generacionales, hay que destacar las amistades entre ultraístas y anarquistas. Buñuel declaró que sus ideas anarquistas provenían de cuando estuvo vinculado a los ultraístas (*Conversaciones* 106). Pedro Garfias y Juan Chabas, muy amigos de Buñuel, estaban muy cercanos, en aquellas fechas, al anarquismo, y escritores anarquistas, como Gil Bel o Angel Samblancat, acudían a las tertulias de los ultraístas. Uno de los poetas del primer número de *Ultra* fue Luciano de San Saor, seudónimo de Lucía Sánchez Saornil, quien llegaría a ser destacada dirigente y poeta anarquista.

Una parte de los escritores e intelectuales de la nueva generación se integró en el anarcosindicalismo o en el naciente partido comunista: nombres como Juan Andrade, José Bullejos, Gabriel León Trilla, Julián Gorkín, Joaquín Maurín y Andrés Nín. Con sus traducciones, revistas y escritos divulgaron las obras del pensamiento y la acción anarcosindicalista y marxista que, junto a las traducciones de la literatura revolucionaria rusa y alemana, tuvieron gran influencia como elemento formativo de la otra generación del 27.[1] Ya Tuñón de Lara planteó la hipótesis de que entre 1917 y 1923 se dió en España un momento de recepción del pensamiento social análogo al de los últimos decenios del siglo XIX (*Medio siglo de cultura* 209).

La fuerte represión durante el trienio bolchevique y la implantación de la dictadura fueron un duro golpe para aquella empresa generacional, y de época: la de la trasformación revolucionaria de la conciencia nacional. Sin embargo, y desde los primeros tiempos de la dictadura, muchos de aquellos jóvenes literatos siguieron trabajando por dicho objetivo. La pretendida despolitización de la literatura en los años 20 no pasa del reducido grupo de poetas y escritores reunidos en torno de Ortega y su *Revista de Occidente*; iniciada, el mismo año de la dictadura, con el llamado "De espaldas a toda política," dirigido a la joven generación. En marcado contraste, Valle-Inclán y Unamuno, renunciando al privilegio cronológico, se unen a los de la otra generación del 27 en su lucha contra el anacrónico y opresivo régimen de la monarquía-dictadura. Valle-Inclán publicó entregas de su *Tirano Banderas* en *El estudiante,* revista del movimiento estudiantil en oposición a la dictadura, y que podemos considerar como una de las revistas de la otra generación del 27.

Paradojicamente, esta fecha de 1927, lejos de ser el aglutinante de la nueva generación, marca ya la polarización, en grupos opuestos, de sus componentes. La exaltación de Góngora, en su cuarto centenario, es un caso único en los anales de los centenarios: "Every publisher in Spain must have printed something during 1927 about Góngora or by him," leemos en la recensión de la vida literaria española de aquel año en la revista *Books Abroad.* No cabe duda de que en aquel montaje editorial y publicitario debió intervenir la mano de la política cultural de la dictadura, a pesar de las desinteresadas intenciones de los poetas del 27. Ya otros jóvenes literatos que se orientaban hacia el fascismo establecieron concomitancias entre el Homenaje a Góngora y el ideario fascista. Así lo hizo, entre bromas y veras, Giménez Caballero en su artículo, "Gerardo Diego, poeta fascista" y también Guillén Salaya, quién relacionó la exaltación a Góngora con la nueva senda que conducía al fascismo. Dámaso Alonso, desde las páginas de la *Revista de Occidente,* fue el paladín del neogongorismo que se pretendían implantar, aunque no sin oposición, como se desprende de sus propias palabras: "La juventud literaria sigue generosamente este movimiento (rehabilitación de Góngora y de la literatura gongorista. Se preparan ediciones de Villamediana, de Carrillo y Sotomayor de Polo Medina ...) sin hacer caso de groseros ladridos" (400).

Simil "neogongorino" aparte, estos ladridos son las voces que se oponen a la estética de la deshumanización y de la poesía pura, neogongorina. La más mordiente es la de Unamuno, quien en el prólogo a su *Romancero del destierro,* clama contra los que "de poesía pura, o puramente de poesía sola, se cuidan" y reivindica la actualidad política para la poesía: "¡Actualidad política. La actualidad política es eternidad histórica y, por lo tanto, poesía!" En los versos del poemario arremete contra la deshumanización y el formalismo de los poetas del 27: "¡Deshumanad! buen provecho ... jugadores de forma/ y gongorinos de pega." Y también, frente a Salinas, que exaltara el signo lírico como el propio de la literatura española del siglo XX , reivindica los fueros de la prosa "con polvo y con lodo."

De entre los jóvenes, Buñuel, desde París y esgrimiendo el arma dadaísta-surrealista del escándalo, proclama que "Góngora es la bestia más inmunda que ha parido madre" y arremete contra los poetas del 27 con un descarnado lenguaje escatológico.[2] También desde París, Larrea atacó dicha estética neogongorina. "Nuestra literatura no es literatura, es pasión y vitavirilidad por los cuatro costados," escribe, junto a Vallejo, en su *Favorables, Paris, 1926.* El más sostenido ataque a los supuestos ideológicos y estéticos de los del

27 viene del grupo de jóvenes reunidos, aquel mismo año de 1927, en la revista *Post-Guerra*.[3] Estos jóvenes (entre quienes se encontraban escritores independientes, de la pequeña y media burguesía, como Arderíus, Díaz Fernández y Giménez Siles, junto a escritores vinculados a los partidos obreros, Juan Andrade, Julián Gorkín y Ramón Lamoneda, entre otros) reviven, en plena dictadura, los postulados que impulsan a la otra generación del 27 desde sus comienzos en la posguerra: la unión intectuales-obreros y la necesidad de un arte social vinculado al movimiento revolucionario mundial. Los literatos del grupo, tales como Arderíus y Díaz Fernández, se autodenominan como escritores de avanzada en contraposición a los de "vanguardia," concepto que rechazan al verlo vaciado de su significación político-social y adscrito a los del 27.

Un lector no avisado que cotejara *Post-Guerra* con la *Revista de Occidente* y *La gaceta literaria* (publicadas las tres en la misma ciudad, por las mismas fechas y con la colaboración de jóvenes de la misma generación cronológica) podría pensar que se trataba de épocas, generaciones y aun países, distintos. Por el contrario, *Post-Guerra* aparece hermanada con *Amaunta* de Perú, revista que, como ella, trató de aunar la vanguardia política y la artístico-literaria. Uno de los logros culturales de la otra generación del 27 fue su trabajo en pro de una nueva hispanidad, basada en la comunidad en la lucha por la justicia y la libertad en todos los pueblos de habla hispana.

Una comparación entre las publicaciones en la *Revista de Occidente* y *Post-Guerra*, durante 1927-1928, el año de existencia de esta última, sirve para medir las diferencias abismales en los intereses y la visión de ambos grupos generacionales del 27. Los deseos programáticos expresados en el primer número de la revista de Ortega ("conocer por donde va el mundo," "vivir cara a cara con la honda realidad contemporánea"), al estar desligados de la actualidad político-social, se quedan, por su mayor parte, en un culturalismo abstracto y en un enrarecido cosmopolitismo intelectual. Paradojicamente, su modernidad (colaboraciones de pensadores y científicos punteros, y de la nueva literatura) aparece nimbada con un aura de pasadismo. "Si es la hora de Góngora, lo es también de Menéndez y Pelayo," nos dice, desde las páginas de la revista, Giménez Caballero,[4] y José María Cossio, uno de sus colaboradores, escribe: "Captar aportaciones remotas podría ser la formula de una actitud típica del momento español" ( 124).[5]

La labor del grupo de la otra generación del 27 y su revista *Post-Guerra* dan el mentís a estas palabras. Contrario a la *Revista de Occidente,* encerrada en su inactualidad política y su eurocentrismo, *Post-Guerra*, desafiando las limitaciones impuestas por la censura, se abre a la actualidad mundial —las luchas de liberación del hoy llamado Tercer Mundo encuentran gran eco en sus páginas—y vincula el pensamiento y el arte a la praxis revolucionaria. En arte y literatura, aquellos literatos de la otra generación del 27 dieron a conocer, desde las páginas de *Post-Guerra*, la narrativa, el teatro y el cine de la Rusia y la Alemania revolucionarias; en sus propias obras cultivaron la literatura social y el ensayo político, con frecuencia, de política internacional. En 1928, reagrupados en "Ediciones Oriente" (título que subraya una vocación opuesta al occidentalismo de Ortega y de sus empresas editoriales) divulgan los mismos temas en libros que alcanzaron un fenomenal éxito de público.

En 1930, fundan otra revista, *Nueva España*, de gran tirada. Abogan abiertamente, desde sus páginas, por sus dos objetivos generacionales prioritarios: la fusión del pensamiento y la acción revolucionaria y la participación activa del intelectual en la lucha por la trasformación de la sociedad. Sus directores, José Díaz Fernández, Joaquín Arderíus y Antonio Espina participaron en la sublevación republicana de Fermín Galán que fuera detonante del posterior triunfo republicano. Tras el 14 de abril, el editorial de la revista proclamaba, con orgullo, que la república venía propiciada por la juventud revolucionaria de obreros y estudiantes; es decir, por la acción del colectivo intelectual-obrero que los integrantes de la otra generación del 27 venían preconizando desde 1918-19.

Para concluir este ensayo paso a enumerar las mas significantes aportaciones literarias de aquel grupo generacional, desde entonces a 1931, cuando las dos generaciones del 27 se funden en la que podríamos denominar como generación de la república.

El movimiento ultraísta (creación poética, relatos, manifiestos y proclamas, veladas-happenings) que ha sido injustamente relegado casi a un total olvido. Larrea y Buñuel, éste con una obra poética olvidada hasta su reciente publicación, llevaron nuestra poesía desde el dadaísmo-ultraísta al surrealismo y, dentro de este movimiento, José María Hinojosa escribió, entre 1926 y 1927, *La flor de California*.

En teatro, tenemos a Rivas Cherif y sus intentos de renovación de nuestra escena al frente del teatro de la Escuela Nueva, en donde colaboró Valle-Inclán, cuyos Esperpentos están dentro de la "estética" de la otra generación del 27. La pieza de Buñuel, *Hamlet*, es digna de figurar en cualquier antología del teatro dadaísta-surrealista mundial.

En narrativa, el boom de la novela rusa, en traducción, auspiciado por aquellos jóvenes literatos, fue un fenómeno único. Alentó el brote de la novela social española surgida en aquellas fechas. Junto a ésta y a la obra novelesca de Díaz Fernández, Arderíus y Sender, hubo toda una floración de narrativa obrera, predominantemente anarquista. *El blocao* de Díaz Fernández e *Imán*, de Sender, son nuestra aportación a la novela pacifista europea de la época. También surgió un nuevo tipo de ensayismo de política internacional, en el que destacaron escritores como Alvárez del Vayo, Juan Andrade, Araquistaín y Sender.

Aquella otra generación del 27 no contó con figuras de la nombradía de los poetas del 27, sin embargo, como gruo supo sortear el escollo de la deshumanización y el apoliticismo y llevar a nuestras letras la expresión de los fenómenos y problemas que constituían el nuevo cuadro histórico y humano de las sociedades de posguerra.

University of California, Santa Barbara

NOTAS

1. Estudio ese fenómeno cultural en mi artículo "Los nuevos intelectuales en España 1923-1931," publicado en *Triunfo* y en *La marcha al pueblo en las letras españolas 1917-1936*.
2. Buñuel mantuvo una verdadera guerra literaria contra los poetas del 27; ecos de la cual se encuentran en los fragmentos del epistolario dirigido a Pepín Bello, publicados en los libros de Francisco Aranda y Agustín Sánchez.
3. Sobre esta revista, totalmente olvidada hasta 1976, fecha en que reapareció en los ficheros de la Biblioteca Nacional, véase mi artículo en *Insula* y el reciente libro de Gonzalo Santoja, un extenso estudio sobre el tema, *Del lápiz rojo al lápiz libre*.
4. Nuevamente vincula Giménez Caballero —ahora desde la *Revista de Occidente*— el tradicionalismo literario y el fascismo: "Si pudiera hablarse de un "fascismo hispánico" habría que ver en Menéndez y Pelayo su profeta, así como en Maura su predicador" (282): palabras, en sí, proféticas, pues Menéndez y Pelayo gozó de tal prestigio en la primera época de la España franquista.
5. El pasadismo, en cuanto a la problemática histórica, llega en la *Revista de Occidente*, en aquellas fechas de 1927-28, al límite de lo irrisorio que se desprende ya de títulos tales como: "La última ecuación de Atlantis," "Problemas de la colonización fenicia de España," "Una nueva obra sobre Colón" o "El problema histórico del misticismo español."

Por el contrario, algunos de los temas de problemática histórico-social tratados en las páginas de *Post-Guerra* mantienen, hoy, una acuciante actualidad: "Nicaragua y el imperialismo norteamericano," "El intervencionismo estadounidense en Centro y Suramérica," "Marxismo y feminismo."

## OBRAS CITADAS

Alonso, Dámaso. "Una generación poética." *Poetas españoles contemporáneos.* Madrid: Gredos, 1965. 166-169.

──────. "Antología poética en honor de Góngora." *Revista de Occidente* 18 (1927): 400.

Aranda, Francisco. *Luis Buñuel. Biografía crítica.* Barcelona: Lumen, 1970.

Aub, Max. *Conversaciones con Buñuel.* Madrid: Aguilar, 1984.

Cossio, José María. "Clásicos olvidados." *Revista de Occidente* 22 (1928): 123-25.

Díaz Fernández, José. *El blocao.* Madrid: Historia Nueva, 1928.

Fuentes, Víctor. *La marcha al pueblo en las letras españolas 1917-1936.* Madrid: Ediciones de la Torre, 1980.

──────. "Los nuevos intelectuales en España." *Triunfo* 28 agosto. 1976: 38-42.

──────. *Post-Guerra* (1927-1928): Una revista de vanguardia política y literaria." *Insula* 370 (1976): 4.

Giménez Caballero, Ernesto. "Gerardo Diego, poeta fascista." *El Sol* 26 julio 1927.

──────. "Miguel Artigas, Menéndez y Pelayo, Santander 1927." *Revista de Occidente* 18 (1927): 279-83.

Guillén, Jorge. "Una generación." *Lenguaje y poesía.* Madrid: Alianza, 1965. 235-54.

Guillén Salaya, Francisco. "El camarada Ledesma Ramos. Etica de la actual juventud." *El Sol* 1 agosto 1928.

Hinojosa, José María. *La flor de California.* Málaga: Imp. Sur, 1928.

Machado, Antonio. *Soledades, galerías y otros poemas.* 2 ed. Madrid: Calpe, 1919.

Tuñón de Lara, Manuel. *Medio siglo de cultura española 1885-1936.* Madrid: Tecnos. 1970.

Salinas, Pedro. *Literatura española, siglo XX.* México D.F.: Séneca, 1941.

Santoja, Gonzalo. *Del lápiz rojo al lápiz libre. La censura de prensa y el mundo del libro.* Madrid: Anthropos, 1986.

Sanchez Vidal, Agustín. *Luis Buñuel. Obra literaria.* Zaragoza: Heraldo de Aragón, 1982.

Sender, Ramón. *Imán.* Madrid: Cenit, 1930.

Unamuno, Miguel de. *Romancero del destierro.* Buenos Aires: Periado, 1927.

# PABLO GIL CASADO

## La novela histórica española: *praxis* del personaje colectivo

En la novela histórica se trata de captar las circunstancias e implicaciones de una conmoción histórica y la situación de quienes participaron en la lucha, con el propósito de que el lector comprenda la magnitud del acontecer, su cómo y su por qué. Lo esencialmente peculiar de la ficción histórica es que el protagonista o protagonistas estructuran el devenir de los acontecimientos, de modo que los sucesos políticos discurren a lo largo de unas peripecias ficticias y viceversa, en estrecha relación de causa y efecto.[1]

La función del personaje como estructura esencial de los acontecimientos político-históricos se ajusta a una tipicidad que, como toda tipicidad, está sujeta a los cambios de gusto. En la época romántica, la tipicidad es subjetiva, íntima, de resonancias lírico-afectivas, y las motivaciones socio-políticas del héroe se sacrifican a sus inclinaciones pasionales, de modo que las circunstancias históricas son el telón de fondo ante el que se desarrolla un conflicto sentimental. En la época siguiente, la del realismo decimonónico, el protagonista se ajusta a la tipicidad del término medio, peculiar del gusto burgués, una práctica ejemplarizada en los *Episodios nacionales*, de Benito Pérez Galdós. En el relato histórico galdosiano, lo importante es la documentación del acontecer, de unos sucesos que se enfocan "por arriba,"[2] mientras que el héroe y sus aventuras son elementos secundarios, cuya única función es prestar cohesividad a la narración.

Con el desarrollo de la ideología socialista en nuestro siglo, y el auge del arte apropiado a esa sensibilidad, el concepto de lo típico cambia, y el héroe, sin dejar de cumplir una función estructural, pasa al centro de la ficción cuyos incidentes se enfocan "por abajo." Partiendo del individuo histórico universal de Hegel, se impondrá en el realismo crítico la tipicidad de lo representativo, o unidad inmediata entre lo individual y lo social que en la práctica es un reflejo de la colectividad, reconcentrado en las manifestaciones de un personaje único, vividas en un lugar fijo y en un momento dado. Dentro de dicho esquema György Lukacs propone una novela histórica de corte neoclásico, resonancias épicas y héroe representativo, como el único procedimiento narrativamente válido para captar los destinos de un pueblo, con exclusión de cualquier otro. Sin embargo, existe contemporáneamente un tipo de narración histórica de inspiración populista, donde el personaje está colectivizado, y, las aventuras sin dejar de ser épicas, se vierten en moldes neorrománticos.

La novela histórica española de carácter populista, aclásica, se establece en nuestras letras entre 1928 y 1939. Son novelas que se inspiran en el resurgimiento del espíritu popular bajo la II República, cuando las masas toman conciencia de una misión histórica, un espíritu que luego se continuará durante la diáspora republicana hasta la desaparición del franquismo. A lo largo de medio siglo, esa narrativa es crónica y es ficción de un acontecer que tuvo su origen o su desarrollo en las grandes conmociones de aquel entonces. Las obras que aparecen antes de 1939, están directamente adscritas a la tendencia del Nuevo Romanticismo; las que se escriben después conservan la sensibilidad novorromántica y algunas peculiaridades de dicha tendencia, pues la formación de sus creadores data de aquel entonces (Aub, Lera, Barea, Botella Pastor). El carácter populista se encuentra también en el reverso de los mencionados escritores, es decir en novelistas que asocian el populismo al nacional sindicalismo, pura-impuramente falangista (Benítez de Castro, Giménez Arnau, Pombo Angulo). A pesar de la enorme disparidad que existe entre estos autores, todos representan al héroe de acuerdo con un diseño configurado por, 1) la infravisión, 2) la tipicidad paradigmática, 3) la representación épica, y 4) la inclusividad, de modo que el protagonista no se percibe como uno, sino como muchos.

El relato histórico donde el héroe es una colectividad, se concibe desde el sentimiento del pueblo, por oposición a una referencia elitista, lo cual no quiere decir que sea una ficción escrita para el pueblo. La novela populista no es subliteratura popular, no queda en la categoría de la banal como sería el caso de las novelas del Oeste, o de policías y ladrones, pues no va dirigido a un lector incualificado. Por el contrario, su contenido va dirigido a un lector preparado para entender, y va dirigido a su sentimiento, presentándole las metas sociopolíticas de una conmoción histórica, narrativamente elaboradas.

Los grandes sucesos de una época se muestran en sus implicaciones infrahistóricas, "vistos por abajo," o sea como historia vivida en la calle, por los hombres de la calle. Los humildes personajes se enfrentan a los sucesos históricos que viven, comentan las decisiones que se han hecho en las cumbres del poder, y actúan sobre el acontecer histórico, no como árbitros de hechos monumentales, sino como participantes de un destino colectivo, porque la infravisión implica una causa y un destino común. En *Siete domingos rojos* (1932), de Ramón J. Sender, es el desarrollo de una huelga revolucionaria; en *Río Tajo* (1938), de César M. Arconada, es la toma de conciencia de pastores y campesinos que abandonan su pasividad ancestral; en *Todas las horas hieren* (1986), de Virgilio Botella Pastor, es la perseverancia del espíritu republicano en el destierro.

Los magnos acontecimientos están presentes así como las figuras de alto rango, pero el carácter de la novela populista se aparta del enfoque "por arriba.". Cuando la acción se traslada a las altas esferas, es circunstancial, o se queda a nivel de recurso técnico. Así, los nombres de las personalidades históricas se introducen para mantener la verosimilitud; las fechas y los grandes sucesos se mencionan para establecer una cronología; o bien, unos y otros cumplen la función de motor que pone en marcha la opinión pública, evidenciada en las reacciones de los personajes. La sensibilidad de la novela populista exige que la colisión histórica se viva a nivel del combatiente, o sea que la batalla se relate sobre el campo de batalla, dentro de las trincheras, y no desde el puesto de observación del general, en el despacho del ministro, o en los salones de Palacio. También exige que el personaje encarne una multiplicidad y que el latido de todos los personajes sea al unísono.

La captación de lo colectivo implica el desvanecimiento del relieve individual y de la problemática privada, aunque en la ficción los personajes tengan una vida íntima, sus aventuras sentimentales, sus pequeños problemas cotidianos. Pero el protagonista está inmerso en un conflicto de implicaciones comunes, secundado por otros personajes que se hacen eco de las motivaciones del primero. Naturalmente, existen personajes de mayor o menor relieve dentro de la novela, pero no existe un protagonista con relieve excepcional, un héroe que brilla por encima de todos los demás.

Aun en el caso de *Río Tajo,* donde Chaparrejo es el héroe, su excepcionalidad, por una parte encarna el ideal y es un correspondiente compendio de virtudes, y, por otra, se convierte en el portavoz o intérprete de figuras secundarias que, con frecuencia, pasan al centro de la acción, formando así una totalidad homogénea. Esa totalidad consiste en la presencia de numerosos personajes que proceden de diferentes regiones y de diversas capas sociales, unidos por un ideal. El ejemplo que mejor ilustra este tratamiento, se encuentra en los últimos libros de Botella Pastor (*Tiempo de sombras, Camino de la victoria, Todas las horas hieren*), protagonizados por grupúsculos de unos tres personajes. Sus integrantes son obreros, campesinos, estudiantes, académicos, propietarios, burócratas, militares, técnicos, etc., que proceden de los cuatro puntos cardinales de la península. Lo sobresaliente del caso es que cada grupo es ajeno al otro (sus componentes ni siquiera se conocen) pero piensan, sienten y actúan en forma idéntica a impulsos de una causa. Pero no se trata de una simple multiplicidad de cabezas, sino de una unicidad de lo diverso (diversas personalidades, diversos orígenes) en un ideal que se manifiesta en muchos.

La representación de lo múltiple lleva aparejada en la práctica novelística, una correspondiente despersonalización de la figura. No importan gran cosa los atributos que definen al individuo, por la razón de que lo primordial son los atributos de orden moral que definen el carácter de unas gentes. Los rasgos físicos, aunque se mencionen, carecen de importancia y se pierden en el texto. El personaje se reduce a la categoría de pieza dentro de un conjunto formado por muchas piezas y, si es humano, lo es por determinación previa, y no necesariamente por captación.

El héroe colectivizado representa las cualidades más excelsas del hombre español, sea cual fuere la ideología en que se inspire la novela. Lo importante es la representación de unas virtudes colectivas, de modo que el relato se convierte en un paradigma donde el "yo, tú, él, ella, nosotros, vosotros..." está en pugna con "ellos":

—¡Son ellos, ellos!
Estaba dicho todo, todo ¡Ellos! ¡Estaba dicho
todo, todo! Lo contrario a los nuestros. (*Río Tajo* 2.205)[3]

El enemigo ("ellos") se despersonaliza aún más que los personajes positivos, hasta el punto que suele carecer de rostro. En *La sombra de las banderas* son "los cabrones" y así se les identifica repetidamente. Cuando la figura del enemigo se define, se convierte en algo odioso. En *Todas las horas hieren*, el carácter del *kapo* Leitzenger está bien precisado, pero el comentario del autor extiende la referencia a todos los *kapos*, integrados en una visión de conjunto, montada con muchas figuras. De ese modo, los enemigos particulares de un personaje equivalen a los enemigos de todos, al "enemigo" que se opone a la realización colectiva del ideal. Así, el espíritu de acción positivamente considerado, define al personaje mediante la conjugación de una posición-oposición, con la esquematización resultante. Mas la simplificación se salva elevando la narración a una categoría grandiosa, por medio de la representación épica.

La longitud del período tratado así como la naturaleza de las peripecias, sugiere unas proporciones grandiosas, que desembocan en la Guerra Civil de

1936, tratan del conflicto en sí, o de ella se derivan. Dentro de una visión retrospectiva, la narración se reviste de carácter épico, aspirando a captar el espíritu que anima a unas gentes extraordinarias, embarcadas en acciones prodigiosas. Para alcanzar el efecto de grandiosidad, el mundo representado se fragmenta, y el tono se eleva.

Las peripecias se sitúan en un vasto escenario de implicaciones internacionales, lo que puede resultar en amplios ciclos. *El laberinto mágico*, de Max Aub, es una sexalogía; *Las novelas de la guerra y del exilio*, de Virgilio Botella Pastor, una octología. No solo la acción se extiende geográficamente, al mismo tiempo se multiplica en fracciones, dividiéndose y subdividiéndose. Como resultado, la acción es constante, y los personajes se desplazan de un lugar a otro.

La naturaleza de los incidentes es violenta, asociada con un conflicto armado, con una represión cruenta, o con las fatalidades de una diáspora. Los combates, las persecuciones, resultan en numerosas víctimas, pero al mismo tiempo expresan el carácter de una voluntad indómita. La muerte o el sacrificio nunca es inútil, redunda en beneficio de los demás.

La narración, con su peculiar énfasis en la peripecia, es meridianamente clara, está desprovista de oscuridades que dificultarían el entendimiento de su significado. El texto es uniforme, y no se aprecian grandes diferencias entre el párrafo de autor y el diálogo. Con frecuencia, los personajes suplantan la tarea del autor y nos informan de las circunstancias de una acción, o de sus resultados, mediante la conversación. Consecuentemente, el diálogo resalta en el texto de novelas como *Las últimas banderas*, de José Mª de Lera. Pero la retórica existe, aunque es neorromántica y va encaminada a elevar el sentimiento.

El sentimiento se eleva mediante la afectividad. Arconada, en *Río Tajo*, recurre a diminutivos caseros, a expresiones de cariño que dirige a sus personajes. En todo momento, el autor expresa la emoción, la indignación, o la sorpresa que siente el ente de ficción, recurriendo a exclamaciones o a interrogaciones. La ficción se reviste de carácter antropomórfico mediante la personificación de la Naturaleza: los elementos atmosféricos, la tierra, las plantas, los animales, se hacen eco del acontecer, laten armónicamente con la comunidad, expresando su alegría o su tristeza. Entre otros, resaltan en *Río Tajo*, la prosopopeya del viento, mensajero de noticias ("el viento gemía. Traía dolor de allí, cogía dolor de aquí, y marchaba a llevar sus quejas hacia donde podrían oírlas" 109), y la alocución del Río Tajo (287-290), prosa poética de elevado sentimiento que da título al libro. El símbolo como expresión lírico-afectiva, que puso de moda el Nuevo Romanticismo,[4] personifica también al ideal, por ejemplo, en cuerpos cósmicos ("estrellas," o "cometas" como Germinal, Espartaco y Progreso, en *Siete domingos rojos)*, o en "ídolos" (El General, en *Se ha ocupado el kilómetro 6*, de Cecilio Benítez de Castro) por quienes los héroes sacrifican sus vidas. En el caso de *Río Tajo* la retórica del sentimiento se sublima cuando el autor, a modo de juglar, interviene en el relato, e informa directamente a los lectores ("Veréis" 51), o los interroga ("¿Y creéis que vencieron?" 6), y se dirige también a los personajes ("Cartas del autor a sus personajes" 334-35). La mediación del autor entre el mundo cotidiano y el representado, resulta en el empleo del pronombre "nosotros," estableciendo así un lazo emocional que involucra al lector en los sucesos.

La brevedad de este trabajo impide un análisis de otros recursos retóricos como el empleo del símil, de la anáfora, etc., así como de la selectividad, ritmo y organización que gobiernan estas narraciones donde un personaje colectivizado protagoniza una epopeya.

La visión infrahistórica, la tipicidad paradigmática, y la representación épica, armónicamente relacionadas, prestan a estas novelas una marcada inclusividad, la de un todo homogéneo que proclama una verdad.

El mundo representado responde a un sentido político predeterminado, con exclusión de cualquier otro, hasta el punto que la ideología constituye la razón de ser de la ficción. El autor nunca oculta el particularismo ideológico, por el contrario, lo proclama como parte de un orden superior, necesario y justo. Sin ambages, los hechos se enfocan y se enjuician desde una perspectiva dominante, que, en último término, prueban la tesitura. El autor se refiere específicamente al devenir de los tiempos, a la coyuntura de su época, y al destino de un pueblo, pero únicamente en función de la empresa que protagoniza "su" gente, nunca como cometido de "todas" las gentes. De ese modo, la novela pasa a ser la ilustración de un credo político. En *Siete domingos rojos*, el escritor declara:

> Si alguien me preguntara qué es el anarcosindicalismo—sin prejuicios ni finalidades políticas—yo extendería la mano hasta este libro. Si quedaran gentes bastante simples todavía para preguntar si el sindicalismo es bueno o es malo, yo me encogería de hombros y les ofrecería el libro. (7)

Dentro de la pertinente perspectiva (ya sea la anarquista, la republicana, la comunista, la falangista, la socialista, etc.), la proyección es positiva y es, al mismo tiempo, maniquea. Del lado positivo, todas las acciones de los héroes están justificadas, pues la razón siempre les asiste; del lado negativo, todas las acciones del enemigo son inicuas por definición. De esa forma, el relato se convierte en un "canto laudatorio" del ideal y de las gentes que perseveran en ese ideal, de modo que potencien nuestra creencia en la realización humana, en la dignidad y nobleza del hombre.[5]

Volviendo ahora al estudio de Lukacs sobre la novela histórica, nos encontramos que la novelística donde predomina "un frecuente y multicolor cambio de escena y un gran número de actores" es "superficial y errónea" (112) por lo que a su sentido épico se refiere. En su lugar, Lukacs declara únicamente válida como narrativa histórica aquélla donde la acción se plasma en la "totalidad del movimiento," o concretamente, en "la individualidad del héroe" (131). Aunque el trabajo de Lukacs es fundamental para entender la novela histórica, tiene el inconveniente de su estrechez neoclásica. El hecho de que el relato con héroe colectivizado no coincida con un esquema determinado, no anula su validez. Porque en toda estética, en toda tendencia, hay novelas buenas y novelas malas, pero nunca todas las novelas son buenas, ni tampoco todas son malas. El particularismo de Lukacs se explica por su marcada desconfianza en los movimientos románticos, y de ahí, su disgusto ante la literatura de carácter populista, que responde a una sensibilidad neorromántica.

The University of North Carolina<br>
Chapel Hill, North Carolina

### NOTAS

1. "Consiste en la estructuración del amplio fundamento vital de los acontecimientos históricos en su entrelazamiento y complejidad, en sus variados efectos recíprocos con las personas actuantes" (Lukacs 46).
2. "El pueblo, con todo, es sólo el escenario para una representación principal, que se desarrolla en un plano diferente, no relacionado directamente con la vida del pueblo" (Lukacs 353).
3. Hay edición española: Madrid: Akal, 1978.
4. Véase Gil Casado 91-106.
5. "It gives a special pleasure because its events and persons enhance our belief in the worth of human achievement and in the dignity of man" (Bowra 1).

## OBRAS CITADAS

Arconada, César M. *Río Tajo*. En *Obras escogidas*, 2. 2 tomos. Moscú: Editorial Progreso, 1970.
Bowra, Cecil Maurice. *From Virgil to Milton*. London: Macmillan, 1948.
Gil Casado, Pablo. *La novela social española (1920-1971)*. 2ª ed. Barcelona: Seix Barral, 1973.
Lukacs, Georg. *La novela histórica*. México: Ediciones Era, 1966.
Pombo Angulo, Manuel. *La sombra de las banderas*. 12a ed. Barcelona: Planeta, 1983.
Sender, Ramón J. "Para una cuestión previa." *Siete domingos rojos*. Barcelona: Colección Balagué, 1932.

# JESUS GUTIERREZ

## El tema de la guerra civil en Unamuno

Entre los temas que, en las distintas épocas de su evolución intelectual, preocuparon a Unamuno, se destaca el tema de la guerra civil. En él convergen su vida y su obra. Como muchos recuerdan, la vida de Unamuno está prácticamente enmarcada entre dos guerras civiles, la carlista de 1873 y la última de 1936. Por ello, el tema reaparece obsesivamente en su obra y adopta tratamientos y enfoques complementarios. Para nuestro propósito, y reconociendo la amplitud de la materia y los límites de la ocasión, vamos a abordar el tema de la guerra civil en Unamuno desde tres perspectivas. Primero, guerra civil como método y programa, como "principio formal" de su sistema —en palabras de Ferrater Mora—, o, más sencillamante, como imagen y metáfora. Segundo, guerra civil como epopeya, en este caso, la épica del pueblo vasco; y tercero, guerra ya no civil, sino incivil, guerra como barbarie.

Guerra y lucha están implícitas, desde 1895, en "La tradición eterna", el primer ensayo de los publicados después como libro *En torno al casticismo*. Allí expresa Unamuno de modo programático cuál va a ser su método:

> Suele buscarse la verdad completa en el *justo medio* por el método de remoción, *via remotionis,* por exclusión de los extremos, que con su juego y acción mutua engendran el ritmo de la vida, y así sólo se llega a una sombra de la verdad, fría y nebulosa. Es preferible, creo, seguir otro método: el de afirmación alternativa de los contradictorios; es preferible hacer resaltar la fuerza de los

extremos en el alma del lector para que el medio tome en ella vida, que es resultante de lucha. (*Obras completas* 1.784)

Este programa dialéctico ha sido interpretado por los filósofos desde varias perspectivas, cuya exposición detallada no es necesaria aquí. Ferrater Mora sintetiza su juicio afirmando que en Unamuno "hay sólo *guerra perpetua*, contradicción interminable, incivilidad continua y fecunda. Tal es el único "principio formal," si este nombre puede dársele, que domina el pensamiento de Unamuno." Y continúa insistiendo: "El mundo de Unamuno, agitado por el 'principio' de la guerra civil permanente y de la lucha incesante desconoce toda armonía última, la cual sería equivalente a la muerte" (46).[1]

Juicios semejantes se documentan con los numerosos textos en que Unamuno habla de la necesidad de la guerra civil o de la desgracia del país que se sume en una paz civil adormecedora. Se amplía así la dialéctica con la riqueza literaria de imágenes y metáforas, casi todas muy conocidas ahora.[2]

En esta concepción unamuniana,—¿será necesario recordarlo en esta síntesis?—, se aúnan varios temas tradicionales, desde la observación de Heráclito, "el combate padre de todas las cosas" al programa de Jesucristo, "No he venido a traer la paz sino la guerra" y los ecos paulinos de que tanto gustaba don Miguel y a los que alude frecuentemente. Pero además hay una experiencia personal profunda. Cuando en 1908 publica Unamuno sus *Recuerdos de niñez y de mocedad*, nos confiesa:

> El suceso verdaderamente nuevo, verdaderamente imprevisto, el suceso que dejó más honda huella en mi memoria, fue el bombardeo de mi Bilbao en 1874, el año mismo en que entré al Instituto. En él termina propiamente mi niñez y empieza mi juventud con el bachillerato. Diez años escasos tenía yo cuando a los carlistas, que tenían sitiado a Bilbao desde el día de los Inocentes de 1873, se les ocurrió bombardearlo. (OC, 8.129)

Y después de describir la confusión que siguió al caer las primeras bombas, prosigue:

> Y empezó para mí uno de los períodos más divertidos, más gratos de mi vida. En los más recónditos senos de mi conciencia aparece el bombardeo de mi villa como edad heroica y remotísima, confinante con las nieblas de la prehistoria, y los carlistas como vagas reminiscencias de fósiles, mamutes y mastodontes de esta mi edad genesíaca. (OC, 8.129)

De esta experiencia surgió la primera novela de Unamuno, *Paz en la guerra* (1897), en la que ciertamente presenta a los carlistas bajo una luz muy distinta de la sugerida en estos recuerdos. Liberales y carlistas, en esta obra, se transforman en héroes y víctimas de sus propias circunstancias. Las razones de esta idealización las explicará después el mismo Unamuno. Por un lado, no podía ser indiferente a los protagonistas, ya que ambos partidos pertenecen al pueblo vasco cuya historia está novelando el escritor. Por otro, su mismo liberalismo le impulsaba a admirar el valor y el entusiasmo que derrocharon los seguidores del pretendiente don Carlos.

Para entender la actitud de Unamuno en 1936 me parece importante reflexionar, aunque sea brevemente, sobre *Paz en la guerra* porque esta novela se convierte en punto de referencia no sólo a lo largo de la vida de su autor sino también en vísperas de su muerte.

Como es sabido, la acción de la novela se centra en Bilbao y, concretamente, en dos familias de las Siete Calles, los Iturriondo, carlistas, y los Arana, liberales. Entre unos y otros aparece un joven, Pachico Zabalbide, el *alter ego* del autor que no se identifica con ninguno de los partidos. Con su estilo característico, Unamuno expresa sus propias convicciones por boca de Pachico, quien decía a sus compañeros "que todos tienen razón y no la tiene nadie, y que lo mismo se le daba de blancos que de negros, que se movían en sus casillas como piezas de ajedrez, movidas por jugadores invisibles; él no era carlista ni liberal, ni monárquico ni republicano y que lo era todo. ¿Yo? ¿Yo con mote como si fuera un insecto seco y hueco clavado en una caja de entomología y con una etiqueta que diga: género tal, especie tal?" (OC, 2.129-30). Cuando los compañeros le acosan y le preguntan, —Entonces, tú ¿qué eres? Responde: "Yo, Francisco Zabalbide. No te ofendas. Sólo los tontos pueden pensar todos del mismo modo y suscribir el mismo programa" (OC, 2. 129-30).

Detrás de estas hipérboles reaparecen el individualismo del joven Unamuno y la independencia ideológica que le caracterizó toda su vida y que mostrará en 1936. Pero el contexto total de *Paz en la guerra* es más rico y equilibrado que estos alardes. Bastaría traer a colación las reflexiones y comentarios de Pachico al enterarse de la muerte de su amigo Ignacio en el frente carlista. Con ellas expresa Unamuno profundos sentimientos de solidaridad con su pueblo.[3] Por ello, tanto el contenido humano como el valor literario nos obligan a detenernos en la génesis de *Paz en la guerra*, poema épico del pueblo vasco.

Todo comenzó con una noticia que le dieron, estando en Madrid, sobre "la muerte en el campo carlista de un sujeto," según palabras del mismo Unamuno (OC, 8.208). Nunca explicó don Miguel otros detalles sobre el muerto, su edad, condición social, relaciones familiares, etc. Pero es muy significativo el primer título que el escritor pensó dar a su relato, "Un Mártir de la Fe," y así se lo comunicó a su amigo Pedro de Múgica *(Cartas 120).* Es decir, sobre el fondo o medio ambiente de la guerra carlista, Unamuno interpretaba aquella muerte como algo heroico, como la muerte de un testigo o una víctima de la fe tradicional del pueblo vasco. Mi interpretación se corrobora con otra carta de Unamuno al mismo Múgica. Tras informar a su corresponsal, que es a la vez fuente preciosa de información histórica, sobre la concepción, marco y amplitud que va dando a su novela, Unamuno resume su visión y enfoque en estas palabras: "En el fondo de la guerra civil latía todo un ideal político-religioso, todo un mundo de pasiones, toda una epopeya" *(Cartas* 139). Recuérdese que estas cartas están fechadas en junio de 1890 y en abril de 1891, respectivamente. El largo proceso de gestación de esta obra adquiere así nueva significación. Durante años Unamuno se ha interrogado no sólo sobre la última guerra carlista y el sitio de Bilbao sino también sobre lo que fue y entrañó el movimiento carlista para el pueblo vasco, sobre sus causas y antecedentes y, muy en particular, sobre aquella aparente identificación de pueblo vasco y carlismo. Es necesario insistir sobre estos aspectos y sobre el papel que, a lo largo de la novela, desempeñan el recuerdo y la alusión a la primera carlistada de 1833. Al referirse a ésta, Unamuno anticipa los mismos recursos literarios con que a lo largo de *Paz en la guerra* transforma la historia en epopeya. Se trata de una evocación del pasado, actualizado por los personajes que colorean así la realidad con su visión afectiva.[4] La primera guerra carlista se eleva a referencia épica con la que se contrastará, implícitamente, la segunda. Pedro Antonio, el personaje de la intrahistoria para tantos estudiosos, es también un verdadero rapsoda. Unamuno emplea algunos recursos típicos del juglar, epítetos e insistencias, en este párrafo inolvidable en que describe los recuerdos del chocolatero:

> Era de oírle narrar, con voz quebrada al fin, la muerte de don Tomás, que es como siempre llamaba a Zumalacárregui, el caudillo coronado por la muerte. Narraba otras veces el sitio de Bilbao, "de este mismo Bilbao en que vivimos," o la noche de Luchana, o la victoria de Oriamendi, y era, sobre todo, de oírle referir el convenio de Vergara, cuando Maroto y Espartero se abrazaron en medio de los sembrados y entre los viejos ejércitos que pedían a voces una paz tan dulce tras tanto y tan duro guerrear. (OC 2.94)

E insiste Unamuno: "La guerra de los siete años vivificóle la vida nutriéndosela de un tibio ideal hecho carne en un mundo de recuerdos de fatiga y de gloria'' (OC 2.94).

Pero *Paz en la guerra* ofrece de la guerra carlista otra dimensión más humana que la evocación de los héroes, carlistas o liberales. Siendo guerra civil, su acción más trágica es la de dividir a los hermanos. El carlismo viene a convertirse en un movimiento socio-político, con ideologías e intereses muy encontrados, que escinde a un pueblo y a una región. Para Unamuno, el carlismo es como un precipitante que vuelve a actualizar el pasado histórico de la región. Con él, se renueva la guerra entre Bilbao y las aldeas vecinas, entre el mercader y el labrador, entre los hombres de la laya y del campo y los hombres de la pluma y del escritorio. O mejor en las palabras del propio autor: "Iba a resolverse la larga querella, la del rústico y el urbano, que llena con sus incidentes, alguna vez sangrientos, la historia del Señorío de Vizcaya" (OC, 2.178).

No permite el espacio desarrollar otros aspectos de esta epopeya que para su autor era *Paz en la guerra* ni transcribir los textos finales, más conocidos, en que expresa su anhelo de paz y la superación de las rivalidades tradicionales.[5] Muchos años después, en abril de 1933, recordando Unamuno la reacción de algunos lectores ante su primera novela, expuso unas ideas-clave sobre la guerra civil que, hasta donde he podido comprobar, no han sido debidamente subrayadas: "Cuando apareció la novela pudo decir Altamira que latía en ella una cierta simpatía por la causa carlista. Como que no se puede ser liberal de otro modo; como que no cabe participar en una guerra civil sin sentir la justicia de los dos bandos en lucha; como que quien no sienta la Justicia de su adversario —por llevarlo dentro de sí— no puede sentir su propia Justicia" (OC 8.1192). Me parece encontrar en esta afirmación de los principios que guiaron a Unamuno, tanto en su vida como en su obra, una clave para interpretar los que se han considerado cambios y vacilaciones como una búsqueda constante y apasionada por la verdad y la justicia.

Don Miguel de Unamuno, liberal y antimonárquico, que había él mismo proclamado solemnemente la instauración de la República en la Plaza Mayor de Salamanca, se adhirió con entusiasmo a la rebelión de los militares contra la misma República. A las pocas semanas, en agosto de 1936, justificaba su decisión declarando al corresponsal de la agencia International News: "Esta lucha no es una lucha contra la República liberal, es una lucha por la civilización. Lo que representa Madrid no es socialismo, no es democracia, ni siquiera comunismo. Es la anarquía, con todos los atributos que esta palabra temible supone.Alegre anarquismo lleno de cráneos y huesos de tibias y destrucción'' (Salcedo 408).[6] Y concluye sus declaraciones, afirmando: "Yo no estoy a la derecha ni a la izquierda. Yo no he cambiado. Es el régimen de

Madrid el que ha cambiado. Cuando todo pase, estoy seguro de que yo, como siempre, me enfrentaré con los vencedores" (Salcedo 408). No hace falta insistir en las evidentes coincidencias con las afirmaciones que Unamuno había puesto en boca de Francisco Zabalbide y que leímos antes.

Emilio Salcedo, cuya *Vida de Don Miguel* es un esfuerzo serio y equilibrado por historiar a Unamuno, presenta otras declaraciones a periodistas extranjeros en que el Rector reiteraba sus ataques al Gobierno de Madrid. Por otro lado, Salcedo informa con excesivo laconismo de los acontecimientos que tienen lugar en Salamanca entre agosto y octubre de 1936 y que motivarán el viraje final de don Miguel. Esta laguna acaba de llenarla otro salmantino, Luciano González Egido, en su reciente libro, *Agonizar en Salamanca Unamuno Julio-Diciembre 1936*. El título sugiere ya el tono lírico, de evocación elegíaca, con que el autor ha compuesto esta obra en la que se dramatiza el ambiente de aquellos meses. Nos adentramos aquí en la soledad de Unamuno, en el vacío que va cercándole cuando amigos y conocidos son asesinados por aquellos que él creía liberadores. El odio y la persecución, las muertes sumarísimas y arbitrarias no eran, desgraciadamente, el patrimonio de una sola España. Ambos lados coincidían en la misma barbarie, como resumirá después Unamuno. Su posición de rector le permite recibir súplicas de muchos que temen por su vida a la hora de las depuraciones. Frecuentemente su intercesión resulta inútil, como recuerdan sus biógrafos. A estas experiencias directas y desalentadoras se van sumando las noticias que se filtran con horrores de muerte tanto en los frentes de guerra como en las retaguardias. Ahora son vidas de españoles, hermanos, que serán perdidas para siempre. Semilla y cosecha del odio. Todo ello va desengañándole lentamente.

El 12 de octubre de 1936 se celebraba en la Universidad salmantina la fiesta de la Raza y Unamuno presidía el acto, ostentando además la representación del general Franco. El Rector se había propuesto no hablar pero las circunstancias y los discursos de profesores e invitados le obligaron a hacerlo, dándole así ocasión de proclamar públicamente las convicciones profundas de su conciencia. El mensaje y contenido de aquel discurso interrumpido[7] y su denuncia de la "guerra incivil" los repitió en dos cartas, fechadas en Salamanca el 1 y 13 de diciembre y dirigidas a un bilbaíno amigo suyo, Quintín de Torre, que se encontraba a la sazón en Burgos. Habiendo sido publicados ambos documentos sólo me corresponde aquí analizar su contenido.

La relación amistosa que une a los corresponsales confiere a los textos el valor humano de la sinceridad. Se convierten así en testimonio autobiográfico de importancia en el que la reflexión y el pensamiento del autor se fijan en una unidad temática obsesionante: la guerra y España, las causas y efectos del conflicto en su vida y en la vida de los españoles.

La primera carta comienza subrayando los sentimientos encontrados que el mensaje de su amigo Torre ha despertado en don Miguel. Se anticipa así la estructura dialéctica que caracteriza todo el texto, en el que se destacan estos puntos: casa-cárcel; policía-esclavo; adhesión-rechazo; vencer-convencer; odio-compasión; restitución-destitución (del Rectorado); *hunos-hotros;* frente-retaguardia; cuartel-sacristía; guerra civil carlista-guerra incivil actual; Europa-Africa; marxistas-fascistas. En algún momento se contrasta el presente frente al pasado.

Primero constata la circunstancia física de su vida: prácticamente se halla confinado en su casa que le sirve de prisión con un policía, "pobre esclavo," que le sigue constantemente. Al intentar una explicación de causas, Unamuno resume su actuación desde julio a octubre, desde la adhesión al movimiento militar a la denuncia y acusación contra la fuerza y el odio, y la proclamación de su verdad, la verdad que le había guiado toda su vida. En sus propias palabras:

> ¿La razón de ello? es que aunque me adherí al movimiento militar no renuncié a mi deber —no ya derecho— de libre crítica, y después de haber sido restituido —y con elogio— a mi rectorado por el gobierno de Burgos, rectorado del que me destituyó el de Madrid, en una fiesta universitaria que presidí con la representación del general Franco, dije toda la verdad, que el vencer no es convencer ni conquistar es convertir, que no se oyen sino voces de odio y ninguna de compasión. Hubiera usted oído aullar a esos dementes de falangistas azuzados por ese grotesco y loco histrión que es Millán Astray! Resolución: que se me destituyó del rectorado y se me tiene en rehén. (González Egido 210)

Continúa, luego, interpretando la guerra como suicidio y locura y las consecuencias que entraña: "Con lo que sufro al ver este suicidio moral de España, esta locura colectiva, esta epidemia frenopática ... , figúrese usted cómo estaré. Entre los unos y otros —o mejor, los *hunos* y los *hotros*— están ensangrentando, desangrando, arruinando, envenando y entonteciendo a España" (González Egido 210). Menciona cosas horribles tanto en el frente como en la retaguardia, entre las hordas que llaman "rojas" y el mundo de la capital castrense donde "se fusila sin formación de proceso y sin justificación alguna."

La alusión hecha por Torre a *Paz en la guerra* permite a Unamuno definir esta obra como poema épico, no una sino dos veces, y contrastar aquella guerra civil con la última incivil y bárbara. En la oposición de Europa y Africa hay una clara referencia a los regulares marroquíes del ejército rebelde:

> Y lo que me suscita su mención a aquel libro —un poema— que canté al Bilbao de nuestra otra guerra civil! Que aquella sí que fue civil. Y hasta doméstica. Esta no; ésta es incivil. Y peor que incivil. Por ambos lados, por ambos lados. Y luego por ambos lados a calumniarse y a mentir. Yo dije aquí y el general Franco me lo tomó y lo reprodujo, que lo que hay que salvar en España es la civilización occidental cristiana. Lo ratifico. Pero desgraciadamente no se está siempre empleando para ello métodos civilizados, ni occidentales, ni menos cristianos. Es decir, ni métodos civiles, ni europeos. Porque Africa no es occidente (González Egido 211).

Tras este rechazo y condena de ambos contrincantes que se aproximan en su barbarie, Unamuno afirma: "Por este camino no habrá paz, verdadera paz. *Paz en la guerra* titulé a aquel mi libro poemático. Pero esta guerra no acabará en paz. Entre marxistas y fascistas, entre los *hunos* y los *hotros*, van a dejar a España inválida de espíritu" (González Egido 211). E indica, a continuación, "la muerte de la libertad de conciencia, del libre examen, de la dignidad del hombre" como sus resultados.

Reflexiones paralelas reaparecen en la segunda carta que se hace más incisiva con acusaciones directas y nominales de aquellos que él cree responsables del odio y la barbarie.[8] La perspectiva y mensaje son idénticos en los dos textos, a la vez, lúcidos y estremecedores que vienen a ser, por la cercanía a la fecha de su muerte, el testamento y la lección postrera de don Miguel de Unamuno.

Wayne State University<br>Detroit, Michigan

### NOTAS

1. En la obra de Ferrater Mora se encontrarán numerosos textos unamunianos sobre la guerra civil. Pueden ser completados con los reseñados por Elias Díaz en su importante antología *Unamuno pensamiento político*, en especial 56-60.

2. Forma parte del lenguaje socio-literario de la Generación del 98 y entronca con Joaquín Costa el uso de estas expresiones metafóricas: "despertar al pueblo, remover el inmovilismo, sacudir la abulia y el aburrimiento de una sociedad anclada en el pasado."
3. Pocas veces se subraya la importancia de este texto, en mi opinión, excepcional:

> Cuando supo Pachico por una carta la muerte de Ignacio dióle un vuelco el corazón. Se dijo: 'Pobrecillo' y fuése a casa, en la que se encerró para dejar correr libres sus lágrimas allí, donde nadie le viera llorar. Entonces descubrió cuánto le había querido y, espoleando al llanto, para hallar en éste un recogido deleite de abandono y de fusión de afectos, perdióse en imaginaciones vagas. ¿Una vida perdida? ¿Perdida... para quién? ¿Para él acaso, para el pobre Ignacio?... Tales vidas son la atmósfera espiritual de un pueblo, la que respiramos todos y a todos nos sustenta y espiritualiza. (OC 2.266)

Por encima de la amistad, se apunta aquí a la solidaridad de todo un pueblo.
4. Esta transformación la opera Unamuno de modos diversos. Considérese, por ejemplo, cómo los niños

> ...formábanse una fresca y poética visión de la guerra, una visión enteramente homérica, zurciendo con detalles de lo que veían sueños y retazos de cosas entreoídas y vislumbradas. ¡Qué gustazo oír contar aquellas cosazas y tener que contarlas! ¡Qué gustazo bordar mentiras sobre la verdad y poetizar la guerra! Oíanse con la boca abierta: mientras los mayores sufrían la guerra, sacábanle ellos la poesía. (OC 2.228)

Este texto, olvidado por los críticos, no sólo muestra la interpretación heroica elegida por el escritor, sino también el procedimiento concreto para elevar la realidad, aquí la guerra —el tema épico por excelencia—, a un nivel poético.
5. Mucho se ha repetido el párrafo final de la novela: "En el seno de la paz verdadera y honda es donde sólo se comprende y justifica la guerra; es donde se hacen sagrados votos de guerrear por la verdad, único consuelo eterno" (OC 2.301). Pero estas ideas son como leit-motiv que reaparece en esta larga conclusión que empieza en la página 287, "Gustóse en la aldea la paz...." Reléanse, por ejemplo, estos párrafos con las reflexiones del joven Unamuno por medio de Pachico, quien "contempla las quietas y apacibles formas de aquella lucha silenciosa, viendo en la paz del bosque la alianza del grande con el pequeño, del vencedor con el vencido, la humildad de éste, la miseria del parásito. La guerra misma se encierra en la paz" (OC 2.298). Desde la cima, el joven "abarca con la mirada la vasta congregación de los gigantes de Vizcaya, que alzan sus cabezas los unos sobre los otros" (OC 2.298). Estos montes que, "defienden y abrigan a

los pueblos, dividen y unen a las razas y naciones." El autor sigue divagando "en torno a las luchas e invasiones de las razas y las gentes y a la fraternidad final de todos los hombres, oculta en el porvenir" (OC 2.299).

6. Estas declaraciones, tal como se publicaron en los periódicos de Salamanca, *La Gaceta Regional* y *El Adelanto*, las reproduce integras Luciano González Egido 75-77. Esta obra, que menciono a continuación en el texto, es una interesante adición a la bibliografía unamuniana en el cincuentenario de la muerte del gran escritor. En ella se publican por vez primera varias cartas hasta ahora, parcial o totalmente, inéditas que eran necesarias para conocer el juicio de Unamuno sobre la última guerra de 1936, como indicaré enseguida. Además da a conocer fragmentos de la última obra, sólo incoada, en la que trabajaba Unamuno durante los meses que preceden a su muerte repentina. El título redoblaba la angustia de las circunstancias trayendo a la memoria una de sus obras más admiradas. *El sentimiento trágico* se hace ahora *El resentimiento trágico de la vida* (168).

7. Con reservas, Salcedo ofrece este resumen del discurso:

> Dije que no quería hablar, porque me conozco: pero se ha ha tirado de la lengua y debo hacerlo. Se ha hablado aquí de guerra internacional en defensa de la civilización cristiana; yo mismo lo he hecho otras veces. Pero no, la nuestra es sólo una guerra incivil. Nací arrullado por una guerra civil y sé lo que digo. Vencer no es convencer y hay que convencer sobre todo, y no puede convencer el odio que no deja lugar para la compasión; el odio a la inteligencia que es crítica y diferenciadora, inquisitiva más no de inquisición. Se ha hablado también de los catalanes y los vascos, llamándoles la anti-España; pues bien, con la misma razón pueden ellos decir otro tanto. Y aquí está el señor obispo, catalán, para enseñaros la doctrina cristiana que no queréis conocer, y yo, que soy vasco, llevo toda mi vida enseñándonos la lengua española, que no sabéis. Ese sí es Imperio, el de la lengua española y no.... (Salcedo 415)

El mismo biógrafo reconoce la dificultad de "reconstruir" el breve discurso pronunciado por Unamuno, "porque la pasión ha falseado la memoria en unos y otros, omitiendo palabras a veces y en otras inventando una fraseología nada unamuniana" (414). Salcedo rechaza la versión del incidente propuesta por Luis Portillo —uno de los catedráticos de Salamanca destituido por el gobierno de Franco— en su artículo "Unamuno's Last Lecture," al que dieron mucha publicidad, sobre todo en los países de habla inglesa, tanto la obra de Hugh Thomas, *The Spanish Civil War*, como la biografía de Unamuno escrita por Margaret Rudd, *The Lone Heretic*.

8. Menciona expresamente a Mola y a Martínez Anido, a quienes califica de "vesánicos" y responsables de la crueldad de la represión. Al contestar a una alusión de

su corresponsal, en esta segunda carta, escribe Unamuno: "En cuanto al caudillo —supongo que se refiere al pobre general Franco— no acaudilla nada en esto de la represión, del savaje terror, de retaguardia. Deja hacer" (González Egido 227).

## OBRAS CITADAS

Díaz, Elías. *Unamuno: pensamiento político.* Madrid: Tecnos, 1965.

González Egido, Luciano. *Agonizar en Salamanca Unamuno JulioDiciembre 1936.* Madrid: Alianza, 1986.

Portillo, Luis. "Unamuno's Last Lecture." *The Golden Horizon.* London: Weidenfeld and Nicolson, 1953. 397-403.

Salcedo, Emilio. *Vida de Don Miguel.* 2a ed. Salamanca: Anaya, 1970.

Unamuno, Miguel de. *Cartas inéditas de Miguel de Unamuno.* Ed. Sergio Fernández Larraín. Santiago de Chile: Zig-Zag, 1965.

───────. *Obras completas.* 9 tomos. Madrid: Escelicer, 1966-71.

# SHARON KUUSISTO

## *El sueño del infierno* según Quevedo: discurso de un Infierno mercantil

Un documento literario — al igual que un jeroglífico o un sueño lleno de imágenes sociales perplejas — estructura una conciencia histórica por medio de un modelo descifrable. En esta reevaluación del *Sueño del Infierno* de Francisco de Quevedo, el propósito es desvelar la compleja relación sugerida entre la estructura ficcional de la sociedad juzgada en el mundo de ultratumba y la crisis de la sociedad mercantil española del siglo XVII, época en la que el autor vivió e intrigó (Quevedo).[1]

Para desentrañar esta relación vamos a seguir a Algirdas Julien Greimas y a Joseph Courtes quienes señalan cómo a través del discurso el sujeto construye el mundo como objeto y se construye a si mismo (Greimas). Gracias a esta duplicidad del sujeto éste aparece como productor y como producto del discurso, a la vez que su existencia puede ser presentada como una realidad empírica: es decir, podemos situar al emisor del discurso de forma histórica y biográfica (Lozano 89-90).

Utilizando la alegoría cristiana del juicio final el autor nos presenta de forma burlesca el mundo del averno con sus presuntos pobladores explicando a la vez los motivos por los que fueron condenados. Ya en el prólogo la voz se dirige a un "desconocido e ingrato lector" al cual pretende entretener y señalar los vicios de la sociedad. Por medio de la estructura artística de la alegoría moral cristiana el narrador declara de forma explícita su propósito de formular un juicio moral de carácter universal dirigido a todos los hombres. Con ello no hace sino continuar la tradición moralística de su tiempo.[2] Lo novedoso está constituido por el motivo implícito, oculto en la estructura artística empleada por Quevedo, quien a la vez que hace un juicio moral universal formula un juicio social presentado bajo dos aspectos: a través de los valores feudales del estamento nobiliario y a través de la propia posición de Quevedo como miembro inferior de la nobleza. Con ello Quevedo nos sorprende nuevamente con su ingeniosidad y su dominio de las técnicas satíricas que le permiten codificar una crítica de los valores sociales que perjudican a la sociedad española en general, al estamento nobiliario, y al propio Quevedo como caballero con aspiracions de promoción social.[3]

Desde el comienzo del *Sueño* hasta su final la voz narrativa se identifica con la primera persona quien como sujeto del discurso se dirige al lector para darle cuenta de una experiencia visionaria que por mediación divina ha contemplado. A diferencia de sus sueños anteriores que pudieron ser fruto de la fantasía, el de ahora aparece enmarcado dentro de la tradición cristiana de la revelación. Dios le envia un ángel, pero no uno cualquiera sino el ángel guardian del yo narrativo. El mensaje divino transmitido en el *Sueño* y presentado como universal, condena la ambición material y refuerza la superioridad de los valores espirituales. Este motivo literario reafirmando el espíritu sobre la materia encierra una postura ideológica característica de muchas obras literarias del Siglo de Oro, y responde a una conciencia clasista hacia la política imperial del gobierno español. Por un lado el mensaje es un eco de la crisis económico-social del Imperio Español, pero a la vez aparece relacionado con los intereses privados del sujeto que narra. Con ello se nos muestra como la intención divina está mediatizada por propósitos particulares.

El sujeto, portavoz de la voz narrativa, se autositúa y se identifica con un mundo privilegiado exento de maldad, donde impera la armonía. Es el mundo de virtud en el cual reside el hombre superior que se destaca de los demás mortales por la nobleza de sus valores. A partir de aquí el narrador inicia un peregrinaje simbólico. Encuentra la senda angosta de la virtud que rechaza por no poder ir ni a caballo, ni en carruaje, ambos símbolos del poder y ostentación. Por añadidura este camino carece de ventas o mesones, lugares frecuentados por mercaderes y tratantes. No satisfecho se encamina por la senda de la izquierda donde todo eran bailes y fiestas, transitada por una abigarrada multitud de caballeros, mercaderes, tratantes, jueces y letrados:

> Volví a la mano izquierda, y vi un acompañamiento tan reverendo, tanto coche, tanta carroza cargada de competencias al sol en humanas hermosuras, y gran cantidad de galas y libreas, lindos caballos, mucha gente de capa negra y muchos caballeros, ... y aquí nos sobraban mercaderes, joyeros y todos oficios, ... los le-

trados, que era terrible la escuadra de ellos que iba delante de unos jueces. (108)

Este modelo de sociedad caminando alegremente hacia el infierno, ingeniosamente construido por Quevedo a través de la sátira, encierra un severo rechazo de la economía mercantil y la burocracia imperial española del siglo XVII. El sujeto que narra va explicando los pecados de dichos personajes y las razones por las que han sido condenados. Al hacer la condena introduce la codificación alegórica: Maldad igual a Codicia de Poder o Dinero igual a Mercantilismo. Las actitudes sociales señaladas como infernales representan la preponderancia de lo adquirido sobre lo heredado, caminos para la adquisición de símbolos de poder, y la posibilidad de promoción social. De esta manera al condenar el mercantilismo, como un sistema materialista infernal, se niega implícitamente los caminos para el medro.[4]

La percepción negativa hacia los valores mercantiles en la alegoría del *Sueño*, presenta una estrecha relación con las mentalidades sociales del siglo XVII. Desde finales del siglo XVI se percibían ya ciertos signos de crisis: desempleo, despoblación del país, inflación, suspensión de pagos, y sobreexpansión militar y territorial.[5] Por otra parte la ambiciosa política imperial de los monarcas españolas, la creación de ejércitos profesionales y el crecimiento de la burocracia estatal, abrió expectativas de movilidad social a gentes de origen plebeyo que competían por puestos de la administración, tradicionalmente reservados a los miembros inferiores de la nobleza.[6]

La biografía de Quevedo, miembro de la baja nobleza, refleja estos cambios sociales. Educado en la Corte, aprendió allí a conocer los entresijos del poder y prepararse para servir al rey, pero encontró su carrera obstaculizada en una sociedad en la que predominaban los valores mercantiles. La mirada desilusionada de Quevedo, con respecto a la sociedad y su papel en ella, queda patente en la alegórica actitud de ver como un infierno en este mundo los efectos de los cambios sociales acaecidos en la España mercantil del siglo XVII.[7] La causa de la corrupción social es para Quevedo el abandono de la aromía feudal en el intento de conseguir satisfacer la ambición material.

En la visión alegórica de las regiones infernales está representada la sociedad española en su totalidad. Sin embargo destacan sobre todo la imagen del aparato burocrático presidido por jueces y oficiales y el aparato comercial representado por mercaderes y tratantes. Estas dos imágenes se complementan y coinciden en la figura del rey quien aparece simbólicamente conduciendo a "toda la república" hacia el infierno:

Las justicias llevan tras sí los negociantes, la pasión a las mal gobernadas justicias, y los reyes, desvanecidos y ambiciosos, todas las repúblicas. (110-11)

El común denominador para todos ellos es su ambición que de forma aparentemente inexorable les arrastra y condena. El rey viene a ser el gran mercader y esta imagen se refuerza en una escena de clara refencia histórica en la cual el rey es acusado de alentar en sus súbditos su propia ambición por el oro. La colusión entre el rey y sus oficiales en la búsqueda exclusiva de riquezas es repudiada com un robo:

> van vencidos de la cudicia — ¡Ved que valientes! — a robar oro y
> a inquietar los pueblos apartados a quien Dios puso como defensa
> a nuestra ambición mares en medio y montañas ásperas. (125)

Históricamente, el proceso de conquista se hizo en nombre de la cristiandad y del rey, quien otorgaba los permisos necesarios y recibía a cambio una parte de los beneficios de la expedición. Esta última aparece descrita como una pura aventura comercial auspiciada por el rey, pues no se menciona para nada la evangelización, sino sólo la búsqueda de premios. Los hombres de armas, tradicionales depositarios de los valores feudales, rechazan a los nuevos soldados que se han transformado en mercaderes de sí mismos afanosos de conseguir medrar en la nueva sociedad:

> Reprended la hambre del premio; que de buen varón es seguir la
> virtud sola y de codiciosos los premios no más y quien no sosiega
> en la virtud y la sigue por el interés y mercedes que se siguen más
> es mercader que virtuoso. (112)

Aparece expuesto con toda claridad el código con el que se explica y juzga la conducta de la sociedad mercantil que camina simbólicamente hacia el infierno: Ambición igual a Mentalidad Mercantil igual a Maldad. La ambición es considerada como maldad ya que carece de la dimensión espiritual de la sociedad de antaño. Ha surgido un hombre nuevo con una nueva mentalidad. Se busca ante todo el provecho personal que alienta el medro como una fuerza disgregadora, contraria a la armonía social. El deseo de recompensas materiales aparece favorecido por "las anticipadas promesas de los reyes" quienes, alegóricamente, compran las almas de sus soldados:

> Y advertid que ya los principes tienen por deuda nuestra sangre y

vida, pues, perdiéndolas por ellos, los más dicen que los pagamos y no que los servimos. (122)

El sistema de valores sociales que establece la posición de sus miembros, ya no es el de la sociedad tradicional feudal. Las relaciones vasallo-señor que antiguamente significaban un compromiso económico-social de protección del señor al vasallo, a cambio del servicio de este último, pretenden ser sustituidas por una nueva relación exenta del compromiso moral de protección, y reducida a una transacción mercantil.[8] Y es precisamente el rey quien simbólicamente invoca estos nuevos valores; y es sobre él que recae de forma alegórica la responsabilidad de la crisis social provocada por el cambio de actitudes.

En la codificación alegórica de Quevedo referente a la mentalidad mercantil como un mundo de infernal materialismo, se muestra el medio a que una sociedad abierta a la adquisición de dinero y poder sea una amenaza a los privilegios del estamento social en el que Quevedo ha nacido. La sociedad es mostrada alegóricamente como un mercado público en el que los valores tradicionales: nobleza, justicia, religiosidad y valor militar, aparecen convertidos en mercaderías sujetas a la compra y venta.

De entre todos los oficiales destacan los alguaciles "porque en cada cada alguacil malo, aún en vida, está el infierno en él" (139). Son precisamente miembros del aparato burocrático quienes encarnan y pretende liderar este infierno:

> Pues según son endiablados los malos alguaciles, tememos que han de venir a hacer que sobremos nosotros... y que se nos han de levantar con el oficio de dominios y que ha de venir Lucifer a ahorrarse de diablos y despedirnos a nosotros por recibirlos a ellos. (139)

Los demonios sufren la competencia de los alguaciles por el ejercicio de unos puestos tradicionalmente reservados a ellos. Pero sobre todo temen que Lucifer rompa este compromiso y les sustituya por los alguaciles. La amenaza es doble: desde afuera, gente nueva compite con ellos por el puesto que ocupan en la sociedad simbólica del infierno; desde dentro, parece que Lucifer está dispuesto a favorecer a estos recién llegados llenos de ambición.

Esta ambición de los recien llegados al infierno, mediatizada por Quevedo, sugiere una relación entre el espacio ficcional y el espacio histórico. El narrador privilegiado al señalar lo que amenaza a la sociedad tradicional feudal reafirma un paralelismo entre la sociedad ficcional y la sociedad feudal histórica simbólicamente representada. Esta amenaza afecta a la posición personal de Quevedo como miembro inferior de la nobleza, que se siente desprotegido por los poderosos a quienes sirve, a la vez que percibe la competencia de los socialmente inferiores que buscan el medro. Es por dicha razón que en la codificación ficcional aquellas actividades orientadas hacia el logro de dinero aparecen tan diabólicas como la comercialización de aquellos que permiten la estructura mercantilista. Para Quevedo y los de su clase la amenaza proviene tanto desde arriba como desde abajo. Los nuevos valores mercantiles han hecho surgir en los estamentos inferiores de la sociedad la búsqueda y apropiación de símbolos anteriormente reservados a la nobleza. La ambición imperial del rey favorece esta actitud y el mercantilismo abre el camino al medro.[9]

La técnica literaria cambia al juzgar a los elementos más inferiores de la sociedad: mercaderes y tratantes. No solamente se les señala su maldad sino que se les rebaja a través de la sátira grotesca. No se les puede acusar por ejercer el comercio, puesto que ese era el rol que tradicionalmente les correspondía. Ahora, como a los de arriba, se les acusa de ambición personal porque utilizan su papel social para su propio enriquecimiento. El código: Ambición igual a Mentalidad Mercantil igual a Maldad sigue funcionando al juzgar la conducta de este otro estamento social. La identificación entre "mercader" y "ambición" es directa. Ambos, utilizados como calificativos, se fusionan en la misma imagen, complementándose y reforzando los aspectos negativos del sistema mercantil.

Aparece el genio de Quevedo al utilizar la sátira alegórica para captar la atención del lector, presentando la maldad social como un desfile carnavalesco de todos los oficios. En sus manos la sátira se convierte en elemento artístico y arma contundente con la que degrada a aquellos que afanosmaente buscan satisfacer su hambre de riqueza o poder a través de la industria, comercio o servicios.[10] La ambición de estos personajes les asemeja a Judas como el prototipo de "mercader" malvado, y les abre las puertas del Infierno: "¿Acá estáis? — dije yo— ¿Qué os parece? ¿No valiera más haber tenido poca hacienda y no estar aquí?" (121).

A pesar de que estas actividades comerciales serían centrales en la sociedad mercantil, Quevedo las envilece con la mordacidad de su pluma. Con ello todos los oficios orientados a la búsqueda de dinero, ejercidos por miembros inferiores de la sociedad, se convierten en objeto de mofa para deleitar al "discreto lector." La sed de dinero es presentada como algo malvado y absurdo que persigue a los ambiciosos hasta el mundo de ultratumba: "había cochero de aquellos que pedía aún dineros por ser atormentado" (116). Otras veces las actividades de pasteleros y de boticarios son descritas en tonos grotescos y repulsivos. Es tanta la plasticidad de *Los Sueños* que el lector parece estar viendo cómo los pasteleros confeccionan sus pasteles con carne de perro, caspa, moscas golosas y otros elementos repugnantes (120-21). Los boticarios, metidos a alquimistas, no se quedan a la zaga; su afán por el dinero les lleva a convertir, simbólicamente, en "oro," moscas, estiércol, arañas, alacranes, sapos, y aún "hasta el papel en que dan el ungüento" (130).

El propósito no es sólo condenar una conducta equivocada, pero también degradar todos aquellos oficios o actividades que posibiliten el medro.[11] No es otra la razón por la que los cocheros están en el Infierno:

—Señor, porque siendo pícaros, nos venimos al infierno a caballo y mandando.

Aquí le replicó el diablo:

—¿Y por que calláis lo que encubristeis en el mundo, los pecados que facilitasteis y lo que mentisteis en un oficio tan vil? (116).

El interpelado utiliza la forma plural para referirse a un colectivo de miembros sociales inferiores que simbólicamente han pasado de "pícaros" a nobles. La principal razón por la cual han sido condenados reside en no haber sabido ejercer con propiedad las funciones de los símbolos que han usurpado. Su actuación se condena como mascarada vacía de contenido.

Hay un punto de vista partidista que da coherencia al *Sueño*. En la imaginación del narrador, el mensaje divino que anuncia la crisis moral se convierte en una pesadilla de posturas mercantilistas. En la óptica feudal, tanto en el espacio ficcional como en el histórico, el rey, como supremo representante y legislador, tiene la responsabilidad de dirigir el curso de la nación. Sin embargo, a través del *Sueño*, el juicio moral y social comporta una condena de la actuación del rey como "mercader" que lleva a toda la sociedad a un infierno de materialismo en la tierra. La acusación alegórica encierra la actitud desengañada de Quevedo quien, como español y como noble, se siente desprotegido por los poderosos y amenazado por los arribistas en la sociedad mercantil del siglo XVII. La insistencia satírica en las consecuencias malévolas de la actuación ambiciosa del rey, simultáneamente encierra una especie de apelación a la supremacía del rol tradicional del monarca como el ser designado para restituir los valores, roles, símbolos y privilegios de la sociedad feudal, reafirmada de forma literaria e ideológica por Francisco de Quevedo.

The College of St. Catherine<br>
St. Paul, Minnesota

## NOTAS

1. Este trabajo fue preparado en colaboración con Angel Sánchez de la Universidad de Minnesota.
2. Ver el estudio de Henry Ettinghausen para más información acerca de la actitud neoestoica estructurada en los escritos de Quevedo. La investigación de Anthony Zahareas en el *Buscón* es también indispensable para aquellos críticos de los *Sueños* que desean explorar las implicaciones ideológicas e históricas de la preferencia literaria de Quevedo por los valores espirituales sobre los materiales. Ver el artículo de Zahareas, "Quevedo's Neostoicism as Ideology" preparado para el simposio sobre Quevedo, "Don Francisco de Quevedo: Texts in Context," UCLA, Nov. 20-21, 1980.
3. La exploración del texto literario como un sistema de signos con un discurso codificado y una gramática de recepción es en la actualidad motivo de vivo interés para muchos críticos literarios. Para una introducción básica a la narrativa como una comunicación cultural que presupone un emisor, un destinatario y un sistema de valores, ver Seymour Chatman, especialmente pp. 28 y 147. Consultar tambien Mikhail Bakhtin, 41-83.
4. Ver la nota n° 2.
5. Ver el artículo de Pierre Vilar "The Age of Don Quijote," o también *Crecimiento y desarrollo: economía e historia: reflexiones sobre el caso español*, 439.
6. J. Elliott señala el proceso por el cual muchos "nuevos hombres" encontraron una oportunidad de mejora social a través del sistema judiciario, la milicia y las órdenes religiosas.
7. Para más detalles sobre la controversia referente a la carrera política de Quevedo y sus escritos satíricos, ver la sección "Quevedo's Biography," en Sharon Kuusisto, "The Historical Basis of Satire in Quevedo's *Sueños*: The Social Construction of Evil," 303-304, especialmente los artículos de J. Crosby, M. Durán y J.H. Elliott. Una amplia bibliografía de los trabajos sobre Quevedo aparece en el libro de James O. Crosby, *Guía bibliográfica para el estudio crítica de Quevedo* (London: Grant and Cutler, 1977).
8. Ver la nota número 2.
9. Ver José Antonio Maravall, en especial 2.80-85, 2.90-94 y 2.116-130 como fuente de información histórica fiable. Maravall señala como el dinero y otros símbolos de prestigio social no fueron ya de exclusivo dominio de los nobles en la España mercantil del siglo XVII.
10. Michael Johnson y James Iffland tratan ambos el tópico de la intencionalidad artística en la sátira de Quevedo. Otros trabajos apreciables sobre la ideología subyacente en la sátira de Quevedo pueden encontrarse en Anthony Zahareas, "The Historical Function," y en Edmond Cros.
11. Ver J. Iffland para una definición de lo grotesco, a la vez que para sugerencias sobre la "voluntad de denigrar" del autor, que puede ser asociada con lo grotesco.

## OBRAS CITADAS

Bakhtin, Mikhail. *The Dialogic Imagination.* Trans. C. Emerson y M. Holquist. Austin: U Texas Press, 1981.
Chatman, Seymour. *Story and Discourse. Narrative Structure in Fiction and Film.* Ithaca: Cornell UP, 1978.
Cros, Edmond. *Ideología y genética textual. El caso del "Buscón."* Madrid: Cupsa Editorial, 1980.
Elliott, J.H. *Imperial Spain: 1469-1716.* New York: New American Library, 1966.
Ettinghausen, Harry. *Francisco de Quevedo and the Neostoic Movement.* London: Oxford UP, 1972.
Greimas, Algirdas Julien y Joseph Courtés. *SEMIOTICA: Diccionario Razonado de la Teoría del Lenguaje.* Madrid: Editorial Gredos, 1982.
Iffland, James. "Apocalypse Later: Ideology and Quevedo's *La hora de todos.*" *REHPR* 7 (1980): 87-132.
_____. *Quevedo and the Grotesque.* 2 vols. London: Tamesis, 1979 y 1984.
Johnson, Michael. "The Political and Social Implications of Quevedo's Scatalogical Satires." Diss. University of Minnesota, 1981.
Kuusisto, Sharon. "The Historical Basis of Satire in Quevedo's *Sueños*: The Social Construction of Evil." Diss. University of Minnesota, 1985.
Lozano, Jorge, et al. *Análisis del Discurso: Hacia una Semiótica de la Interacción textual.* Madrid: Cátedra, 1982.
Maravall, José Antonio. *Estado moderno y mentalidad social: siglos XV a XVII.* Madrid: Revista de Occidente, 1972.
Quevedo y Villegas, Francisco de. *Sueños y discursos de verdades descubridoras de abusos, vicios y engaños en todos los oficios y estados del mundo.* Ed. Felipe Maldonado. 2da. ed. Madrid: Castalia, 1982.
Vilar, Pierre. "The Age of Don Quijote." *New Left Review* 69 (1917): 59-71.
_____. *Crecimiento y desarrollo: economía e historia: reflexioines sobre el caso español.* Barcelona: Ariel, 1964.
Zahareas, Anthony. "Quevedo's Neostoicism as Ideology." UCLA Symposium. 20-21 Nov. 1980.
_____. "The Historical Function of Art and Mortality in Quevedo's *Buscón.*" *BHS* 61 (1984): 432-43.

# MYRON I. LICHTBLAU

## Horacio Oliveira and Pérez Galdós: A Strange Textual Convergence in Cortázar's *Rayuela*

Among the various stylistic or narrative pyrotechnics with which Julio Cortázar adorns his novel *Rayuela*, perhaps the most extravagent is a seven-page chapter in Part One which alternates a line from Pérez Galdós' *Lo prohibido* (4.1661-62) with Horacio Oliveira's reflections and comments to a nonpresent La Maga as he reads that novel. At the point in *Rayuela* in which this bizarre episode occurs, Cortázar has already displayed on many occasions his linguistic virtuosity, but even so, this rupture with all conventional acts of reading confounds us at first and continues to disconcert us even after we have deciphered the pattern. The alternation of lines of two unrelated texts seems to be a gratuitous exercise in narrative convergence of separate planes of discourse, in effect, two fictions, one created by Galdós, the other by Cortázar. The reader balks at the physical and ocular encumbrance of reading the two interwoven texts, although something similar may occur in the reading of a play where several voices are captured at once, or where the inner thoughts of a character are written in italics alongside those overtly spoken to his interlocutor. On the artistic plane, the best that can result from this verbal deformation is that the reader quickly senses a correspondence, a relationship between the two discourses that is both thematically and psychologically significant within the textual framework of the novel. The nature of that relationship and the way Cortázar brings out that relationship will be examined in the following pages.

The alternation occurs when Oliveira is in a particularly depressed mood, for he has lost all contact with La Maga and is beginning to brood over her absence. When Oliveira casually picks up the Galdós novel and recalls that La Maga had been reading it, a train of associations forms in his mind as he thinks of her and criticizes the novel at the same time.[1] Cortázar stops the alternating texts five lines from the end of the chapter and has Oliveira continue on alone in his monologue. The effect of course is not only to indicate that Oliveira has ceased reading the Galdós novel because he finds it intolerable, but also to return the reader to a narrative normalcy within the chapter itself. There is the added effect too of having Oliveira's convoluted stream of thought once again emerge from the double texts as an independent voice.

The alternation of texts is an example of what D'Lugo calls the "intersubjective consciousness; it is the reader's consciousness of Horacio's awareness of La Maga's consciousness, viz-a-viz her reading habits" (204-205).[2] In Galdós' text, the first-person narrator José Maria Bueno de Guzmán relates how he gave up his business in Jérez and came to live in Madrid in a flat in his uncle's building. What follows is in part an impressionistic portrait of the uncle, Rafael Bueno de Guzmán y Ataide, and the changing metropolitan capital of 1880, to which the narrator has returned after an absence of some fifteen years. The shops and stores of Madrid with their well-stacked shelves appear comparable to those in Paris or London. The tone of the narrator, an enterprising young man of thirty-six who has gained his uncle's genuine affection, is pleasant, informative, composed, and above all tinged with the irony of repressed or guarded feelings. José Maria comments in detail on his uncle's varied career first as a government official in several posts, including that of consul general and attaché, then as a respected and well-known businessman. Don Rafael is the very model of the conservative, sober, hardworking merchant who has seen better financial days but who continues to cling to his traditions and good taste. José María is reacting as a deferential younger family member to his uncle's situation and in turn Oliveira is reacting as the cynical intellectual to the nephew's commentary. The remarks made by José María are for the most part honest and straightforward, responding to something real and meaningful in his life; Oliveira's remarks are haughty, snide, sometimes irreverent and destructive, and respond to his own warped attitude toward society's conventions. The two contrasting natures—José María's and Oliveira's—constitute the basic dialectic of the double text.

Oliveira begins his discourse by reproaching La Maga for reading such a poorly written novel, in a cheap edition to boot. He can not understand how she can spend untold hours reading such insipid literature and equally bad material such as the French magazines *Elle* and *France Soir*. At this point Oliveira mockingly repeats the first of fourteen phrases scattered throughout the Galdós text that have struck his attention or that he has singled out for criticism or derision. The first phrase that receives Oliveira's barbs is the innocent enough statement "Y me fui a vivir a Madrid" (227), which the expatriot Argentine capriciously takes as an empty cliché devoid of any real significance even within the fictional world of the Galdós novel.

A few lines further down, Galdós' narrator explains that to keep his independence and at the same time accede to his uncle's desire to have him live with him, he rented a ground-floor apartment in the same building owned and occupied by don Rafael. José María's words "Por fin supe hallar un término de conciliación," (227) strike Oliveira as being stilted, artificial, "canned" so to speak, precisely the kind of language he feels is characteristic of an oppressive literary style, "una lengua hecha de frases preacuñadas para transmitir ideas archipodridas, las monedas de mano en mano, de generación degeneración" (227). Oliveira continues to express his displeasure at the Galdós novel by scoffing at José María's idea that he would like to "gozar del calor de la familia" (666) when he felt it necessary. For Oliveira, family and certainly family warmth are concepts that his own egocentrism and insecurity prevent him from accepting as positive values. Oliveira's alienation comes through just as poignantly in this reaction as in countless other situations where his antagonist is a real fictional person or condition and not, as here, a fictional entity within another fiction. When José María adds that his uncle's house was built on the former site of the *Pósito* in Madrid, Oliveira's unfamiliarity with the word elicits a caustic gibe. By saying "¿Qué diablos es Pósito, che?" (228) in that supercilious tone, Oliveira achieves two things: first, he intimates that the Castilian word is some high-flown pompous term he does not even care to learn; and second, with the use of the exclamatory "che" he emphasizes the colloquial quality of his own language as opposed to the affectation he perceives in Galdós' style. Robert Brody perceptively comments that Cortázar's criticism of Galdós is not individual, but rather is a "critique of a tradition—the Realistic, the Descriptive—and he criticizes Galdós' language as representative of that tradition" (63).

Shortly after, Oliveira derides José María's reference to his uncle's apartment as "un principal." "El principal, ¿qué es eso?" (228), remarks Oliveira as if to suggest that such divisions based on class and wealth are reprehensible. The nephew's statement that "polvorosas plazuelas" (228) were replaced by pretty little gardens evokes a nostalgic mood in Oliveira, who begins to reminisce about the squares in provincial towns he once knew or the streets of La Rioja in 1952, the violet-colored mountains when night falls, and, what is perhaps most revealing, that state of happiness he felt being alone in a particular place in the world. *Rayuela* of course is a study of exile as a vehicle of self-identification, as a means for finding oneself, as a search for one's self within one's self. In Oliveira's complex personality, *Rayuela* presents the case of both physical or geographic exile and inner exile. Yet Oliveira never loses his feeling of Argentineness despite his long residence in Paris, his hatred of Argentine culture, and his apparent disassociation from things Argentine. The fact that Oliveira is moved by the rather innocuous phrase "polvorosas plazuelas," would indicate that he still harbors deep feelings for his homeland, although his external behavior seems to contradict this. Oliveira's excision does not preclude his continuing attachment to the simple, natural elements in the Argentine society he abandoned.

What further angers Oliveira is José María's allusion to the variety of elegant theatres in Madrid patronized by people of all classes, tastes and economic position. Oliveira's reading of the words "elegantes teatros" leads him to shout out sarcastically, "¿De qué está hablando este tipo? Por ahí acaba de mencionar a París y a Londres, habla de gustos y de fortunas" (228). At this point, Oliveira is very much aware that his ill disposition toward *Lo prohibido* has caused him to interpret the text from his own biased and personal point of view. Indeed, he directs his next words to La Maga and admits to her that while she reads the Galdós narration filled with great emotion, he can only react with irony and distaste because of the associative images that flash before him of a world he has come to hate. Oliveira further chides Maga for believing she was adquiring some sophisticated culture by reading a Spanish novelist. José María's remark that the rich cultural life in Madrid imbued him with a "cierto tufillo de cultura europea" irritates Oliveira with its pretentiousness. He also rebukes La Maga for thinking that the reading of novels would help her understand what he calls the micro— and the macrocosm. Cruelly, Oliveira makes Maga feel her intellectual and cultural inferiority, the inadequacy of her abilities and talents and tastes in comparison to his own. The relationship between Oliveira and La Maga is a delicate, ambiguous one, not even understood by the lovers themselves, a relationship of opposites, of opposing forces of will, reason and determination, a tense love and hate relationship that can break at the least provocation. Oliveira's ego can never resist trying to define that relationship and discover its meaning, even at the risk of demeaning La Maga or twisting the reality of a situation. Oliveira has little patience with anything Maga does that is not in accord with his own life style, and he uses the occasion of her reading the Galdós work and being gullibly absorbed in its verisimilitude as a way of undermining her choice of cultural pursuits and pointing up her moral and psychological shortcomings.

Oliveira seems to scrutinize every phrase in the Galdós text, not because he is interested in its content, but rather to look for words and ideas he can use for his own critical purposes. José María writes that don Rafael, as a business agent, lived off certain accounts, "despertando los que dormían en los archivos, impulsando a los que se estacionaban en las mesas" (230). For the uprooted Oliveira, the phrase suggests an aspect of his relationship with La Maga, who would also be at her desk frequently reading or working at some other activity. Oliveira says that in no way could she count on Oliveira to do that sort of thing with her desk, adding that "tu mesa era tu mesa y yo no te ponía ni te quitaba de ahí, te miraba simplemente leer tus novelas y examinar las tapas y las ilustraciones de tus plaquetas" (230). This image of La Maga that Oliveira conjures up reveals a concern for his lover rarely expressed in *Rayuela*.

At another point in the Galdós novel, the narrator uses the words "pulcro y distinguidísimo" (231) to describe how don Rafael dressed, to which Oliveira responds with a sardonic "eso sí," as if he is not at all impressed with this detail and its elitist implications. José María also notes with unusual interest a physical ailment that frequently bothers his uncle, a chronic irritation of the tear ducts that causes his eyes to become inflamed and water, to the extent that he appears to be "llorando a moco y baba" (232). When Oliveira reads these words, he interrupts his thoughts, which at the moment happen to revolve around the stupid pride of the intellectual who nourishes the notion that he is capable of great understanding, and interjects, "¿Llorando a moco y baba?, pero es sencillamente asqueroso como expresión." Oliveira's repulsion at the phrase responds not so much to his objection to the words themselves as to the way Galdós uses the term in so casual and offhand a manner, as if trying to impress the reader with his use of the vernacular. José María describes his uncle's financial situation as comfortable, that is, he manages to get along fairly well, but has no savings. "Poco lisonjero para un hombre," affirms the nephew, "después de trabajar tanto, apenas tenía tiempo ya de ganar el terreno perdido" (230). It is the word "lisonjero" that makes Oliveira stop, repeat the phrase, and then exclaim that it has been ages since he last heard that expression. Oliveira, who throughout *Rayuela* expresses his ideas on the nature and manifestations of language, uses his unfamiliarity with the word "lisonjero" to reprove the language currently spoken in Argentina: "¡Cómo se nos empobrece el lenguaje de los criollos!; de chico yo tenía presentes muchas más palabras que ahora, me adueñaba de un inmenso vocabulario perfectamente inútil por lo demás" (231).

Don Rafael cultivated the art of conversation and story telling, José María points out, but his passion for unnecessary detail sometimes carried him away, and he would "diluir fatigosamente sus relatos" (231). These words remind Oliveira that he too can become rather boring even when reminiscing, a thought that makes him recall how pretty Maga used to look sitting before the window. As her images awaken in him a rare feeling of tenderness, he waxes lyrical: ". . . con el gris del cielo posado en una mejilla, las manos teniendo un libro, la boca siempre un poco ávida, los ojos dudosos" (231).

Don Rafael's obsession with family borders on the fanatic and he looks upon his nephew as the last male representative of the Bueno de Guzmán heredity line, which over the centuries has produced noteworthy figures in many professions. José María's somewhat grandiloquent phrase "las grandes personalidades que ilustraron el apellido de Bueno de Guzmán" (232), draws from Oliveira the sharp retort ". . . pero mirá las cursilerías de este tipo, Maga, cómo podías pasar de la página cinco..." (233). For Oliveira, this remark of José María's on ancestral lineage is especially offensive and accordingly provokes the strongest reaction in Oliveira.

To conclude: The fourteen examples cited in the preceding paragraphs of Oliveira's responses to a fictional text offer interesting insights into the expatriot's innermost feelings and attitudes toward La Maga, society, and himself. The intensity and cogency of these remarks are set within the confines of an outlandish narrative device that is not repeated in the entire novel but that is reflective of Cortázar's innovative approach to language. Specifically, the device responds to Cortázar's need to seek new ways to use the capabilities of language to express thought and feeling. By itself, the device can easily be dismissed as a kind of clever interlude in the narrative text, but when viewed in conjunction with the myriad other linguistic schemes it makes a powerful impact on the aesthetic sensibilities of the reader.

Syracuse University<br>
Syracuse, New York

NOTES

1. See Robert Brody's book on Cortázar (62).
2. D'Lugo adds: "The interpolated text is symbolic of the nineteenth-century 'realistic' perception of the world, of which Galdós' novels are a good example. Horacio's modified stream of consciousness as a focus for observing that reality is sym-

bolic of a twentieth-century concept of realism which is in direct opposition to the earlier one" (205).

## WORKS CITED

Brody, Robert. *Julio Cortázar: Rayuela*. Critical Guides to Spanish Texts. London: Grant and Cutler, 1976.
Cortázar, Julio. *Rayuela*. Buenos Aires: Editorial Sudamericana, 1969.
D'Lugo, Marvin A. *Self-Conscious Form. The Perception of Reality in Contemporary Latin American Fiction*. Diss. U Illinois, 1970.
Pérez Galdós. *Lo prohibido*. In *Obras completas*, 4. 6 vols. Madrid: Aguilar, 1949-1965.

# JOHN R. MAIER

## The *Libro de Apolonio* and the Imposition of Culture

The purpose of this paper is to investigate the making of significance in the *Libro de Apolonio* as a product of the basic oppositional matrix NATURE-CULTURE. These two concepts permeate the text and order all elements of it. By NATURE I mean all of those instinctive and irrational forces against which man's reason naturally fights for control. The most obvious of these forces is the sexual drive which exists in constant tension with the socialization process. CULTURE, then, is the opposing force, the manifestation of reason over irrationality, of knowledge, training, and experience over instinct. This opposition could possibly be couched in terms of Paganism-Christianity as well, and the medievalization process at work in the text, especially the tendency to view Apolonio as *romero* and *peregrino*, as Marina Brownlee has shown (169-72), support such a position. However, the Paganism-Christianity opposition must be considered a sub-category, albeit an important one, of the broader NATURE-CULTURE opposition in that it represents an historically and culturally conditioned aspect of the broader psycho-social issues.

The primary seme of the NATURE aspect of the matrix is incest. From the very beginning of the poem, the reader is presented with the incest of Antioco and his daughter (7a-d). In this act, the very basis of the traditional role of parent and child is lost, and social stability is threatened because the father, as Carl Jung says, "is the representative of spirit, whose function is to oppose pure instinctuality" (261). The horrific quality of this act is two-fold. As the poet tells us, incest is one more manifestation of sin in this world, but sin personified ("que nunca en paz suele seyer," *[6a]*), a conniving and devouring presence which constantly lurks just beyond the fringes of civilization. Similarly, incest *qua* sinful act shows the limits of dehumanization to which sin leads, as we are told that Antioco "lost" himself when he fell in love with his daughter (he surrendered the identity of his traditional role) because sin

> tanto pudo el malo volver y revolver
> que fiço a Antioco en ella entender
> tanto que se quería por su amor perder. (6b-d)

*Perder* is slightly ambiguous here in that it most likely signifies loss in a Christian sense (loss of salvation, loss of Christian charity), but it can also mean loss in the sense of identity as deriving from the loss of eternal glory (the ultimate "identity" of the Christian). This argument would seem to support the Paganism-Christianity opposition as the essential matrix. This conclusion would be even more apparent if we take into consideration the fact that the historical Antiochus the Great (222-187 BC), presumably the model for the antagonist, presided over the incestuous marriage of his son and daughter, and as Alfred Bellinger has shown, this practice, while common among the Persian kings, was the "first instance of the practice among the Greek monarchs of Asia Minor, and it may well have created a scandal" (95). However, this aspect of the text tradition does nothing to alter the fundamental fact that incest exists as a taboo in a wide variety of societies, and it is this psychological and social taboo (and not the circumstances of its possible introduction into the tale tradition) that is at the heart of significance of incest in the *LA* as a phenomenon that pits the instinctual against the civilized, NATURE against CULTURE. We will have occasion to return to the motif of loss of identity later in our discussion.

Similarly, the incestuous relationship of Antioco and his daughter represents the potential for social chaos, undermining as it does the primacy of family, one of the foundations upon which society is built. In a highly-charged dramatic scene (9a-13d), the daughter and her *ama* discuss the former's shame and pain after having submitted to the incestuous advances of her father, while the latter offers her advice which marks her as an alter-ego of Antioco:

> 'De más yo vos consejo, y vos creyer debedes,
> que al rey vuestro padre, vos non lo enfamedes,
> maguer grant es la pérdida, más val que lo calledes
> que al rey y a vos en mal preçio echedes.' (10a-d)

Here, the *ama* is the voice of authority, of the system, and of the respect for the forces of domination (notice the typical doubling *rey/padre* (10b) which under most circumstances would be only a typical feature of the stylistics of the period, but in this case adds to the dramatic nature of the daughter's subjugation—"your father *[authority]* and your king *[authority]* require your acquiesence and your silence." What would be lost, the *pérdida*, would be personal position—for herself and her father— and also social stability (although the irony is that the entire court already seems to know the secret after the liason is consumated—see 27a-d and 39a-d). Social stability is commuted even further when those who were once friends of Apolonio now see the chance to earn some money by "cashing in" on the bounty offered by Antioco for Apolonio's death, a direct result of the incestuous act. The centrality of family to social stability is quite notable in a wide range of medieval romances such as the *Zifar, Rey Guillelme, Carlos Maynes, La enperatris de Roma*, and *Plaçidas*. This fact seems to imply that family for the Middle Ages represented an important unit in the process of civilizing society, and the *LA* and kindred texts investigate the nature of familial relationships as they inform the development of individual egos, and as they constitute the basic unit of political stability, namely lineal succession through primogeniture and/or inheritance.

Families, at least as represented by the father-daughter diad, are constellated in three groupings in the *LA*, according to Elizabeth Haight (160). We have already mentioned the abnormality or perversion of the normal father-daughter relationship in the persons of Antioco and his daughter. The benign, humane, and civilizing double of the malevolent Antioco is presented in the relationship of Architrastres and his daughter Luciana. From the moment of her introduction into the narrative, Luciana is the soul of filial obedience, grace, sympathy, and gentility, as we see implied in this description of her entrance into court:

> Entró por el palacio la infant' adobada,
> besó al rey las manos, como bien ensenada;
> salvó los ricos homnes e toda su mesnada.
> Fué la cort' d'esta cosa alegre e pagada. (163a-d)

When she is asked by her father to try and find out more about their guest, Luciana approaches her task dutifully and their guest with grace and in friendship (167a-d). Here she mirrors her father's *pietas* towards the guest, as when he asked Apolonio to join him at table and orders that he be appropriately clothed so as not to have his disgraceful garb offend his (Apolonio's) sense of dignity. Her learning and talent are the marvel of the court as shown in a delightful scene where she is asked to play the *vihuela*:

> Los altos e los baxos, todos d'ella dizíen:
> —'La dueña e la vihuela tan bien se aviníen.'
> Lo teníen a fazaña cuantos que lo veýen. (180a-c)

Architrastres likewise shows himself to be a loving and understanding father. After the three suitors have all made their cases and Luciana must decide which one to marry, the pain of her quandry (that she really has been smitten by Apolonio and does not want to marry any of them) brings out the understanding nature of Architrastres (236a-d) and his unbounded joy at her choice of Apolonio (238a-d). The narcissistic pride of Antioco and his self-consuming carnal passion for his daughter give way to the generous, spiritual joy of familial harmony as seen at the court of Architrastres, implying the potential for the salvation of society.

That brings us to Apolonio and Tarsiana. In her evaluation of the three couples, Elizabeth Haight calls Apolonio "the careless, who for fourteen years left his child to be brought up by friends who proved false" (160). We have here an image of a father-daughter relationship somewhere between the two extremes just analyzed. However, the real significance of this intermediary position only becomes apparent when analyzed in terms of the incest seme. Apolonio's absence from his daughter, his "carelessness" allows the narrative to develop the drama inherent in Apolonio and Tarsiana's chance reunion and recognition in Mitalena. Apolonio has reached the limits of his endurance, and the depts of despair threaten to sap him of what little life he has left:

> 'Mas, so por mis pecados de tal guisa llagado
> qu'el coraçón me siento todo atravesado
> desque vivir non puedo, so de tod' desfriado,
> de cielo nin de tierra veyer non he cuidado.' (479a-d)

Tarsiana, moved to pity by this defenseless man before her, is determined to help: "yo l' tornaré alegre" (488d). But all of her riddling is to no avail, as Apolonio the wise solves the mysteries but finds no solace in his own brillance. Tarsiana, in a final desperate display of *pietas* and magnanimous affection, runs to hug Apolonio (527c-d) who rejects her advances, violently lashing out against his beautiful young benefactor:

hobol' una ferida en el rostro a dar,
tanto que las narizes le hobo sangrentar. (528c-d)

Alan Deyermond was quite right to ascertain in the violence of this rejection an instinctual fear of possible sexual contact with his own daughter (134) in as much as the incest seme is potentially at the heart of the three parallel father daughter stories. In rejecting Tarsiana's seeming advances, Apolonio is rejecting the potential of the Antioco-daughter model in his own life. It is as if a mirror is being held up for him to look in, a mirror which is reflecting back the images of the fathers and daughters whose relationships have affected him, and he is chosing the more attractive image, the one which experience has told him is the wiser choice. He is conquering the instinctual and demonstrating unknowingly the extent to which he has allowed culture (here to be understood as the accumulation of wisdom through experience) to come into his life. By accepting Tarsiana's advances and their potential for incestuous union, Apolonio might have been returned to *alegría*, but that soon would have given way to life-threatening despair once Tarsiana's identity had been discerned. One notes the careful craftsman at work in the poem when the rejection of Tarsiana's embrace is juxtaposed with Apolonio's eagerness, once his daughter's identity has been established, to engage joyfully and exuberantly in that very activity that he had previously found so repugnant: "Prísola en sus braços con muy grant alegría" (544a). By rejecting the instinctual (NATURE), Apolonio's journey has defined for us the boundaries of what identity means for this society: that is, because identity comes about only as a result of difference, of exclusion, identity for this society exists in the opposite of the excluded element, namely in CULTURE.

Related to the incest seme, beyond the dominant tripartite family configuration yet functioning as its mirror, is the relationship of Antinagora and Tarsiana. Antinagora had first seen Tarsiana at a slave sale and, smitten by her beauty, entered into a bidding war with a lowlife character for the privelege of owning her. However, Antinagora decides to forego further bidding, reasoning that he can satisfy his needs much more cheaply if he were to patronize her in the brothel (399a-d). As Antinagora approaches her to satisfy his lust, Tarsiana begins to beg for mercy, focusing on the sinfulness of the act he is contemplating and on the injury that such a thing might do to his social station (we hear in this an inverse echo of the advice offered to Antioco's daughter by the *ama*). Tarsiana begins to tell Antinagora her story which leads him to recognize her nobility of spirit (412a d), and this in turn leads him to reflect:

'Díome, Dios una fija, téngola por casar;

> a todo mio poder, querríala guardar;
> porque no la querría veyer en tal logar,
> por tal entención vos quiero perdonar.' (414a-d)

The underlying nobility of Tarsiana, and also her wit and learning-attributes of the acculturation process-have served to break the hold of NATURE in Antinagora. In so doing, the threat of defilement of one who is, at this moment, a surrogate daughter is averted and Antinagora is forced to understand social responsibility. The mirror effect has led to a realization that growth and maturation entail cultural responsibilities (the protection of family) that must be victorious in the struggle with natural, instinctual behavior if society is to progress. This is suggested quite convincingly by the fact that Antinagora becomes Tarsiana's benefactor and will ultimately marry her.

Of equal importance to the incest seme is that of kingship. The three major male characters of the poem are all monarchs and the fourth, Antinagora, is the local town authority in Mitalena. Therefore, the needs and concerns of rulership are a primary focus within the poem. The narrative suggests, by focusing on the importance of leadership, law, and regal responsibility that the stewardship of the ruler over his community is, like family, a primary factor in the acculturation process because it is another glue that holds together the fabric of society.

As was indicated previously, the reader is first presented with Antioco as a model, albeit negative, of leadership. we have seen how the *ama* betrayed her position as advisor to the daughter and reinforced Antioco's cupidity while at the same time undermining the potential for social stability. The daughter clearly points to Antioco's sinfulness and how his sin has driven him from his rightful role as representative of the Divine among men:

> 'Bien sé que el nemigo en el rey fué 'ncarnado
> que non, había poder de veyer el pecado;
> mantenía mala vida, era de Dios airado,
> no l' façia serviçio don' fuese su pagado.' (13a-d)

This lack of service, of representation implies a moral flaw in Antioco's character, a flaw that makes him unfit for rulership. It is this very moral flaw, as we saw in Apolonio's struggle with incest, that had to be resolved in Apolonio before he was fit to rule and render to the citizenry of Tyre the rulership that king as regent of God requires.

A second function related to kingship is to ensure the smooth transition of power (i.e., the question of *heredat*) from one generation to the next and, in so doing, assure the continuity of society and culture. We have already seen that Antioco's failure to provide for *heredat* serves as a basic lack in this regard. Apolonio functions in the text, then, is to reestablish the role of monarch as guarantor of generational transition. In fact, the final section of the poem following Apolonio's reunion with Tarsiana (539ff) is indicated as a recovery of what is rightfully his: "dende dieron tornada para su *heredat*" *[*Tyre*]* (613d; emphasis mine). As an initial step in the recovery of his *heredat* and symbolic of his resurrected state, we see Apolonio's story as motivation in the freeing of all of the other women who had been bound to the sexual service by Tarsiana's overseer (569a-d). Just as Apolonio had freed himself from potential sexual bondage, just as he had chosen CULTURE over NATURE, here we have the symbolic righting of the social order.

The recovery of Apolonio's *heredat* also marks the imposition of law (in the person of a just ruler) over the various kingdoms with which he had come into contact. After leaving Tarsus, Apolonio goes to Antioch which has been without a king since Antioco's death. Apolonio had been proclaimed ruler after Antioco's demise (250a-d), but never took possession of the throne. All pomp and majesty attend Apolonio's triumphant return to Antioch:

> Diéronle el emperio, todas las fortalezas,
> teníenle sobrepuestas muy grandes riquezas;
> diéronle los varones muchas de sus altezas,
> mal grado ha Antioco con todas sus malezas.
>
> Prísoles homenatges toda segurança,
> fue señor del emperio, una buena pitança. (615a-616b)

Apolonio leaves the regency of Antioch to his now son in law Antinagora who is called "homne bueno e de *sen esforcado*" (618b; emphasis mine). A man of reason, of common sense will rule Antioch. The onset of the rule of *sen* marks the spread of CULTURE where NATURE (passion) had ruled previously.

Apolonio and Luciana then return to Pentapolis where her father, Architrastres, is said to be very old and in imminent danger of dying. This leaves the people saddened that they will be without a ruler, but the sorrow becomes joy when Apolonio is named successor. The consolidation of social stability and linear inheritance is achieved as Luciana bears a son, thus rectifying the lack that had been noted earlier:

> El rey habían viejo, de días ançiano,
> nin les dexaba fijo, nin fincaba hermano. (622a-b)

Upon his return to Tyre, Apolonio's story is revealed and the entire city praises the king's civilizing work:

> 'El poder de Antioco, que te era contrario;
> a tú se es rendido, a tú es tributario,
> ordenast' en Pentapolín tu fijo por vicario,
> Tarso e Mitalena tuyas son sin famario.' (646a-d)

The world is again in order as Apolonio's civilizing hand has brought law to these various kingdoms which had been without direction and prey to the indiscretion of rulers lacking *sen esforcado*.

Bradford College<br>
Bradford, Massachusetts

## WORKS CITED

Brownlee, Marina Scordilis. "Writing and Scripture in the *Libro de Apolonio:* The Conflation of Hagiography and Romance."*Hispanic Review* 51 (1983):159-74.

Deyermond, Alan. "Motivos folklóricos y técnica estructural en el *Libro de Apolonio."* Filología 13 (1968-69):121-49.

Haight, Elizabeth H. *More Essays on Greek Romances.* New York: Longmans, 1945.

Jung, Carl G. *Symbols of Transformation.*2nd ed. Princeton: Princeton UP, 1967.

*Libro de Apolonio.* Ed. Manuel Alvar. Valencia: Castalia/Juan March, 1976.

Shakespeare, William. *Pericles, Prince of Tyre.* Ed. Alfred R. Bellinger. New Haven: Yale UP, 1925.

# HAROLD K. MOON

## Religious Tradition and Antonio Buero Vallejo

Spain is a Christian nation, with roots deep in religious tradition. Modern circumstances, with many and varied irreligious trappings, have not dislodged the nation from that tradition. Hence, religion can offer another of many guidelines for the greater understanding of an art. It continues to be one of the circumstances of that art. My intent will be a preliminary and partial examination of the religious tradition evident in the works of Antonio Buero Vallejo.

In the Golden Age, there are many forms that reflect doubt concerning the efficacy of religion, but such forms deviate from the general intellectual tonality of the theater, which emanates a general trust and affirmative belief. *Condenado por desconfiado,* a case in point, upholds the value of an unquestioning faith and reflects the prevailing tone in many of the Golden Age comedies. The doubt implicit in the other forms, particularly the picaresque tradition, becomes decidedly generalized by the time we reach the twentieth century, and Miguel de Unamuno, whose personal battle with the question of belief is proverbial by now, struggles through what seems to be an even more complex snarl of doubt concerning what will become of him after mortality, and usually he falls short of even the dubious measure of certainty vouchsafed to some of the less than reverent writers of the Golden Age. Ramón del Valle Inclán, while not embroiling his characters in his own personal anguish as does Unamuno, if indeed Valle Inclán felt life's deficiencies in just that way, nevertheless reveals the ubiquitous pessimism of his century regarding man's perfectibility. Unamuno sets the stage in his theatrical works to pursue the question of belief; hence, religion supplies the backdrop of action for his plays.

Valle Inclán likewise occasionally chooses to deal with religious topics but does not use personal struggle or an individual state of mind for the unfolding of his action. Yet that backdrop is often as essential for Valle Inclán as it is for Unamuno. In other words, without the religious question, he would have no play. Such is the case with his *Divinas palabras*. The title of course refers to Jesus' words written in the sand to save the adulteress and tacitly reviews the impotence, in any but a superstitious or ironic sense, of the Church's ability to alter the behavior of the characters. The form of the institution is present at almost every breath of every individual in the play. The shadow of the church is omnipresent, as is the hydracephalous Laureano, but, like Laureano's eerie presense on the scene after his death, it *is* a shadow, a form without substance. Séptimo Miau's garrulous vulgarity needs the essence of religion to define his character. There is no blasphemy if there is nothing sacred to blaspheme. Séptimo simply offers a case in point. All of the characters in *Divinas palabras* are of the same cloth, colorful and interesting, but hardly charitable. Even Pedro Gailo, the sacristan, converted at least in principle, shows no true charity. The victim Laureano, grotesque, insensible, ugly, is as innocent as he is omnipresent. Used and abused, if he does not directly represent the vices of the *pueblo*, he at least provides the foil for the *pueblo's* brutality. His helplessness stands as a reminder of their viciousness—constant, mute evidence of their moral vacuity and relentless cruelty.

Unamuno's theater is a metaphor for the author's personal anguish, and by extension, the anguish of any individual caught in the coils of the "sentimiento trágico de la vida." Valle Inclán's work is a metaphor that demonstrates the fallenness of humanity but without Unamuno's inevitable personal reference. Divine words there may be, but the shadow of cruelty hangs just as heavily in the atmosphere as the divinity of the words. Both writers make religion the essential backdrop for their art. Neither could have written what he wrote without that backdrop.

Subsequent writers of our century have seen religion in the same or similiar light. Antonio Buero Vallejo, much more self effacing and modest than Unamuno, never makes of his plays a mere rallying point for all his own personal anxieties, hoping and expecting in the process to extend his own situation to that of all of humanity and thus achieve universality. Buero, closer in his methodology to Valle Inclán than to Unamuno, explores the human condition as articulated by Mircea Eliade:

> Modern non-religious man assumes a new existential situation; he regards himself solely as the subject and agent of history, and he refuses all appeal to trancendence. In other words, he accepts no

model for humanity outside the human condition as it can be seen in various historical situations. Man *makes himself*, and he only makes himself completely in proportion as he desacralizes himself and the world. The sacred is the prime obstacle to his freedom. He will not be truly free until he has killed the last god.

It does not fall to us to discuss this philosophical position. We will only observe that, in the last analysis, modern nonreligious man assumes a tragic existence and that his existential choice is not without its greatness. (203)

Buero is reluctant to "kill the last god." He does not hesitate to show man in the loneliness of a godless world, but what in the Golden Age was reverential acquiescence is now no more than a question, at best. Buero has said, speaking candidly of his own philosophical adjustment to the human condition, "Puede que ni siquiera crea en Dios" (Pennington 137). His plays reflect those views. Inherently a gentleman, he does not opt for blasphemy or the gratuitous crudeness that would mock another's belief, he simply cannot share in it. God is a question for Buero, not an answer. His plays reveal vestigial suggestions of divinity, often simply in the language of characters steeped in traditional Catholicism, but sometimes the vestiges imply more than that. Buero still allows for the remote possibility that the "something beyond," the mysterious aspects of life we can never fathom—the stars we yearn to reach, present but always beyond us—may be God. Even so, it is clearly not the God of the Church. God is beyond our grasp, and we must deal with life only on the terms it offers us. Buero is non-religious, and essentially "regards himself solely as the subject and agent of history," but he has not gone so far as to regard the sacred as the prime obstacle to his freedom. Others' beliefs do not threaten him.

He sees man largely as groping toward a light that has no specific origin. His characters struggle through the conventional crises brought on by selfishness, self deceptions, evasion, and ignorance; thus, his dramas reflect the persistent enigma of identity and truth. And God is always too large a question for mortal answers. One of his early plays, one that he does not particularly favor, *Irene o el tesoro,* offers a case in point:

(*Sigiloso, el duendecito entra por la derecha, mirando a todos lados*)
Juanito.—No parece que haya nadie. ¿Estarán escondidos para atraparla?
La Voz.—El mundo entero se esconde para atraparla.

Juanito.—(*Cae de rodillas*) Padre mío: yo te pido que la salves.
La Voz.—¿Por qué de rodillas?
Juanito.—Yo creo que tú eres Dios.
La Voz.—Levántate y no pronuncies esa palabra. Es demasiado elevada para todos nosotros.
Juanito.—(*Se levanta*) ¿Quién eres tú? (*Silencio*) Eres un angel? (*Silencio.*)
Dime si todo esto es verdad. Dime si yo soy verdad y si lo eres tú, pues sólo así creeré que ella no está loca.
La Voz.—La sabiduría de los hombres es locura, y su locura puede ser sabidría. (109-10)

Juanito and the *Voz*, to compound the irony, are imaginary characters, products of fantasy. At least, they do not fit in a rational, normal frame. Juanito, a *duendecito*, is visible and audible only to Inés and the audience, and perhaps is a figment of Inés's imagination. The *Voz*, from whom Juanito receives all his instructions, is never seen, and is only heard by Juanito and the audience. Hence the poignancy of Juanito's plea, "Dime si todo esto es verdad. Dime si yo soy verdad y si lo eres tú" (110).

The *Voz* describes the loneliness awaiting Daniel: "Tiene que aprender a salvarse... solo. Ésa es la prueba que le está destinada" (111). Both the matter of the "prueba" and the question of Daniel's "destiny" are religious suggestions, ambiguous and vague in light of the *Voz's* enigmatic reluctance even to admit a discussion of God's dimensions. Yet, aside from *Palabras en la arena,* set in the Biblical past and dealing with a particular incident in the life of Jesus, this is as direct a confrontation with the question as we can find in Buero's work. God is present in *Irene, o el tesoro*, but vague and perhaps impotent.

Similarly, Juan Luis in *Jueces en la noche* must try to make some kind of peace with figures that haunt him in the night. God continues to exist in this play, silent and unobtrusive despite the vocal omnipresence of the Church (padre Anselmo). At a tense moment when Julia, Juan Luis's wife whom he has won through deceit and subterfuge, begins to suspect the truth, he finds himself alone. The stage directions read: "*El rincón se oscurece despacio; en el salón, un frío fulgor saca de la penumbra la imagen sagrada. Muy afectado, Juan Luis se ha quedado abstraído.... Refugia el rostro en las manos. La luz sobre el Cristo se va apagando poco a poco*" (94). A little later, alone again and faced with the doctor's (Cristina's) suggestion that he and Julia should separate for her well being, Juan Luis confronts the Christ image once again: "*Pasa ante la talla de Jesús y la contempla con aprensión*" (122). At another desperate moment, Juan Luis believes that his visitors are God himself, and their reaction recalls the *Voz's* response to the *Duendecito*:

> J. Luis.—¡Esperad! (*Ellos se detienen y le escuchan.*) He comprendido. No sois tres... Eres uno solo. Ten piedad de mí, porque ella me ha abandonado. Que tu bondad infinita me lo perdone todo y me ayude. No soy digno de estas visiones. Ilumíname y enséñame el camino. Sin tu ayuda, no sabré hallarlo.
> (*Un tanto perplejos, los visitantes se miran.*)
> Chelo.—¿Está rezando?
> D. Jorge.—(*Con leve sonrisa*) Así parece.
> Violin.—¿A nosotros?
> D. Jorge.—Ya supondréis por quién nos toma.
> Violin.—¿Será posible?
> (*De pronto, El Violonchelista rompe a reír. El Violinista se contagia ríe con ganas.*) (128)

Very shortly after this, Juan Luis falls on his knees before the ever-present crucifix:

> (*Juan Luis . . . se vuelve de pronto hacia el crucifijo y se arrodilla.*)
> Juan Luis.—¡Señor, líbrame de estos demonios!
> Chelo.—¡Qué manía!
> Violin.—¿Otra vez?
> D. Jorge.—(*Se levanta*). Siempre fue un niño obstinado. (*Enérgico.*) ¡Palacios, levántese! (*Aterrorizado, Juan Luis se levanta y los mira. Don Jorge le indica el velador.*) ¡Vuelva a sentarse! (*Sumiso y despavorido, Juan Luis retorna al velador.*) (130)

Buero keeps the image of Christ before us. God cannot save Juan Luis. Despite his insistence, Juan Luis has not changed; his acts condemn him. Though he is quite willing to switch political parties, he has not changed his fundamental selfishness. The Christ image becomes one more of the "jueces en la noche."

The Christian tradition is very much present elsewhere in Buero's theater, especially in the forms he uses, and sometimes in the symbols of his plays. The form of the Christian myth shows itself in *En la ardiente oscuridad* and *Un soñadora para un pueblo*, the figure of a savior, enlightened but rejected. The prophet image is suggested in such protagonists as David in *El concierto de*

San Ovidio, Velázquez in *Las meninas,* and Goya in *El sueño de la razón.* Guilt and the need for confession and repentance, common themes in a religious context, receive treatment in *Hoy es fiesta, El tragaluz, La doble historia del doctor Valmy,* and *La señal que se espera.*

Isolated symbols, such as the *catalejos* used by King Fernando VII and Francisco Goya in *El sueño de la razón,* acquire their fullest significance in a religious construct. The king, secretly trembling in his dominion, still senses a threat to the absolute power the constitution once wrested from him. The *catalejo,* as a symbol, infers the king's desire for vigilance and absolute control in his kingdom. While we are to understand that the king has focused the *catalejo* toward Goya's dwelling, the stage directions read that the audience lies in the path of his house; thus, all are included in the king's gaze. The significance of such sweeping vigilance fuses the historical moment with the present, equating Franco's heavy-handed domestic policies with those of the despotic predecessor. If the *catalejo* can be regarded as a symbol for the all-seeing eye and equated with the "eye of God," all semblance of divine beneficence is absent from the gaze, for it is the gaze of the merciless god of wrath, a figure Buero seems to find impossible to understand. As Goya focuses his *catalejo* toward the king's palace, he too includes the audience in the sweep of his gaze. The *catalejo* in the painter's hands, the hands that reflect the godly attribute of creativity, seems to symbolize access to truth, for as he trains it toward the audience, spying on the palace, he perceives the horror of the nation's plight, the awfulness of a land where reason sleeps, whether in the eighteenth century or in the current one. The projection of certain of his black paintings at strategic moments during the play reveals what he sees: the truth beneath the façade. "Aquelarre" depicts the formidable "macho cabrío," as the dominant figure surrounded by a mob of mindless faces absorbed in an attitude of something like bestial fascination, a type of primitive obeisance. The "chusma," like the Spanish nation, blindly follows the figure of evil, the "macho cabrío" and there is no salvation while reason slumbers. The "macho cabrío" as a devil figure may have its deepest roots in pagan antiquity, but no one would gainsay its thorough incorporation into the Christian tradition.[1]

The irony of another painting, the wild-eyed Saturno devouring the bloody remains of one of his hapless children, further reflects this hideous state of affairs. The king, the traditional, earthly reflection of Deity, should by all standards of expectation be engaged in the salvation of his kingdom (by extension, his children), and the image of Saturn shows the inversion, the monstrous insanity into which Spain has fallen. Thus, in a mythical structure, Goya's paintings, like the words of the prophet Elijah in the court of Ahab and Jezebel, reveal the grimness of a fallen kingdom, a kingdom twisted into the exact reverse of what it ought to be.

René Girard sees the mythical/religious theme of the "enemy brothers" (Eteocles/Polyneices) at the spiritual core of Greek tragedy (61). In *El sueño de la razón*, the doubling between Goya and Fernando VII draws us into precisely this theme, and reflects the apparent ambivalence between the god of vengeance and the god of love, recalling also the ancient conflict between justice and mercy, often at odds but both godly attributes. The king is a tyrant, and Goya confesses to his own measure of tyranny with Leocadia. Goya is an artist and the king aspires to be one. They focus their telescopes on each other, reflecting mutual feelings of insecurity and a sense of fear. The king's pistol, another instrument intended to allay his insecurity, has a parallel in Goya's unfired shotgun, the symbol of his political and sexual impotency.[2] Goya writes a letter to a friend that denounces the king; the king keeps his *libro verde* which records just such personal offenses. This mirror-imaging shows the tyrant and artist at odds, but at the same time they seem to "need and envy each other and represent one more facet of the long-standing Spanish and human problem of violence. Ruler and creator are man at war with himself, caught between his desire for power and the need to create, and the confusion of the two" (Ashworth 69). The God of the Old Testament, the wrathful Rule-setter, seems to be out of harmony with the God of Love. Yet they are one and the same.

Goya's deafness recalls, if only vaguely, the "prophet's handicap," with roots in the notion that God compensates for lost senses. Shakespeare's blind beggar in *Juluis Ceasar* who warns Ceasar to "Beware the ides of March," is vouchsafed a vision of the future while obliged to grope his way through the present. Buero plays upon this theme in other plays as well.[3] Ignacio, the prophet/messiah figure from *En la ardiente oscuridad*, bitterly laments his limitations in the present but sees beyond with unerring accuracy, intoning a warning redolent of New Testament fervor: "Yo os voy a traer guerra, y no paz."

Religion, once regarded as a *sine qua non* for rectitude and moral behavior, no longer occupies such status. A more sophisticated view of man's innate capacity for goodness sees man as possessing sufficient light to work through the question of morality without the need for ritual or ceremony. In other words, rectitude and morality have long been secularized. But the traditional view of religion, particularly Christanity, as the repository of moral codification and the champion of goodness still lingers, perhaps because religion and belief in God offer a ready answer for the great "why," however simplistic the answer may seem in a modern enlightened context. Buero's dialectic approach to the matter of God and religion wanes considerably where matters of basic ethics are concerned. He may have rejected formal religion as the answer to humanity's problems, but ethics, the practical substance of religion, remains intact in his views. His "villains" *are* villains, most often not without cause, to be sure, but the principles that his "villains" violate continue to stand as indispensible guide-posts for human behavior. Nowhere is this more visible than in Vicente in *El tragaluz*. A youngster of fifteen and beset by violence and hunger, Vicente made a decision that violated all noble instincts, leaving his family without the few provisions with which he, being the strongest and most capable, had been entrusted. As a result, Elvirita, his baby sister, died of hunger, and the Father eventually lost his reason. Given the circumstances, this is reprehensible, to be sure, even in a boy of fifteen, but not irretrievably so. What is unforgiveable is that he never confesses his culpability until the truth is thrust upon him, and even then, in the face of undeniable guilt, he does not repent. His self-justification does not lack a certain conviction as he finally confesses all in the presence of his father, whose apparent vacuity leads Vicente to believe that nothing will be understood:

> Vicente.—Es cierto, padre. ... Les abandoné, y la niña murió por mi culpa. Yo también era un niño y la vida humana no valía nada entonces. . . En la guerra habían muerto cientos de miles de personas. . . Y muchos niños y niñas también. . . , de hambre o por las bombas. . . Cuando me enteré de su muerte pensé: un niño más. Una niña que ni siquiera había empezado a vivir. . . . Sí. Pensé esa ignominia para tranquilizarme. Quisiera que me entendiese, aunque sé que no me entiende. Le hablo como quien habla a Dios sin creer en Dios, porque quisiera que Él estuviese ahí. . . (*El padre deja lentamente de mirar la postal y empieza a mirarlo, muy atento.*) Pero no está, y nadie es castigado, y la vida sigue. Míreme: estoy llorando. Dentro de un momento me iré, con la pequeña ilusión de que me ha escuchado, a seguir haciendo víctimas. . . De vez en cuando pensaré que hice cuanto pude confesándome a usted y que ya no había remedio, puesto que usted no entiende. . . El otro loco, mi hermano, me diría: hay remedio. Pero ¿quién puede terminar con las canalladas en un mundo canalla? (306)

The comments of Ricardo Doménech sum things up neatly:

> Resultaba forzoso llegar hasta aquí para preguntarnos qué significa la figura de El Padre. Una visión superficial nos diría de este anciano. . . que es un pobre demente. . . . Pero lo extraordi-

> nario del personaje radica en que además... es también todo lo
> que sugiere.... Como otros muchos "lisiados" del teatro de
> Buero, El Padre aparece dotado de doble significación: real y ale-
> górica. Señalemos algunas coincidencias, demasiado llamativas
> para ser casuales: 1.a Vicente ha dicho que se confiesa ante él
> como si lo hiciera ante Dios, en quien no cree; y esa confesión,
> contrariamente a lo que imagina, no es inútil: El Padre le entiende
> y le castiga, como un dios terrible y justiciero. 2.a La pregunta
> obsesiva de El Padre —¿quién es ese?—no encuentra respuesta
> por parte de la mujer de los hijos, pero él dice que sí lo sabe y ya
> nos ha advertido Vicente que eso sólo podría saberse "desde el
> punto de vista de Dios", tras lo cual el autor añade esta acota-
> ción: "El Padre los mira fijamente". 3.a ¿Por qué las figuras de
> El Padre y La Madre no las designa el autor con nombre propios,
> como hace con los demás miembros de la familia? ¿Acaso para
> que *el padre* sea *El Padre* con mayúscula? (37)

Doménech's interpretation does not ignore El Padre's impaired reason and general impotence, but he does not fully explore their significance. They seem to suggest that if there is yet a vestige of the traditional God, the one viable function remaining to him is punitive. However elemental and deserved the punishment he inflicts, it belongs to the general vindictiveness that characterized the Civil War. The element of hope for the future resides not in the presence of this reduced but still wrathful father/God figure but in the suggestion of new life. Encarna, carrying Vicente's child, will marry Mario. The latter, while perhaps too weak willed to cause any change in the baleful present, prepares the way for the new generation by accepting Encarna in full knowledge of her condition, adopting the role of father for her unborn child. Hope for future generations is in the womb of the present.

In the twentieth century, there is a progressive religious waning. Unamuno dramatizes the anguish of doubt, Valle Inclán the unliklihood of human perfectabilty. Casona, some years later but prior to Buero, harks back to the Golden Age, representing those who choose God as an answer rather than a question. For all Buero's disclaimers regarding his personal belief, religiously his theater falls comfortably within the moderate category, clearly not as conservative as Casona's, a cut closer to conservatism than Sastre's, and decidedly removed from the gratuitous blasphemy of Arrabal's. For Buero, God is a question, and his plays, heirs to the pervasive "sentimiento trágico de la vida," do not really seek God, but seem to sink their roots in the "religión de la rectitud." "Aunque quizá no crea en [dios]," Buero has said, "creo que voy por la vida como si tuviera que rendirle cuentas. En la vida misma, claro; no en ninguna hipotética supervivencia" (Pennington 137). While Sastre sees a dubious solution in revolt, Buero, perhaps more acutely, perceives that whatever the political system, if it does not follow a course of "rectitud," it will fail. Corruption and cruelty doom the Spain of Velázquez, Esquilache, Goya, and Dr. Valmy. Hope lies with the Fernandas, the Pedro Briones, the Marios, who find the strength to deny corruption and cruelty.

Brigham Young University<br>Provo, Utah

## NOTES

1. See, for example, Gordon Rattray Taylor, 121.
2. See Asworth, 69.
3. Ricardo Doménech remarks on the frequency of *lisiados* among Buero's characters. See p. 37.

## WORKS CITED

Ashworth, Peter P. "Silence and Self Portraits: The Artists as a Young Girl, Old Man, and Scapegoat in *El espíritu de la colmena* and *El sueño de la razón.*" *Estreno* 12 (otoño 1986): 66-71.
Buero Vallejo, Antonio, *El concierto de San Ovidio, El tragaluz*. Ed. Ricardo Doménech. Madrid: Castalia, 1971.
———. *Irene, o el tesoro*. Madrid: Ediciones Alfil, 1955.
———. *Jueces en la noche, Hoy es fiesta*. Madrid: Espasa-Calpe, 1981.
Doménech, Ricardo. Introducción. *El concierto de San Ovidio, El tragaluz* by Antonio Buero Vallejo. Madrid: Castalia, 1971. 7-53.
Eliade, Mircea. *The Sacred and the Profane*. Trans. Willard R. Trask. New York: Harper & Row, 1961.
Girard, René. *Violence and the Sacred*. Baltimore: Johns Hopkins UP, 1977.
Pennington, Eric. "Entrevista con Antonio Buero Vallejo." *Hispania* 64 (March 1981). 136-38.
Taylor, Gordon Rattray. *Sex in History*. New York: The Vanguard P. 1954.

# JOSE MUÑOZ MILLANES

## La visión urbana en la obra de Josep Carner

El descubrimiento de un nuevo tema literario, la metrópolis, en Francia y a mitad del siglo pasado, se realiza bajo el signo de la crisis. Como los ya clásicos estudios de W. Benjamin sobre el París de Baudelaire demuestran, las nuevas condiciones de existencia impuestas por la gran ciudad alteran decisivamente el aparato psíquico del individuo. La constante exposición a los aspectos traumáticos de la vida metropolitana provoca un cambio cualitativo en la estructura perceptiva del sujeto. Tales aspectos, significativamente, constituyen para Baudelaire las notas definitorias mismas de la modernidad, es decir, "lo transitorio, lo fugitivo, lo contingente" (467). Una vez rota la continuidad de la experiencia que permitía la correlación entre memoria individual y espacio urbano, el sujeto resulta afectado por algo que es ya más que una simple experiencia, porque lo supera: la pérdida de sí mismo en el nuevo paisaje metropolitano. O en palabras de Baudelaire: la experiencia del observador apasionado, la de "elegir domicilio en el número, en lo ondulante, en el movimiento, en lo fugitivo y lo infinito" ("Le peintre" 463). Que es lo que Simmel llamó "la intensificación de la vida nerviosa, que surge del intercambio brusco e ininterrumpido de impresiones externas e internas" (228).

A tal exposición del sujeto a la heterogeneidad de las impresiones discontinuas corresponde lo que Baudelaire, adoptando una terminología emersoniana, ha llamado "el heroísmo o lado épico de la vida moderna" ("Salon" 195): una categoría de lo bello multiforme que, al igual que la categoría de lo sublime, va más allá de la idea misma de belleza, y que consiste en las denominadas por Benjamin "iluminaciones profanas" (1.46).[1]

Ahora bien, solamente en la obra de Rimbaud y en la de los surrealistas se encuentra plenamente realizado el efecto traumático de la "iluminación profana": es decir, la disolución del sujeto en el "shock" causado por una imagen donde lo subjetivo aparece contradictoriamente confundido con lo objetivo. En la mayor parte de los escritores de tradición simbolista la modernidad, en cambio, se manifiesta tan sólo de un modo restringido: en un tino de imagen donde los aspectos objetivo y subjetivo aparecen todavía separados en la composición; la heterogeneidad de la imagen se da como proximidad o espectáculo, es decir, como exterioridad reducible a la unidad de un punto de vista. Si a partir de Baudelaire el nuevo tema literario de la imagen metropolitana se asocia con el término de "tableau" es porque ya desde Diderot el "tableau" se caracteriza a su vez por la posibilidad de participación imaginaria: el "voyeurismo" o el espionaje.

El "tableau" es una imagen en abismo, ya que desdobla, incorporándolo, el punto de vista del espectador: en el "tableau" el referente aparece figurado en cuanto previo objeto de deseo de una subjetividad con la que la subjetividad del espectador concurre o rivaliza. De este modo, como Benjamin subraya, a partir de Baudelaire la metrópolis se convierte en fantasmagoría o espectáculo, puesto que su realidad objetiva se desvanece, reducida a una mera diferencia entre dos imágenes subjetivas: la del agente que actúa o percibe desde dentro de la representación y la del receptor que desde fuera lo observa percibir o actuar. Para caracterizar esta empatía imperfecta o identificación parcial del espectador con la representación metropolitana podríamos recurrir a la vieja categoría de la curiosidad, tan típica de la estética barroca. Como en toda relación interpersonal silenciosa, el espectador tiene una percepción incompleta del sujeto de la imagen: contempla nada más los gestos del otro, acciones que estimulan su afán de conocer la interioridad de que parecen ser expresión y que, sin embargo, la opacidad del cuerpo ajeno irremediablemente le oculta.

Josep Carner utiliza el sustantivo "badoc" y el verbo "badoquejar" para referirse a la figura del "flâneur" baudeleriano: aquel que curiosea deambulando en medio de las multitudes de la gran ciudad, y a quien define así: "El badoc és meravellós: tot ho aprofita.... Els seus ulls guaiten i no conquisten. La seva mirada plana per damunt les coses i se n'allunya sense botí.... Té l'ofici de passejar i el benefici de guaitar" (911). En *Auques i ventalls* (1914), el libro donde mejor se manifiesta la visión metropolitana de Carner, predomina esa subdivisión del espacio en dos planos encajonados (el del transeúnte atareado o con rumbo fijo y que no mira a su alrededor, y el del transeúnte ocioso y errante que se para a mirar), desdoblamiento típico del "tableau," que desrealiza la ciudad hasta reducirla a espectáculo: "Intimeu amb la llum i amb el moviment. Però totes aquelles coses no us plauen pas en si mateixes. Us plauen perquè són escenari de gent, o pretext o indici de densitat" (989).

En estas palabras de Carner se alude a dos aspectos del proceso de teatralización de la gran urbe que efectúa el "flâneur" u observador desocupado, tal como lo retrata Benjamin. En primer lugar, la percepción del exterior como interior: no en vano algunos de los paseos o bulevares se llamaban entonces "salones." El burgués ocioso, en su vagar, tiende a neutralizar con la mirada el movimiento de los conciudadanos que él hace objeto de su curiosidad. A esto contribuye el nuevo urbanismo decimonónico con sus amplias perspectivas que hacen converger vastos espacios en el punto de vista del individuo, de tal manera que el paseante, desde su posición de radical desplazamiento, percibe a sus semejantes escénicamente enmarcados en el contexto o medio donde los contempla trabajar o divertirse. El ejemplo privilegiado de esta transformación de la gran ciudad en "escenario de gente" es "Les dames del Passeig de Gràcia," poema donde Carner habla del famoso bulevar barcelonés como de una "plàcida via" en la que, a partir de la Exposición Universal de 1888, las señoras de alta sociedad se exhiben a pie antes del almuerzo, arregladas y cubiertas de joyas, siguiendo un ritual que también Gaziel ha descrito en sus *Memorias*, calificándolo de "ballet social."

A un segundo aspecto de la visión de la metrópolis como espectáculo alude Carner cuando hace notar que la luz y el movimiento de la multitud resultan exhilarantes cuando se toman como "pretexto o indicio de densidad." Benjamin ha equiparado la actitud del "flâneur" a la del cazador y a la del detective: para el "flâneur" la gran ciudad y la masa de sus habitantes constituyen un inmenso depósito de huellas, una red de indicios que invitan a ser desentrañados. Y de ello Simmel da una explicación sociológica: las calles, los transportes urbanos y los lugares públicos como los cafés favorecen situaciones de contacto fugaz donde se tiene la sensación de incomunicación típica del "tableau": los habitantes de la gran ciudad se inquietan al ver a los demás al lado o enfrente sin hablar o sin oír sus palabras, o sin entenderlas del todo, si las oyen, porque se trata de desconocidos anónimos entregados a una conversación que les resulta ajena.

Es en situaciones de este tipo donde el "flâneur" se revela un sujeto regresivo, no heroico. En el famoso soneto "A una transeúnte" de *Las flores del mal* el yo se ve sometido a la vivencia traumática del instante puro, al margen de la continuidad de la experiencia: el peatón recibe un "shock" al enamorarse a primera y última vista de una figura femenina, vislumbrada como un relámpago, que aparece y desaparece en medio de la muchedumbre. En la estrofa final de "Les dames del Passeig de Gràcia," Carner nos da su versión de este tema de la mujer irremediablemente perdida en el momento mismo de encontrarla:

> veure-la amb joia, guanyar la fermança
> d'una mirada que us fuig i us atreu;
> i sols amar-les quan van allunyant-se:
> sentir-se al cor aquell bri de recança
> un cop passat llur somrís i llur veu.... (192)

Pero el "flâneur" reacciona contra el carácter absolutamente instantáneo de la vivencia metropolitana, dotándole de un simulacro de profundidad temporal. La rapidez y la discontinuidad de las imágenes de la vida moderna, la imposibilidad de una percepción más completa del prójimo en la calle, cambian de signo a causa de su mismo inacabamiento. Pues lo fragmentario, al presentar un margen de indeterminación, se presta a una ulterior elaboración imaginativa: los datos dispersos, no sintetizados, procedentes de un encuentro fugaz, pueden ser interpretados libremente por el observador, como si se tratase de indicios auténticos. En el poema en prosa "Las ventanas" de Baudelaire se afirma que "lo que se puede ver al sol es siempre menos interesante que lo que sucede detrás del cristal de una ventana" ("Les fenêtres" 129). La información insuficiente que arroja la visión momentánea y distante del otro, en vez de causarle al "flâneur" una sensación de incomunicación, despierta su curiosidad. Se trata del proceso denominado por Baudelaire "ensoñación": los detalles, producto del azar de una observación circunstancial del prójimo, en su aislamiento no inquietan sino como señales de una verdad latente, de un secreto que el curioso se complace en desvelar de un modo arbitrario, empujado por la deficiencia de esos mismos datos. El "flâneur" recompone la continuidad de la experiencia gracias a una ficción de empatía, fantaseando una "Erlebnis" o vivencia regresiva: él no sólo se sueña a sí mismo como testigo de un remoto pasado ajeno (la historia o, más bien, la leyenda del otro que él se cree capaz de adivinar), sino que también se ilusiona con el sueño de un posible futuro común, con lo cual la fugacidad del encuentro se proyecta en el tiempo en ambos sentidos hasta adquirir las dimensiones totalizadoras de una vida compartida.

En la obra de Carner se reconocen los escenarios típicos de los encuentros pasajeros que dan lugar a tales ensoñaciones. En el poema "La bella dama del tramvía" el peatón entrevé una hermosa dama en la plataforma de un tranvía en marcha y, al fijarse en las plumas de su tocado y en sus pieles de armiño, le atribuye una leyenda de voz melodiosa y procedencia exótica (París o Guatemala). En el poema "En el concert" un oyente, mirando de reojo entre las cabezas del público, descubre una belleza femenina con un extraño "tic" facial, gesto que a sus ojos le confiere una capacidad proteica de infinitas metamorfosis, como si de una estrella de cine se tratase. En el soneto "Joc de tenis" el poeta, fascinado por la ingenua expresión de una adolescente que juega al tenis en la paz dominical, le imagina de inmediato un contexto británico: ella se transforma en la hija de un pastor protestante cogiendo rosas en el jardín del presbiterio, mientras él llega a visitarla, convertido en un oficial del ejército, alto y pelirrojo, que regresa de las colonias de Asia.

Benjamin ha señalado que en el París de la juventud de Baudelaire proliferaban las "fisiologías," que eran retratos estereotipados gracias a los que se neutralizaba la sensación de desasosiego producida por el encuentro con desconocidos en medio de la multitud. En las "fisiologías" los escritores parisinos volvían reconocibles a sus conciudadanos porque interpretaban su apariencia física de acuerdo con los rasgos genéricos propios de su clase, profesión o tipo fisionómico, con exclusión de los rasgos contingentes: de ahí que se haya hablado de los autores de las "fisiologías" como de los geólogos o los botánicos de la metrópolis. Podría afirmarse que Carner se muestra en cierto modo naturalista de la sociedad de Barcelona de principios de siglo al aplicarle el género de las "auques" o "aleluyas." Este género popular, al que el poeta recurre a menudo en *Auques i ventalls*, confiere al texto una cualidad de "tableau": un tipo humano cualquiera (una cupletista del Paralelo, por ejemplo) es caracterizado subdividiendo su historia o biografía en los cuarenta y ocho recuadros o viñetas de rigor, las cuales a su vez se ajustan al doble registro del cartel tradicional. Si en las "auques" la figura del grabado o dibujo duplica, ilustrándolas, las palabras del "rodolí" o pareado, en los poemas de Carner la ausencia de figura, el vacío textual entre los pareados, hace que el lector se represente a la personalidad en cuestión analizada mediante una serie de acciones características, igual que en un retablo o en una colección de estampas; instantáneas a partir de las cuales, como si se tratara de la enumeración de sus cualidades definitorias, dicho lector debe componer el perfil genérico del individuo.

Otra manera distinta de representar en la obra de Carner la curiosidad del ciudadano frente a la pluralidad maravillosa de la "vida universal" de la metrópolis proviene de la observación "a vista de pájaro," de la adopción de un punto de vista perpendicular a la gran ciudad; punto de vista que se impone debido a las condiciones de vida en los nuevos inmuebles de gran altura, y a las nuevas construcciones y lugares públicos que favorecían una mirada en picado sobre el espacio urbano.

Pues si el carácter sorpresivo e inquietante que el prójimo asumía a los ojos del "flâneur" era debido a que, al aparecer instantáneamente sobre el fondo de la multitud, éste lo percibía incompleto, la sensación de insólito que acompaña a las vistas panorámicas de la gran ciudad es provocada por la heterogeneidad de los elementos urbanos que en ellas concurren ocasionalmente sobre un único plano, dando lugar a una composición indeterminable por la mirada. El "flâneur" en movimiento desdoblaba el espacio exterior que lo rodea a su misma altura, convirtiéndolo en la escena del incidente objeto de su curiosidad. El observador "a vista de pájaro," que está inmóvil, reduce, en cambio, la profundidad del espacio extendido a sus pies, ya que tiende a yuxtaponer en el plano único del marco de la ventana o del encuadre casual la multitud de planos que tal espacio le ofrece al ser contemplado desde un lugar máximamente elevado y distante. Si la curiosidad del "flâneur" se alimenta del azar de las imágenes fragmentarias por medio de las cuales la metrópolis se le aparece sucesivamente desde su perspectiva horizontal, la curiosidad del observador remoto se ejerce sobre la simultaneidad fortuita gracias a la cual lo desacostumbrado de la perspectiva vertical confunde esos mismos fragmentos urbanos en la neutralidad de la imagen.

Se ha señalado que el antipsicologismo fotográfico de los modernos paisajes urbanos responde a la singularidad que les confiere la agregación puramente instantánea de sus elementos: son imágenes irreconocibles porque eluden cualquier tipo de articulación interpretativa. Escapan a la dialéctica de la parte y el todo (su contorno es contingente, por lo cual en ellas todo es detalle) y tampoco se les puede aplicar la distinción entre fondo y primer plano, a causa de su composición oblicua y descentralizada y de la desproporción resultante del empleo de la escala perspectiva, debido a lo cual carecen de relieve y en ellas nada se subordina a una figura en cuanto escenario de un acontecimiento. Hasta carecen del doble registro de lo visual y lo auditivo que dotaba al "tableau" de una profundidad favorable a la participación del "flâneur" en cuanto distanciamiento del objeto de deseo, ya que aquí los sonidos se hallan desplazados de su punto de emisión y confundidos con las impresiones visuales, cuyos abruptos contrastes de enfoque frustran todo intento de ordenación o síntesis por parte de la mirada del observador. Así en el poema de Carner "Neu a ciutat"(68):

> Davant de les teulades agudes, les teulades
> avui sota la neu amb aire d'aclofades,
> la lluna riu sotjant estels a tot indret
> que fa centellejants un fregadís de fred.
> D'algun relleix -car la gelor tot just comença-
> un pensament de vent pessiga neu i en llença.
> I amb la gemada veu que cal a tant d'encís,

hom sent un violí tocat en un quint pis.
I els nens del pis de baix s'adormen al preludi,
tot murmurant: -Demà no hi haurà pas estudi.

En su inextricable complejidad, estas panorámicas urbanas sólo permiten ser leídas siguiendo el orden indiferente e indefinidamente permutable de los miembros de una enumeración, motivo por el cual han dado lugar a las "letanías", el nuevo género "sonámbulo" introducido por Laforgue, consistente en una pura divagación que impone al texto cierta apariencia paratáctica, quebrada. La impersonalidad de la perspectiva elevada de dichas imágenes sinópticas sobredetermina por acumulación y combinación aleatoria los componentes de la fisonomía urbana, desfamiliarizándola a la mirada. En el poema "Tarda de primavera" (256), Carner apostrofa a la luna: "Lluna, tu, que tant esbrines." Al igual que Lugones o López Velarde, Carner remite a Laforgue y a su afán de identificación con la luna "vagabunda" y "dilettante": la gran curiosa a la que, desde sus alturas, no se le escapa nada de lo que hay o acontece en la ciudad. La elevación insólita del punto de vista de la luna desempeña en estos poetas post-simbolistas el mismo papel que los artificios ópticos, los sueños o el prodigio del diablo cojuelo desempeñan en la estética barroca: en ambos casos se trata de un suplemento del ojo humano que proporciona distracción mediante el hallazgo de una multitud de detalles o aspectos inéditos de la imagen.

Princeton University<br>Princeton, New Jersey

### NOTA

1. "La verdadera superación creadora de la iluminación religiosa está . . . en una *iluminación profana* de inspiración materialista, antropológica."

### OBRAS CITADAS

Baudelaire, Charles. "Les fenêtres." *Petits poèmes en prose (Le Spleen de Paris)*. Paris: Flammarion, 1967.

_____. "Le peintre de la vie moderne." *Curiosités esthétiques/L'Art romantique.* Paris: Garnier, 1962.

_____. "Salon de 1846, XVIII: De l'heroisme de la vie moderne." *Curiosités esthétiques/L'Art romantique.*

Benjamin, Walter. "El surrealismo. La última instantánea de la inteligencia europea." *Iluminaciones.* Vol. 1. Madrid: Taurus, 1971.

Carner, Josep. *Obres completes.* Barcelona: Selecta, 1968.

Simmel, Georg. "Die Grossstädte und das Geistesleben." *Brücke und Tur.* Stuttgart: Koehler Verlag, 1957.

# PATRICIA W. O'CONNOR

## Glorias y miserias de la dramaturgia femenina española

A pesar de muchas oportunidades para las españolas profesionales en la época contemporánea, sobre todo a partir de la democracia, y a pesar de una explosión de importantes narradoras, la ausencia de escritoras teatrales sigue. Hay pocas dramaturgas por las mismas razones que hay apenas escultoras, pintoras, arquitectas, compositoras, físicas, astronautas, ingenieras, obispas, catedráticas, decanas, rectoras, senadoras, ministras, jefas de Estado, etc. La explicación de todas estas ausencias hay que buscarla en un pasado remoto cuando las mujeres se quedaron atrapadas en la función materna y relegadas al espacio privado de la casa.

La arraigada opinión de que la mujer no debe invadir el dominio público ni con su presencia ni con su voz tiene sus raíces en el *purdah* (i.e., "cortina" o reclusión femenina), costumbre islámica reforzada más tarde por Platón en la tradición occidental. El sabio clásico afirmó que el habla privada de la casa—o sea, de las mujeres—no tenía ni forma ni contenido dignos de escucharse (Elshtain 130). A las mujeres se les prohibía participar en la vida pública, buscar la "verdad" en los foros masculinos, y participar en los diálogos filosóficos. Esta larga tradición cultural de amordazar o por lo menos de desvalorizar la palabra, los gustos, y las ideas de las mujeres naturalmente ha influído de forma decisiva en el sector más verbal y más público—y por consiguiente, más masculino—de las artes: el teatro. Aunque las mujeres están empezando a hacerse oír en ese foro, tanto los gustos como los cánones literarios masculinos siguen resistentes y constituyen el blanco de gran parte de la crítica feminista actual.

El ideal femenino hispano, basado en una mezcla de actitudes orientales, islámicas, judías, greco-romanas, y cristianas, ha sido una fuerte barrera para las dramaturgas. Estos modelos y conceptos se han conservado y se han perpetuado en la obra monumental de Fray Luis de León, *La perfecta casada* (1583). La mujer virtuosa y digna de admiración, nos dice Fray Luis, es callada y amante del hogar, no pone en peligro su inocencia y su fama a través de contactos con el "mundo," y dedica todas sus energías a la casa, de la que hace un refugio para todos. Reflejando pensamientos comunes de su época, nuestro especialista en mujeres razona: "¿Por qué les dio a las mujeres Dios las fuerzas flacas y los miembros muelles, sino porque las crió, no para ser postas, sino para estar en su rincón asentadas?" (166).

En el siglo XX, la dictadura reaccionaria del general Franco (1939-1975) revivió la tradición victoriana exhortando a la mujer a dar ejemplo de las virtudes femeninas del pasado glorioso de España (es decir, los siglos XVI y XVII). Lógicamente, se renovó el interés por *La perfecta casada* de Fray Luis de León, libro que no se había dejado de leer y que permaneció como lectura común hasta la década de los sesenta, cuando el flujo de turistas extranjeros interrumpió el aislamiento cultural del país. El gobierno de Franco también combatió vigorosamente el movimiento feminista, que calculadamente asoció con el comunismo y el ateísmo, declarados enemigos de la familia, Iglesia, Estado, moral y, en general, de todas las buenas costumbres. Asimismo el gobierno obligó a las jóvenes, ya adoctrinadas en religión y domesticidad a través de la educación y los medios de comunicación (ambos controlados por el gobierno), a pasar varios meses en determinados centros estatales. Allí realizaron servicios "voluntarios" y recibieron "instrucción" sobre moralidad y artes domésticos. Efectivamente, era requisito haber completado este "servicio social," similar al servicio militar obligatorio de los jóvenes, para sacar el título universitario y para obtener la licencia de matrimonio, pasaporte, o un trabajo como funcionario.

Dejando aparte las recientes prácticas políticas, una de las trabas más directas, fundamentales, y duraderas ejercidas sobre las posibles dramaturgas en todas partes y de modo agudo en España ha sido la educación. Es evidente que ni la aculturación de la mujer ni su educación formal la han preparado para escribir teatro, ya que este género más que otros exige una energía física acompañada de una sofisticación verbal, social, retórica, y estilística que nunca se han fomentado en ella. En lo que concierne a la formación básica, hasta bien avanzado el siglo XIX, menos de la mitad de las mujeres españolas sabía leer y escribir, y a lo largo de los siglos el analfabetismo entre las mujeres ha sido el doble que entre los hombres (González 268). Por otra parte, la educación de las jóvenes de la clase media y alta (únicas fuentes de mujeres escritoras) ha acentuado la religión y la moral más que la lectura, gramática, composición, filosofía, lógica, historia, literatura, y métodos críticos. Severino Catalina, la "autoridad" española sobre mujeres del siglo XIX más citada, insistía en que "el fin de la educación de las mujeres no era producir mujeres sabias sino mujeres modestas" (Aldaraca 75). Además de esto, la participación de la mujer como autora de teatro presenta especiales problemas sociales y prácticos, ya que en el teatro la separación de los sexos y específicamente las restricciones sobre las mujeres tienen hondas y fuertes raíces.

El teatro, arte antiguo, arrastra siglos de bagaje cultural. El poeta-dramaturgo, largamente asociado con las divinidades religiosas y mitológicas, ha proyectado una imagen semi-real y semi-divina, masculina sin lugar a dudas. También las obras serias, las tragedias en particular, han reflejado y perpetuado valores sumamente patriarcales. Como se ha observado, al ser el héroe aristotélico el que "hace" (es decir, al ser el creador activo) y al moverse en el dominio público, la tradición ha determinado que el héroe debe ser un hombre (Reinhardt 32). Asimismo, los teatros españoles, siguiendo la tradición arquitectónica greco-romana (y basándose, a su vez, en modelos orientales), separaban a hombres y mujeres al igual que los separaban en las casas y las escuelas. Como espectadoras, las mujeres del siglo XVI y XVII fueron relegadas a la "cazuela," lejos del patio donde los hombres se movían con toda libertad, al igual que lo hacían en la vida diaria. Constantemente segregadas, limitadas, y relegadas a la periferia, las mujeres incluso entraban y salían por una puerta especial (Hesse 41). Esta entrada, ahora una salida de emergencia en el Teatro Español, queda como recuerdo de estas antiguas prácticas. Además, debido al caracter público, social, y activo—por tanto, masculino—del teatro, los hombres han dominado su burocracia y su economía, estableciendo alli una fraternidad exclusiva.

¿Quiénes han sido, entonces, las extraordinarias mujeres que han penetrado en este baluarte masculino del teatro español? En el siglo XIX, cuando el fenómeno "dramaturga" era todavía inaudito, una novelista o poeta establecida podía probar su suerte en el teatro (Emilia Pardo Bazán o Concha Espina, por ejemplo). Pero aun en el siglo XX, la escritora dedicada exclusivamente al teatro sigue siendo una novedad. La dramaturga española de más éxito y a la vez menos conocida, María Martínez Sierra (nee María Lejárraga, 1874-1974), se ha escondido durante muchos años detrás de la firma de su marido. Aunque se atribuyeron las obras a Gregorio Martínez Sierra (así lo deseaba María), gentes de teatro que trabajaban con el célebre empresario estaban en el secreto. Como comentó lacónicamente un miembro de la compañia teatral Martínez Sierra: "Don Gregorio no escribe ni a su madre."[1] Irónicamente, Catalina Bárcena, espléndida actríz por quien Gregorio, después de muchos años, dejó a María, encaró en escenarios españoles, europeos, rusos, y americanos el ideal femenino creado por María. Las cartas de Gregorio—que sí escribía a María—y que fueron descubiertas después de la muerte de María en 1974, establecen que ésta, una de las pioneras del feminismo español y diputada socialista por Granada durante la República, es la principal autora de las obras firmadas por su marido y que las últimas comedias son enteramente de ella. Trozo representativo de las muchas cartas de Gregorio conservadas es la siguiente:

> Me parece perfectamente que no escribas si te encuentras mal de salud, o si quieres descansar, ya que es justo después de haber trabajado tanto. Por eso ni siquiera te he recordado las conferencias cortas y divertidas, que son las que me hubieran hecho más falta, ni los monólogos que apuntamos en París, ni el tercer acto de *Carola tiene suerte*, que me hubiera gustado estrenar en Buenos Aires.... Repito que me parece perfectamente que no hayas hecho nada si estás enferma o cansada, pero que hayas abandonado dos comedias porque resultaban 'demasiado fuertes' me parece absurdo ....Si trabajas sólo una hora diaria, sin prisas ni angustias, puedes hacer dos o tres comedias al año sin sentir. (O'Connor 105)[2]

Otra dramaturga que gozó de éxito comercial en el siglo XX antes de 1940 (bajo su propio nombre pero sin el aprecio críitico de Martíncz Sierra) era Pilar Millán Astray. Escribío sainetes madrileños alabando la buena, sumisa, y devota española.

En el período posterior a la guerra civil española, sólo Dora Sedano, Julia Maura, y Ana Diosdado tienen un repertorio de seis a veinte obras estrenadas comercialmente. Otras cuatro tienen dos a cuatro comedias representadas cada una: Mercedes Ballesteros, María Isabel Suárez de Deza, Carmen Troitiño, y Luisa-María Linares (1915- ). Varias mujeres jóvenes esperan entre bastidores: María Manuela Reina (1958- ), Paloma Pedrero, Maribel Lázaro, Concha Romero, Pilar Pombo, Yolanda García Serrano, Eloína Casas, y una larga etcétera.

Aunque no ha surgido todavía en el siglo XX una mujer que rivalice con el prestigio de tales gigantes como García Lorca o Buero Vallejo, el ambiente está cambiando. El final de la dictadura franquista ha señalado una apertura para varias voces silenciadas en casi cuarenta años de dictadura. Aunque quedan todavía muchos obstáculos por superar, las mujeres de hoy, armadas con nuevos conocimientos y oportunidades, tienen más posibilidades para establecerse como dramaturgas.

University of Cincinnati<br>Cincinnati, Ohio

## NOTAS

1. Recorte (sin fecha, sin página) de la sección "Foro" del periódico mejicano *Excelsior*. El titular dice: "Es cierto lo de doña María Lejárraga de Martínez Sierra."
2. Copias de muchas de las cartas de Gregorio, muchos recortes, y varias obras inéditas se pueden ver en la biblioteca de la Universidad de Cincinnati ("Special Collections").

## OBRAS CITADAS

Aldaraca, Briget. "El ángel del hogar: The Cult of Domesticity in Nineteenth Century Spain." *Theory and Practice of Feminist Literary Criticism*. Ed. Gabriela Mora and Karen S. Van Hooft. Ypsilanti: Bilingual Press/ Ediciones bilingues.

Elshtain, Jean Bethke. "Feminist Discourse and its Discontents: Language, Power and Meaning." *Feminist Theory: A Critique of Ideology*. Ed. Nannerl O. Keohane, Michelle Z. Rosaldo, and Barbara C. Gelpi. Chicago: U Chicago P, 1982.

González, Anabel. *El feminismo en España, hoy*. Bilbao: Zero, 1979.

Hesse, José, ed. *Vida teatral en el siglo de oro*. Madrid: Taurus, 1965.

León, Fray Luis de. *La perfecta casada*. Madrid: Ibero-Americana de Publicaciones, S. A., 1928.

O'Connor, Patricia W. *Gregorio and María Martínez Sierra*. Boston: Twayne, 1977.

Reinhardt, Nancy. "New Directions for Feminist Criticism in Theatre and the Related Arts." *A Feminist Perspective in the Academy*. Ed. Joanne Blum. Chicago: U Chicago P, 1981.

# NELSON R. ORRINGER

## *España en el corazón* de Neruda y su solidaridad generacional

Neruda, aunque cónsul de Chile a España entre 1934 y 37, se identificaba en aquella época con su generación de poetas españoles.[1] Contaba con la amistad íntima de García Lorca, primer mártir de la generación; de Alberti, su primer poeta civil, y de Miguel Hernández, su primer poeta en armas (Durán 76). Asesinado Lorca, Neruda acompañó a Alberti y a Hernández en dedicarle elegías. Cuando estalló la guerra en julio de 1936, con Alberti y Hernández puso a su musa al servicio de la Segunda República. La brusca politización de su poesía representa un gesto de solidaridad con su generación. Porque atribuía a la abertura espiritual de la República su buena acogida en 1934 por la primera pléyade de plumas capaz de comprenderle, en palabras suyas, "una generación de poetas que era la primera después del Siglo de Oro" (Cardona Peña 30). Generación que le había honrado publicando inéditos suyos con una dedicatoria firmada por todos sus nuevos amigos, y nombrándole director de la revista generacional *Caballo verde para la poesía* (Cano Ballesta 273-74, n 3). Luego Neruda veía la sublevación del Ejército en el 36 como una amenaza a su felicidad personal. Por eso se suspendió la publicación de *Caballo verde* (*Memorias* 165). Incomunicado, pues, de su público español de lectores, privado poco después del llorado amigo Lorca, forzado a presenciar el bombardeo de Madrid, pero obligado a silenciar su protesta por su neutralidad consular, Neruda se atuvo a la amistad de poetas que, como Alberti, Bergamín, Cernuda y Altolaguirre, permanecían en la Corte (cfr. Alberti 384). La resultante obra de Neruda la define Amado Alonso como "poesía social y de compromiso político, de adhesión y repulsión para el prójimo'' (348-49). Aquí queremos mostrar que el prójimo a quien se adhirió Neruda en *España en el corazón* era ante todo su generación poética, cuya existencia peligraba por su dependencia de la República.

En conferencias parisinas de febrero de 1937 sobre el fallecido Lorca, Neruda presentó una visión republicana de las dos Españas: la España tradicional simbolizaba la ruptura; la España progresiva, la continuación. La España antigua había perpetrado "los grandes crímenes dinásticos y eclesiásticos"; la España nueva era el país del "descubrimiento, la España de Federico García Lorca.'' Entre líneas Neruda insinúa su apoyo de la República, cuyos escritores Alberti, Hernández y Prados le parecen defender la causa del pueblo (*Obras* 1828-30). Viven en peligro durante la guerra, ante el espectáculo de la sangre que tiñe las calles de Madrid. Modificando el estribillo de Lorca, "Que no quiero verla," como ha notado Durán (80), el autor de *España en el corazón* justifica su poesía políticamente comprometida, repitiendo tres veces, "Venid a ver la sangre por las calles" (14). Afirma su solidaridad con su generación literaria por medio del título de su obra, de la estructura total de la misma y de la similitud de temas y de elementos formales a la poesía bélica de Alberti y de Hernández.

La metáfora en que se basa el título, es cierto, bien puede proceder de A. Machado: "Tierra de alma, toda, hacia la tierra mía,/ por los floridos valles, mi corazón te lleva" (801). Pero el título de Neruda comunica menos nostalgia que urgencia. Responde a la súplica que M. Hernández dirige en *Viento del pueblo* a las naciones del mundo: "Recoged mis latidos de quebranto/ en vuestros espaciosos corazones" (282). Si la humanidad no contiene la barbarie cometida contra el pueblo español, Hernández verá a nuestro planeta como "un denso corazón desolado" (284). Para acentuar esa barbaric, Neruda sitúa a la mitad de *España en el corazón* una denuncia a los generales rebeldes Sanjurjo, Mola y Franco. Los condena a un infierno en vida adecuado a sus crímenes como en Dante (27-31). Estas imprecaciones van enmarcadas por endechas sobre las ruinas de la guerra (26-27, 31-33), y ante y tras los lamentos elegíacos vienen panegíricos del pueblo en armas, bien en el triunfo del Jarama (23-24), o bien en las faenas diarias de los milicianos en el frene (33-34, 36-37). El Madrid del verano del 36 ocupa la primera parte de la obra de Neruda; y la defensa valerosa del Madrid del 37, la última parte (10-14, 38-40). Una invocación épica, con maldición de los enemigos, sirve de proemio (7-10); y una arenga bélica al Ejército del Pueblo, de epílogo (41-43). En suma, la estructura del libro en su totalidad muestra simetría y equilibrio. No se trata de una antología de poemas sueltos, como Alazraki ha querido ver (194), aunque un segmento ha salido publicado antes que lo demás, sino más bien de un solo poema, hecho de tiradas de extensión variable, cada una con su subtítulo marginal, y concebida como una parte de un todo, único en su forma y contenido dentro de la evolución poética de su autor. El equilibrio buscado demuestra la sintonización de Neruda con escritores españoles de la época. Porque, según Hernán Vidal (22), siempre que el fascismo produce un cataclismo cultural, la literatura local desempeña una función homeostática. Pretende "restablecer el equilibrio social suspendido por la crisis de hegemonía capitalista." Ahora bien, Neruda, como cónsul chileno, no tenía ninguna relación *oficial* con el desequilibrio sufrido por la sociedad de la República Española. Pero, cónsul o no, se sentía parte de ella, vinculada por eslabones generacionales. ¿Quién más autorizado que M. Hernández para juzgar el caso? En la dedicatoria a Neruda de la antología *El hombre acecha,* Hernández evoca la convivencia madrileña con el amigo de Chile: "Ahora recuerdo y comprendo más tu combatida casa, y me pregunto: ¿qué tenía que ver con el consulado cuando era cónsul Pablo?"(313).

Pero aun sin el testimonio de Hernández, el poema de Neruda habla con suficiente elocuencia. Verdad que el saludo comunista, el puño levantado, aparece varias veces en *España en el corazón* (8, 16, 17), así como en la poesía y en el teatro comprometidos de Alberti (383, 407) y de Hernández (302, 818). Mas, como ellos, Neruda anhela restaurar el equilibrio burgués de la sociedad española. Al comentar la nueva dirección de su poesía y su aparente olvido de su país natal, no mira hacia adelante como los utópicos marxistas, sino hacia atrás con nostalgia. Recuerda la paz de la República en el barrio madrileño de Argüelles, salpicado de bellas y picantes impresiones sensoriales: su casa llena de geranios, el panorama de Castilla delante, el mercado de frutas vendibles que llegaban al horizonte, mercado que formaba "la esencia aguda de la vida"— en resumen, un compendio de una sociedad capitalista en armonía. Para testigos de esta concordia rememorada, llama a tres poetas coetáneos, al argentino Raúl González Tuñón, que residía en Madrid, al camarada vivo Alberti y al amigo muerto García Lorca (Alonso 354): "Raúl, ¿te acuerdas?/ ¿Te acuerdas, Rafael?/ Federico, te acuerdas debajo de la tierra?" Con angustia clama Neruda a Federico: "¡Hermano, hermano!" (12). Describe en seguida la desaparición de esta euforia entre llamas sembradas por los "bandidos" del Ejército, de la aristocracia, del clero. Con todo, adopta un tono apocalíptico al vaticinar la anegación de los criminales en la sangre de sus víctimas (y, por consiguiente, el regreso al equilibrio burgués de antes: 13-14).

La máxima evidencia del afán de restaurar ese equilibrio se encuentra en la similitud, cuando no en la identidad, de temas entre su poema y las obras bélicas de sus amigos españoles. No hablemos de influencias, difíciles de comprobar para un tiempo de crisis, sino de una sensibilidad generacional comunicada a Neruda por poetas como Lorca, Alberti, Hernández. Si Neruda veía a la generación como a "una brillante fraternidad de talentos" (Cano Ballesta 273, n 3), y si llamó a Lorca hermano en sus versos, tenía que elogiar a España como a la madre común. Hernández había presentado a España como a la "primera madre," cuyo vientre dio "principio" a su carne (341-42). Y Neruda la erigió en primer principio de *España en el corazón* llamándola "madre natal" y "madre mía" al tiempo de invocarla como el origen de su experiencia de cielo, aire y tierra (7-8). Como Alberti, con su voz de "piedra rota y destrozado trigo" (406), Neruda celebró a España, "machacada piedra, combatida ternura/ de trigo, cuero y animal ardiendo" (7). Esta madre tenía posibilidades sin realizar, "ovarios, puertas, arcos/ cerrados, profundidades/ que quería parir"; y Neruda achacó la esterilidad a la avaricia de los ricos (9). Ya en 1935, el poeta revolucionario Alberti los había sentenciado a muerte por degollación con una hoz de oro y plata (343). El y Neruda concebían la tradición como un instrumento de los ricos para perpetuar la pobreza ajena. Alberti veía el pasado como "un obstáculo sangriento" (369), y anhelaba "desprenderse de ese tronco podrido,/ de esa raíz comida de gusanos" (377). Neruda representaba la tradición como a un monstruo esperpéntico, cuya "boca sin muelas mordía cada noche/ la espiga sin nacer, el mineral secreto." Monstruo que, como si fuera uno de los guardias civiles del famoso romance de Lorca, "pasaba . . . / sembrando vagos huesos de difunto y puñales" (10).

La sublevación militar contra la República y toda victoria posterior de las Derechas parecían a los poetas de la generación bélica intentos de prolongar el dominio de los ricos. Así explicó Hernández el estallido de la guerra: "Los ricos contra los pobres traidoramente se lanzan/ tras de cuatro generales,/ traidores de pura raza,/ temerosos de perder/ las rentas y las espadas" (836). Alberti intentó espolear a los catalanes a la resistencia pintándoles la consecuencia de la pasividad: "¡Qué festín de generales/ borrachos, ante una mesa/ donde por blancos manteles/ se usaran ropas sangrientas!" (405). Neruda se sirvió del tópico del banquete macabro para satirizar el incidente de Almería ocurrido el 31 de mayo de 1937, cuando los alemanes dispararon desde el mar sobre la ciudad, destruyendo edificios y diecinueve vidas (Thomas 441). Todos los ricos, desde el obispo de Almería hasta el banquero, un coronel y su señora, embajadores y ministros han de recibir cada uno un plato de sangre de los pobres (25-26). Mediante la anáfora, la repetición de "un plato para," Neruda expresa la intensidad de su odio a los enemigos de la República. Intensidad que corresponde a la del amor que profesa a la España de sus coetáneos. Sus ataques verbales contra los generales Sanjurjo, Mola y Franco superan en fuerza los vituperios antifascistas de sus amigos españoles. Porque Neruda se vale de lo anecdótico para intensificar sus invectivas. Sabe que Sanjurjo y

Mola han perecido víctimas de accidentes de aviación (Thomas 162, 444). La prensa socialista informó, "La circunstancia de ir el ex general Sanjurjo atado en su asiento /de su avioneta/ ha determinado que, impotente para desasirse de las amarras, haya perecido abrasado" (Diaz-Plaja 30). Por eso, en tercetos dantescos, Neruda imagina a Sanjurjo en el infierno: "Amarrado, humeante, acordelado/ a su traidor avión, a sus traiciones,/ se quema el traidor traicionado" (27). El poeta desea extender esta muerte hasta el infinito. Pinta a Sanjurjo quemado siempre por aviones infernales (28). Para Mola, con su fama de astuto (Thomas 101), Neruda prepara un castigo más convencional, condenando al "turbio mulo" al azufre y a las llamas (28). Franco recibe la máxima pena concebible a Neruda. Este abandona la concisión y regularidad del terceto. Su indignación se explaya en la elocuencia irregular de *Residencia en la tierra*. Si Neruda ha conocido la felicidad abriéndose al compañerismo de su generación poética, no imagina castigo más doloroso para Franco que la soledad eterna de un alma en pena, perseguida siempre por los fantasmas de niños muertos por culpa suya en la guerra (30-31). En Neruda se escuchan ecos del poema "Alma en pena" y de otros de *Sobre los ángeles* de Alberti.[2]

El tema de las ruinas, humanas e inorgánicas, ocupa una parte principal de las poesías de la Guerra Civil. Alberti, discípulo de Juan Ramón, lamenta la columna rota, la cultura destrozada; Hernández, con su fuerte veta ética, deplora la destrucción de la vida humana; Neruda, con su monismo materialista, llora por la aniquilación de todas las formas sin discriminación. En la antología *Capital de la gloria*, el culto Alberti teme por los museos mal protegidos (401), por los palacios, las bibliotecas, los libros y cuadros tirados a la intemperie (402). Hernández ve el mundo de la guerra no como un museo amenazado, sino como un vasto hospital, cuando no como un ilimitado cementerio(282-83). Neruda percibe el campo de combate, después de la lucha, como un muladar en que fragmentos de creaciones humanas coexisten con partes amputadas del cuerpo. El paisaje rezuma desengaño, aunque no en el sentido barroco. En Calderón, por ejemplo, las desilusión que ocasiona el panorama presente ofrece la posibilidad de despertarse un día en el Más Allá. En Neruda no hay Más Allá. Hay materia humana que cobra forma, se desarrolla prodigiosamente y vuelve al caos primigenio. Para verlo, tomemos el conocido soneto "A las flores," esgrimido por Machado contra una generación de poetas "atemporales" (969-71), y notemos cómo un miembro tardío de esa generación lo adapta a su fin de expresar la fragilidad del crear humano; Las líneas de Neruda que yuxtaponemos a las de Calderón (505-506) provienen de la tirada "Canto sobre unas ruinas" (31-32):

Estas que fueron pompa y alegría
despertando al albor de la mañana
a la tarde serán lástima vana,
durmiendo en brazos de la noche fría

Este matiz, que al cielo desafía,
iris listado de oro, nieve y grana,
será escarmiento de la vida humana:
¡tanto se emprende en términos de un día!

Esto que fué creado y dominado,
esto que fué humedecido, usado, visto,
yace— pobre pañuelo— entre las olas
de tierra y negro azufre.
   Como el botón o el pecho
se levantan al cielo, como la flor que sube
desde el hueso destruido, así las formas
del mundo aparecieron. Oh párpados,
oh columnas, oh escalas.

Tanto Calderón como Neruda comparan la empresa humana con la flor que nace, crece y se marchita. Pero Calderón enfoca el resultado final; Neruda, el proceso creador. Calderón, pues, contrasta la soberbia de la realización con el escarmiento del fracaso; Neruda, la belleza y utilidad de la creación con la fragilidad de la criatura. En Calderón el arte emula la naturaleza y, como ésta, sufre los estragos del tiempo; en Neruda la producción humana forma parte de la naturaleza, de la materia, y como ella perece en un tránsito cíclico. En Neruda, las cosas se humanizan y el hombre se cosifica con el tiempo: el poeta advierte a las épocas creativas, a las "de polen y racimo," que el hombre vive sin raíces, que nada suyo tiene base firme (33).

Aunque desarraigado, el ser humano puede siempre recordar su origen en la tierra. Recuerdo que le consuela ante la muerte. La generación poética de Neruda no se cansa de repetir que los caídos en la guerra no han muerto. Cada poeta varía el tema a su manera. Partiendo del ciclo vegetal de la tierra, Alberti lo intelectualiza a fuer de poeta testigo; Hernández, poeta soldado, lo dramatiza; Neruda, poeta simpatizante, apegado a lo concreto, lo vuelve en instrumento de agresión contra la muerte. El campesino que en tiempos de paz siembra el campo, en la guerra está llamado a servir de sementera para el futuro de España. Así racionaliza Alberti la "siembra de cuerpos jóvenes," que, sembrados, renacen en "la forma de una espiga" para alimentar a la futura juventud (411). Hernández, más conmovedor, canta su participación en la guerra como hijo vegetal de España: "Abrazado a tu cuerpo como un tronco a su tierra,/ con todas las raíces y todos los corajes,/ ¿quién me separará de ti,/ madre?" (341). Neruda en su "Canto a las madres de los milicianos muertos," da a la imaginería vegetal una variación agresiva: los milicianos, lejos de haber muerto, permanecen de pie, ardiendo como mechas en medio de la pólvora, a punto de explotar. Están "de pie en el trigo,/ altos como el profundo mediodía,/ dominando las grandes llanuras." Su modo de morir tiene una agresividad bastante elocuente para contradecir la muerte (15-16).

Agresividad visible también en la tirada "Batalla del río Jarama." El poeta carece de la elocuencia de los cadáveres para ponderar su valor (24). Nadie ganó una victoria decisiva en esta contienda de 1937 que costó 45.000 vidas, aunque ambos campos se proclamaron triunfantes (Thomas 380). Neruda, poeta de su generación, no vacila en dar la palma a los defensores republicanos: "La áspera harina de tu pueblo estaba/ todo erizada de metal y huesos,/ formidable y trigal como la noble/ tierra que defendían" (24). Aquí el lugar común, la comparación del pueblo militante con el trigo, sufre una feliz transmutación. La harina, trigo molido, se ve derramada sobre el campo de batalla. Recurre el motivo de las ruinas en la yuxtaposición de lo orgánico ("huesos") y lo inorgánico ("metal"). Desprecia el poeta "la sangre de moros y traidores" que "palpitaba en tu luz como los peces de un manantial amargo" (24). Entre lineas se descubre aquí un eco del compañero asesinado Lorca, en cuyo romance "Reyerta" "las navajas de Albacete/ bellas de sangre contraria,/ relucen como los peces" (356).

En Neruda, así como en Alberti y en Hernández, abundan elogios de la resistencia republicana. Elogios dirigidos a los héroes oscuros: a los miembros de las brigadas internacionales, a los campesinos y a los trabajadores enviados al frente. Alberti elogia colectivamente a las brigadas internacionales en doce alejandrinos mesurados (406). Hernández, luchador, dedica un soneto epigramático "Al soldado internacional caído en España" y quien, majestuoso como un árbol, deja pasar por sus huesos las raíces del olivo de la paz (288-89). Neruda cuenta la anécdota de cómo, desesperado en el Madrid de 1936, contempló llegar a los "hermanos" extranjeros de ojos azules para rastaurar esperanzas de paz (23). De entre el pueblo que defiende a la República, los antiavionistas encuentran a su poeta en Hernández (355), y los antitanquistas al suyo en Neruda (36).

En conclusión, no hay parte alguna de *España en el corazón* que no corresponda temáticamente a una poesía de Alberti o de Hernández. Esta correspondencia apunta a un fondo de concordancia con toda una generación de poetas españoles. Sin la reconstrucción de su contexto generacional, el poema de Neruda carecería de sentido dentro de su trayectoria lírica. Título, estructura, formas métricas, imágenes y temas obedecen a un imperativo de la época de defender una República en que las letras florecían entre hermanos espirituales. Los poetas españoles habían admitido a Neruda libremente a su fraternidad de letras. Hernández confesó que con Aleixandre y con Neruda, se sentía "más arraigado y hondo,/ y además menos solo" (336). Alberti, más de un decenio después de la guerra, y en sus "Coplas de Juan Panadero a Pablo Neruda" (1949-53), articuló por Neruda el elogio más fervoroso de que era capaz un poeta comunista, mientras, sin embargo, echó la mirada hacia atrás a los días de turbulencia en que el poeta de Temuco había compuesto su obra de la Guerra Civil:

> Y empiezo al fin mi canción
> por quien tú, Chile, hoy ya tienes
> a *España en el corazón*.
>
> Pablo Neruda es el pueblo,
> como es el pueblo de España
> su amigo Juan Panadero (889, con énfasis nuestro).

University of Connecticut
Storrs, Connecticut

NOTAS

1. Nótese la opinión siguiente de Neruda: "Los españoles de mi generación eran más fraternales, más solidarios y más alegres que mis compañeros de América latina" (*Memorias* 160).
2. Cf., de "El alma en pena," "En pena, siempre en pena,/ alma perseguida./ A contraluz siempre,/ nunca alcanzada, sola/ alma sola" (274); y, de "El General Franco en los Infiernos," "Solo, solo, para las lágrimas/ todas reunidas, para una eternidad de manos muertas/ y ojos podridos, solo en una cueva/ de tu infierno" (30). Todas las citas de *España en el corazón* remiten a la edición de 1938. En "Muerte y juicio" dice Alberti, "Para ir al infierno no hace falta cambiar de sitio ni postura" (284); y Neruda: "De infierno a infierno, ¿qué hay?" (29). En "Los ángeles sonámbulos" escribe Alberti, "Ojos invisibles, grandes, atacan./ Púas incandescentes se hunden en los tabiques./ Ruedan pupilas muertas,/ sábanas" (277); y Neruda: "y que un agonizante río de ojos

cortados/ te resbale y recorra mirándote sin término" (31). En "Los ángeles vengativos" pregunta Alberti, "¿Quién eres tú, dinos, que no te recordamos/ ni de la tierra ni del cielo?/ Tu sombra, dinos, ¿de qué espacio?" (270); y Neruda: "Quién, quién eres,/ oh miserable hoja de sal, oh perro de la tierra,/ oh mal nacida palidez de sombra" (29). Y podríamos multiplicar los paralelos.

## OBRAS CITADAS

Alazraki, Jaime. *Poética y poesía de Pablo Neruda.* Nueva York: Las Américas, 1968.
Alberti, Rafael. *Poesías completas.* Buenos Aires: Losada, 1961.
Alonso, Amado. *Poesía y estilo de Pablo Neruda.* 4.ª ed. Buenos Aires: Sudamaricana, 1968.
Calderón de la Barca, Pedro. *El príncipe constante.* Eds. D. W. Cruickshank y J. E. Varey. *Primera Parte de Comedias (Madrid '1640').* Tom. 4 de *Comedias.* Westmead, Farnborough, Hants, Inglaterra: Gregg International Publishers, 1973.
Cano Ballesta, Juan. *La poesía de Miguel Hernández.* 2.ª ed. aumentada. Madrid: Gredos, 1971.
Cardona Peña, Alfredo. *Pablo Neruda y otros ensayos.* México: Andrea, 1955.
Díaz-Plaja, Fernando. *La guerra de España en sus documentos.* Barcelona: Plaza & Janés, 1975.
Durán, Manuel y Margery Safir. *Earth Tones. The Poetry of Pablo Neruda.* Bloomington: Indiana UP, 1981.
García Lorca, Federico. *Obras completas.* 4.ª ed. Madrid Aguilar, 1960.
Hernández, Miguel. *Obras completas*, 2.ª ed. Buenos Aires: Losada, 1973.
Machado, Manuel y Antonio. *Obras completas.* Madrid: Plenitud, 1967.
Neruda, Pablo. *Confieso que he vivido. Memorias.* Buenos Aires: Losada, 1974.
_____. *España en el corazón.* 2.ª ed. Santiago: Ercilla, 1938.
_____. *Obras completas.* 2.ª ed. aumentada. Buenos Aires: Losada, 1957.
Thomas, Hugh. *The Spanish Civil War.* Nueva York, Evanston y Londres: Harper & Row, 1963.
Vidal, Hernán. "Hacia un modelo general de la sensibilidad social literaturizable bajo el fascismo." *Fascismo y experiencia literaria: reflexiones para una recanonización.* Ed. Hernán Vidal. Minneapolis: Society for the Study of Contemporary Hispanic and Lusophone Revolutionary Literatures, 1985. 1-63.

SOLANGE RIBEIRO DE OLIVEIRA

## The Social Aspects of Clarice Lispector's Novels: An Ideological Reading of *A Paixão segundo G.H.*

The importance of Clarice Lispector[1] for modern Brazilian fiction has been established beyond dispute.[2] She has been consistently hailed as a renovator of the national novel, both for steering it into the tradition represented by James Joyce and Virginia Woolf and for her concern with the poetic work as seen by Jakobson: "a verbal message whose aesthetic function is dominant" (84). The critic Fábio Lucas places her beside Guimarães Rosa as one of those whose "victorious concern with form marks a step forward in the development of the Brazilian novel" (107). Another recent critic states that her most significant innovative contribution to Brazilian literature has been to make the language "more flexible, more attuned to metaphysical questioning" (de Sá 255). In fact, the philosophical aspects of her fiction, notably its connection with existential philosophy, have been repeatedly emphasized.[3] In the main, however, she has been typically characterized as a novelist "of the subtleties of the soul, of the miniatures of human behavior, of the register of emotional states, who has brought about a renovation of the psychological novel in Brazil" (Lucas 111).

Such a description would hardly suggest a body of work concerned with Brazil's pressing social problems. Even Lucas's significantly named *O Carater Social da Literatura Brasileira (The Social Character of Brazilian Literature)* makes little mention of any relation between the novels and the Brazilian social scene (113). The author expressly alludes to the novelist's "disconnection from the social context" (Lucas 32). With a brief bow to Lispector's third novel, *A Cidade Sitiada (The Town under Siege)*, which takes on the theme of changes pressed upon a small town by growing urban needs, he goes on to note what he calls "an increasing trend towards subjectiveness and the utilization of abstract elements" in the subsequent novels (Lucas 111).

This neglect of the social element in Lispector's fiction can be most probably explained by the fact that it only becomes central in the structure of the fifth novel, *A Paixão segundo G.H. (Passion according to G.H.)*,[4] when the writer's reputation as a Brazilian Virginia Woolf has become firmly established. From that novel on, the social element becomes more and more apparent.

In fact *A Paixão segundo G.H.* signals a double departure from the previous novels. Formally it sets aside the previously adopted forms of stream of consciousness. It embarks upon a first-person narrative, which might well be seen as a modern equivalent of the Elizabethan soliloquy. The epistemological questions repeatedly suggested in the earlier works are here explicated, though the crystal-clear syntax often has the deceptive simplicity of a Blake lyric. On the other hand, this change in the mode of discourse coexists with the fact that, while still questioning the very possibility of knowledge, the novel also tackles the question of the class struggle.

The way in which this is done proves particularly interesting from a semiotic point of view. The social problem, represented through a tightly articulated network of images, in turn becomes the symbol of another struggle: man's confrontation with ultimate reality and with existential anxiety. In other words, an initial signified becomes the signifier of a new signified.

In important later works, mainly *Uma Aprendizagem, ou O Livro dos Prazeres (A Process of Learning, or The Book of Delights)* and *A Hora da Estrela (The Time of the Star)*, the social question is taken up again, from a broader and increasingly complex perspective.

*A Paixão segundo G.H.* was first published in 1964, the year of the military takeover that, at least as far as 1975, stifled louder and louder cries for social reform in Brazil. No naively deterministic cause-and-effect relationship can of course be established between the subtly conveyed social message of the novel and the political turmoil preceding its publication. However, it can be reasonably remarked that the sophisticated implied reader, indispensable for the enjoyment of Lispector's fiction, would hardly fail to notice the novel's social and political undertones[5] and its relevance to the contemporary Brazilian scene.

This paper is concerned with the artistic means used to call the reader's attention to those implications.

A seemingly trivial incident forms the basis of the plot of *A Paixão segundo G.H.* The narrator and central character, named simply G.H., decides to clean up the room formerly occupied by her maid, a mulatto girl called Janair, who had left the previous day. G.H. has hardly entered the room when a cockroach emerges from a closet. G.H. tries to kill it but only manages to mangle it with the closet door. The cockroach, still alive, hangs there, turning legs and antennae and letting out a white mass. Hypnotized by the repulsive sight, G.H. falls into a kind of trance. A set of interlocked images, which have in common the suggestion of a many-layered object (the layers of an onion, those in the body of the cockroach, the geological layers of the earth, the several floors of the building), points to G.H.'s gradual plunge into her inner self. From the recapitulation of her relationship with the former maid, with her lover and with an aborted child, the narrator moves on to confront her own self and then man's existential anguish.

The social implications of the narrator's attitude toward the absent servant are obvious. G.H.'s and Janair's conflict illustrates a typical confrontation between mistress and maid in Brazil, where even women in modest circumstances usually have servants. Thus rid of domestic chores they can work outside the home or, alternatively, devote themselves to the family or become elegant do-nothings.

G.H. seems to have taken the latter course. Rich, childless and single, financially and emotionally independent, G.H., even more than the average Brazilian woman of the same class, can enjoy a leisure barely interrupted by her activities as a dilettante sculptor. She keeps, however, an unnecessary taste for tidying up the house. This is soon felt to be symbolic. G.H.'s whole life has been a constant effort to arrange things around her, to frame reality according to traditional systems, including the prejudices of her class. The fact that she is a sculptor also hints at this: she is always trying to impose a shape on the material of life.

In fact she has been doing this even to herself. Like Clarissa Dalloway — she has a lot in common with Woolf's character — G.H. has almost become the social mask she has created for herself. This explains why her full name is never known. Only the initials G.H. printed on her elegant suitcases suggest their owner's identity, which has been absorbed by her social role. As an abstract representative of her class — and, later in the novel, of humankind — G.H. is Everyman and, besides the initials, needs no name: "...Little by little I had become the person that bears my name. And I finished up by being my name" (21).[6]

The fact that G.H. is an artist makes her freer than ordinary Brazilian women, giving her higher status than theirs, even though still below men's. Alluding to her reputation as a sculptor, she makes an important indirect comment on women's condition in Brazil: "this reputation is socially a lot for a woman, and has placed me . . . in a zone socially located between a woman's and a man's" (22).[7] The sculptor mentions her position as an unmarried, childless woman, but she acknowledges her financial circumstances as the most important factor of her freedom: "of course my freedom also derived from the fact that I was financially independent"(25).[8] The narrator insists on her financial ease, which contrasts with her enjoyment of certain domestic chores.

A faint Galsworthian echo is heard when G.H. seems to define herself as a woman of property, alluding to the elegant terrace apartment she owns in a district of Rio de Janeiro, the beautiful former capital of Brazil: "the apartment is a reflection of myself. It is on the top of the building, which is considered elegant. People in my surroundings like to live in terrace apartments" (26).[9]

G.H. lives on the thirteenth floor. The cabalistic associations of the number thirteen draw attention to its symbolic character. G.H. sees herself on top of the social pyramid. The building where she lives is obviously that pyramid, and the several floors represent the classes kept tightly apart. (The image of the pyramid, only implicit here, becomes explicit elsewhere, in keeping with other symbols derived from Egyptology.) From the top of the building, as if she "were on top of a mountain"(31),[10] the narrator contemplates the "precipice" below her, the world of the working classes: "I looked downward: thirteen floors fell from the building. . . . The bottom of my building was like a power plant' (30-31).[11] Gazing into the bottom of the building, G.H. feels that "all that had a kind of inanimate wealth, which reminded me of the riches of nature. . . people could dig for uranium down there and oil could spurt up any moment" (30-31).[12] The mention of oil hints at the wealth created by labor — an idea also suggested by the connected image of uranium, the most expensive of metals. But uranium, one of the elements used for the atomic bomb, further suggests the violence of an impending revolution. The adjectives "terrible," "fatal" are significantly resorted to for the evocation of the workers who had labored to erect the building.

The expression "Egyptian ruin" further suggests the narrator's notion of the obsolescense of the class society:

> something of a terrible general nature—that I was later to experience myself—something of a fatal nature had come out of the hands of the one hundred unskilled workers who had installed water and drain pipes, none of them aware of the fact that they were building up that Egyption ruin. . . . (32)[13]

The social implications of the novel become increasingly clearer. A series of images centering on the idea of an inverted order suggests an impending disruption of the social system. G.H. insists that she is going to clean her apartment "from the end to the beginning" (30),[14] that is, from the servant's quarters to the living room (30).[15] In fact, at the door of the maid's bedroom the narrator feels she is "a step away from the revolution" (24).[16] She also feels she is making a "forbidden gesture" (32)[17] when she throws a lighted cigarette to the bottom of the building. The really forbidden gesture is that she is about to break down ideological barriers. In order to do this she first has to cross the "narrow passage" (55),[18] "the dark corridor" (32)[19] leading to the maid's room, which she calls the *bas fond* of the house (33).

The way the narrator expects to find the bedroom is charged with dramatic irony and provides an indirect comment on the poverty of the quarters provided for servants by the rich: "the maid's room must be filthy, in its double role of bedroom and storage for rags, old suitcases, ancient newspapers, and useless strings" (30).[20]

The symbolic confrontation between G.H. and the servant Janair begins when, instead of the "piles of newspaper and dirt" (33),[21] G. H. runs into an impeccably neat room. Her first reaction is of "physical displeasure"(32).[22] As a representative of her class, whose identity is defined by her property, the mistress feels the maid has violated her rights as the owner of the apartment. Janair had found a way of affirming herself by keeping the room unexpectedly clean. She had thus denied her own alienation. "That maid, without telling me anything. . . had tidied up the room in her own way and boldly, as if she owned it, had robbed it of its role as storage" (33).[23]

What truly infuriates G.H. is that the exploited servant — in Brazil she would make no more than a hundred dollars a month — now seemed to be the exploiter. By affirming herself as a person, she had set herself above her mistress. That is why "the room seemed to be incomparably higher than the apartment itself" (34).[24]

The memory of the servant forces the mistress to reexamine her own previous life. "The memory of the absent maid constrained me"(36),[25] she says. In fact Janair's presence had always embarrassed G.H., who now feels the apartment has been restored to her (20),[26] since the servant is gone.

Janair, however, had found a way, even from a distance, to keep on embarrassing the mistress. She had drawn three figures on the bedroom wall, a man, a big naked woman, and a dog. In the drawing G.H.thinks she recognizes herself beside her lover. She feels "naked" like the woman in the picture — that is, vulnerable, deprived of her protective social role. In the drawing of the man she reads an allusion to her "life full of men" (36).[27]

What annoys her most of all is that the mute reproach she reads into the drawing had been expressed by somebody from an inferior social class: "for many years I had been judged only by my peers. . . . Janair was the first person really from the outside whose gaze I had become aware of" (36).[28] G.H. now feels, through the "brutal message" of the "hieratic drawing"[29] that Janair had hated her: "for six months, out of negligence and apathy," the mistress had not let herself feel "that woman's silent hatred . . . the worst kind: indifferent hatred. Not a hatred that would individualize me but simply a lack of mercy"(36).[30] This impersonal hatred obviously is the hatred of the oppressor by the oppressed, the hatred between the one who had never had any privileges and the one who feared to lose hers. This becomes apparent when G.H. asks herself "whether in fact Janair had hated me — or whether it had been I who, without having even looked at her, had hated her" (39).[31]

Another reason for G.H.'s anger is that the maid's room reminds her of the suffering of the poor, offending her like a reproach. On the mattress G.H. sees "large faded spots, as if of sweat of watery blood," while the whole room looks like "the picture of an empty stomach" (38).[32] G.H. wants to reassert her rights. "That bedroom was also my property" (41),[33] she says. She announces a kind of counter revolution. She plans to change everything in the room again, thus returning the inverted pyramid to its original position:

> The first thing I would do would be to push the few things inside the bedroom to the corridor outside. And then I would throw several bucketfuls of water into the empty room, until the desert became humid, destroying the minaret which soared proudly above a horizon of roofs. And then I would cover that mattress of dry straw with a soft clean cool sheet, with one of my own sheets, which had my own initials embroidered on them, to replace the one that Janair must have left in the washtub. (39-40)[34]

Janair's is a dry, dusty world, reminiscent of the Brazilian north-eastern region, the poorest in the country. To the servant's world G.H. wants to oppose her own, of clean cool sheets, which she repeatedly associates with humidity. Hence her urge to wash the dust away and, with it, the traces of the maid's presence.

The confrontation between servant and mistress thus comes to be represented as the contrast between the adjectives "dry" and "humid" and the corresponding images of desert and water, which can be seen in the quotation above. The opposition underlies the whole semantic and metaphoric texture of the novel, summing up the distance between the open, raw, desolate world of the poor and the cool, elegant shelters where the privileged are protected against the spectacle of humble suffering by the metaphorical curtains of G.H.'s apartment.

In the book, the sculptor has to tread the path between the two worlds. This is part of the progress of her "passion." As the novel unfolds she gradually moves from hatred to acceptance of the maid. In a parallel process she comes to face and accepts all human beings until she finally gropes for her own self and for ultimate reality. At this point the social question has become a metaphor for the wider problem of man's existential destiny.

The theme of the class struggle reappears in two important later novels, *Uma Aprendizagem, ou o Livro dos Prazeres* and *A Hora da Estrela*. Loreley, the main female character of *Uma Aprendizagem*, typically recalls that, inverting G.H.'s process of inner development, she had to face her personal conflicts before she was able to cope with the social question. Significantly, in this novel only partly marred by a slight didactic overtone, the central male character, called Ulysses, "the wise one," is a socialist. He is the one who points out to Loreley that the conquest of an inner balance leads to the quest for social justice, which is a risk for the establishment: "You've just left prison as a free being. Sex and love are not forbidden to you. You've finally learned how to exist. And this brings about a chain of other liberties, which is a risk for your society" (171)[35]

In Clarice Lispector's last novel, *A Hora da Estrela*, the central characters are migrant workers from the dry Brazilian northeast, only symbolically present in *A Paixão segundo G.H.* The social question emerges again. Only now, instead of working as a first step towards a more comprehensive, existential, problem, it takes the center of the stage. Before the suffering of the heroine, one of the narrators cries out "There is nothing I can do," and then comes the question: "Why do I feel guilty? And trying to get some relief for the burden of having done nothing for this young woman?" (30).[36]

The fact that, in this novel, the discussion of the social theme is effected through an intricate web of narrative viewpoints, with an ironic countervoice, only adds to the compelling interest of the book. By making this most interesting and complex novel a vehicle for the discussion of the contradictions of contemporary Brazil, the implied author has taken a stand which could hardly have been foreseen in Clarice Lispector's socially detached early fiction.

Federal University of Ouro Preto<br>
Ouro Preto, Brazil

## NOTES

1. Clarice Lispector (1925-1977), Brazilian novelist and short-story writer, published, among others, *Perto do Coração Selvagem* (1944), *O Lustre* (1946), *A Cidade Sitiada* (1949), *Alguns contos* (1952), *Laços de Família* (1950), with an English translation, *Family Ties*, by Giolanni Pontiero (Austin: University of Texas Press, 1972), *A Maçã no Escuro* (1961), with an English translation, *The Apple in the Dark*, by Gregory Kabassa (New York: Knopf, 1967), *A Legião Estrangeira* (1964), *A Paixão segundo G.H.* (1964), *Uma Aprendizagem* ou *O Livro dos Prazeres* (1969), *Agua Viva* (1973), *A Hora da Estrela* (1977).
2. The Brazilian critic Fábio Lucas refers to her as "one who must be obligatorily mentioned among the most recent authors" (40). Assis Brasil includes her in the chapter "Consecrated Authors" of his *A Nova Literatura* (69). Brief critical references, here and elsewhere, to works in Portuguese, have been translated by me.
3. See, for instance, Benedito Nunes, "O Mundo Imaginário de Clarice Lispector."
4. *A Paixão sequndo G.H.* was first published in 1964. I have translated all the quotations, which were taken from the 6th edition. The original Portuguese is given in the notes. Whenever the quotation is from *A Paixão*, only the page number is cited.
5. The concept of the implied reader comes, of course, from Wolfgang Iser's *The Act of Reading*. The concept was redefined by W. Daniel Wilson as "the idealized reader, necessary for a proper understanding of the text, and consciously or unconsciously conceived by the author" (848). See W. Daniel Wilson, "Readers in Texts."
6. ". . . pouco a pouco eu havia me transformado na pessoa que tem o meu nome" (21).
7. "Para uma mulher essa reputação é socialmente muito, situo-me numa zona que socialmente fica entre mulher e homem" (22).
8. . . . também é claro, minha liberdade vinha de eu ser financeiramente independente" (25).
9. "O apartamento me reflete. É no último andar, o que é considerado uma elegância. Pessoas do meu ambiente procuram morar no chamado 'cobertura'" (26).
10. . . . como se estivesse no pico de uma montanha" (31).
11. "Olhei para baixo:treze andares caíam do edifício. . . O bojo do meu edifício era como uma usina" (30-31).
12. "Aquilo tudo era uma riqueza inanimada que me lembrava a da natureza . . . ali poder-se-ia pesquisar urânio e dali poderia jorrar petróleo" (31).
13. "algo de natureza terrivel geral — que mais tarde eu experimentaria em mim — algo da natureza fatal saíra fatalmente das mãos da centena dos operários práticos que haviam trabalhado canos de água e de esgoto, sem nenhum saber que estava erguendo aquela ruina egípcia" (32).

14. "Começaria talvez por arrumar pelo fim do apartamento" (30).
15. "da cauda do apartamento iria aos poucos 'subindo' horizontalmente até o seu lado oposto que era o *living*" (30).
16. "um passo antes da revolução" (24).
17. "gesto proibido" (32).
18. "uma passagem... estreita" (55).
19. "o corredor escuro" (32).
20. "o quarto da empregada devia estar imundo, na sua dupla função de dormida e depósito de trapos, malas velhas, jornais antigos, papéis de embrulho e barbantes inúteis" (30).
21. o amontoado de jornais e... sujeira" (33).
22. "desagrado físico" (32).
23. "aquela empregada, sem me dizer nada, tivesse arrumado o quarto à sua maneira, e numa ousadia de proprietária o tivesse espoliado de sua função de depósito" (33).
24. "O quarto parecia estar em nível incomparavelmente acima do próprio apartamento" (34).
25. "A lembrança da empregada ausente me coagia" (36).
26. "há muito tempo meu apartamento não me pertencia tanto. No dia anterior a empregada se despedira" (20).
27. "vida de homens" (36).
28. "Havia anos que eu só tinha sido julgada pelos meus pares.... Janair era a primeira pessoa realmente exterior de cujo olhar eu tomava consciência" (36).
29. "mensagem bruta... desenho hierático" (36).
30. "o silencioso ódio daquela mulher... o pior ódio: o indiferente. Não um ódio que me individualizasse mas apenas a falta de misericórdia" (36).
31. "Perguntei-me se na verdade Janair teria me odiado — ou se fora eu que, sem sequer a ter olhado, a odiara" (39).
32. "largas manchas desbotadas como de suor ou sangue aguado ... o retrato de um estômago vazio" (38).
33. "também aquele quarto era posse minha" (41)
34. "A primeira coisa que eu faria seria arrastar para o corredor as poucas coisas de dentro. E então jogaria no quarto vazio baldes e baldes de água... até que nascesse umidade naquele deserto, destruindo o minarete que sobranceava altaneiro um horizonte de telhados.... E depois... eu cobriria aquele colchão de palha seca com um lençol mole, lavado, frio, com um de meus próprios lençóis que tinha minhas iniciais bordadas, substituindo o que Janair devia ter jogado no tanque" (39-40).
35. "Você acabou de sair da prisão como ser livre. ... o sexo e o amor não te são proibidos. Você enfim aprendeu a existir. E isso ocupa o desencadeamento de muitas outras liberdades, o que é um risco para a tua sociedade" (*Uma Aprendizagem* 171).

36. "Mas por que estou me sentindo culpado? E procurando me aliviar do peso de nada ter feito de concreto por essa moça" (*A Hora da Estrela* 30).

## WORKS CITED

Brasil, Assis. "Consecrated Authors." Vol. 1 of A *Nova Literatura*. 2 Vols. Rio de Janeiro: Editora Americana, 1973.
de Sá, Olga. A Escritura de Clarice Lispector. Petrópolis: Vozes, Lorena (Faculdades Integradas Teresa D'Avila), 1979.
Iser, Wolfgang. *The Act of Reading*. Baltimore: The Johns Hopkins UP, 1978.
Jakobson, Roman. "The Dominant." *Readings in Russian Poetics: Formalist and Structuralist Views*. Ed. L. Matejka and I.R. Titunik. 2nd ed. Ann Arbor: Michigan Slavic Publications, 1978. 82-87.
Lispector, Clarice. *Uma Aprendizagem: ou O Livro dos Prazeres*. 7th ed. Rio de Janeiro: Nova Fronteira, 1980.
──────. *A Cidade Sitiada*. Rio de Janeiro: Editora Limitada, 1949.
──────. *A Hora de Estrela*. 5th ed. Rio de Janeiro: J. Olympio, 1979.
──────. *A Paixão segundo G.H*. 6th ed. Rio de Janeiro: Nova Fronteira, 1979.
Lucas, Fábio. *O Caráter Social de Literatura Brasileira*. Rio de Janeiro: Editora Paz e Terra, 1970.
Nunes, Benedito. "O Mundo Imaginário de Clarice Lispector." *O Dorso do Tigre*. Coleção Debates. São Paulo: Editora Perspectiva, 1969.
Wilson, W. Daniel. "Readers in Texts." PMLA 96 (1981): 848-63.

JANET PEREZ

# Echoes of Cervantes in the Works of Gonzalo Torrente Ballester

With his brilliant critical essay, *El 'Quijote' como juego*, Torrente set forth a series of structuring principles of the Cervantine narrative which are reflected (with experimental modifications) in many of his own novels. Incorporation of motifs, myths, and structures drawn from other novelistic subgenres and the liberal use of intertextuality—metaliterary traits of the *Quijote* which are not the focus of Torrente's critical essay—also appear in Torrente's novels, and in fact may be considered something of a constant of his fictional creations. Just as Cervantes incorporated into the *Quijote* a compendium of the fictional forms which had existed previously, including the novels of chivalry, pastoral novels, sentimental novel, *novela morisca*, Byzantine novel, and Italian novella, so Torrente will incorporate and parody a broad range of contemporary fictional subgenres, although not usually all in the same novel.

Torrente's use of metafiction begins early on, since there is an element present already in *Javier Mariño* written in 1941-42, with the protagonist reading the diary of Magdalena, and his efforts to manipulate various characters. More significantly perhaps, Torrente's use of intertextual materials—which will be extremely important in later works—is perceptible already in this first novel. There are allusions to the author's classical background as well as his readings in modern literature, and thus Javier is equated repeatedly with Aeneas, and his symbolic journey with both the *Odyssey* and the *Aeneid* (Magdalena is Dido). The influence of James Joyce is patent in the interior monologues, and there are several updated allusions to Ulysses. Other literary allusions are frequent because of Javier's living in an intellectual environment, as a student, with contacts in the international artistic community. The numerous references include intertextual allusions to situations or lines from Calderón, the *Romancero*, Lorca, Alberti, Shakespeare, Hegel, Kant, Goethe, Balzac, Oscar Wilde, D.H. Lawrence, Paul Morand, Rilke, and others. Javier Mariño's readings are less thematically uniform than those of Don Quijote, but his library is certainly more liberally stocked. There are also a number of situations recalling the *esperpentos* of Valle Inclán, especially *Luces de Bohemia*, which is evoked by the low-life scenes of the Paris demimonde (although the ultimate model may be the "Inferno" portion of the *Divine Comedy*). Another work of Valle is the probable intertextual referent of Torrente's next novel, *El golpe de estado de Guadalupe Limón,* which bears some noteworthy similarities to Valle's *Tirano Banderas*, although the protagonist is now an attractive female, and the plot has undergone a number of changes as well. Setting, theme, and tone, however, frequently coincide. A more remote referent in this novel is the general context of classical mythology, and Torrente's long-standing interest in the rise and formation of myths.

While Cervantes parodied primarily genres, using as a structural model the novels of chivalry and including samples of other extant genres interpolated within the text, Torrente's early writings parody a specific work, rather than a generic model. In his short novel, *Ifigenia*, Torrente's point of departure is Euripides' drama, but like Cervantes, Torrente appropriates a serious heroic model and treats it with humor and irony, achieving results that are both comical and deeply thought-provoking. Like Cervantes, too, he is more interested in the psychology of his characters and in moral issues than in the adventures or plot per se. For the most part, Torrente preserves the shell of the myth, not altering the action in more than minor ways, but demythologizing it by radically changing the motivations and the characters themselves. His Iphigeneia is no longer a virgin, nor is she motivated by patriotic considerations of homeland and glory. An adolescent who has been seduced and abandoned by Achilles, she is distraught by her first disillusionment in love and so stunned by man's inconstancy that she is ready to die. Through judicious use of planned anachronism, Torrente undercuts the self-consciously "historic" speeches of Agamemnon, and an unimpressed Iphigeneia ironically tells him to spare her the political harangue.

Torrente's intention in thus emptying the myth of its original significance (a procedure which he terms "destripar el mito") transcends mere parody to become a commentary on the decade of the 1940s in Spain, characterized by *triunfalismo* with its hyper-patriotism and exaggerated nationalism. The myth of Iphigeneia embodies the same cluster of values as those promulgated by the victorious Falangists: nationalism, idealization of the *patria*, the concept of war as glorious, the sacrifice of the individual to the interests of the state, and a situation in which religion or its functionaries acquired political functions. Portraying base or less-than-heroic motives, frequently followed by the use of a heroic epithet whose ironic intent is obvious, Torrente goes beyond Cervantes in producing a humorous satire with veiled but mordant political criticism as its allegorical cargo.

In his *Don Juan*, Torrente does employ a specific archetypal figure as his point of departure, as had Cervantes. This time, the model is Tirso's famed seducer and trickster, whose motives and values contrast markedly with chivalric models, but whose actions frequently diverge rather little, since the knights of old were lauded for their exploits in identical areas, the amorous and the murderous.[1] The essential difference is the context, as Don Juan's battles were not for the sake of king or country, but strictly personal reasons. With this novel, Torrente's procedure is almost exactly inverse to that employed in *Ifigenia*: instead of undermining the values of an ethically admirable model through attributing motivations that are all too human, he takes a model whose ethics have been deemed deplorable, and by exploring the character's existential and psychological formation, makes him more "human" and comprehensible. And unlike his previous utilizations of mythic materials, this one owes very little in the way of plot to the original models.

The title character (El Burlador de Sevilla) is not the main character, although unquestionably the major theme. However, Torrente's narrative relegates Don Juan to the background, while the foreground is occupied by the narrator, Leporello, (Juan's servant), and Sonja (Juan's latest conquest). Furthermore, Torrente emphasizes little-known portions of Juan's life, the periods before and after the moments usually protrayed—the famed seducer's youth, and the years following his alleged death at the hands of the statue of the Comendador. Cervantine techniques appear in the far-ranging intertextuality, since here Torrente does allude to the context of an entire sub-genre, one probably almost as ample as that of the chivalric novel: several centuries of different versions of the Don Juan myth, a branch of literature with which Torrente was thoroughly familiar though his critical writings. The Cervantine use of a play-within-the-novel, a metaliterary situation which specifically involved the very modern problem of reception aesthetics or spectator reaction with Don Quijote's becoming so caught up in the show of Maese Pedro that he jumped up to intervene, is also employed by Torrente, who makes of it the climactic portion of the novel, and the only instance in which Don Juan actually appears. And like Don Quijote, Torrente's narrator is unable to distinguish clearly between what is the "play" or fictional portion of the performance and what is "reality." The question is left unresolved at the ending as neither narrator or reader are sure if some elaborate hoax has been perpetrated.

With results both comic and philosophically profound, Torrente postulates Don Juan's rejection by both heaven and hell, so that his death was "revoked," and he was condemned to live forever in this world—a fusion of the Don Juan myth with that of the Wandering Jew, likewise denied the solace of death. In both cases, the principal offense is theological. Juan's most serious offense, like that of Lucifer, is setting the self against God; it is diabolical, blasphemous pride.[2] The authentic Don Juan cannot repent; he is capable of change only as an act of self-affirmation, according to Torrente, who believes that the explanation for the survival of the myth is that the character represents something far more profound than mere multiple erotic conquests. For him, the archetype operates in the terrain of transcendent rebellion, immeasurably far beyond mere sexuality. This too has Cervantine antecedents, insofar as Cervantes profoundly alters the metaphysical implications of his knight's values and adventures, giving new meaning to the archetype and to the ideals which are associated with it.

Another Cervantine element appears in the use of a patently literary personage drawn from another author's work, the context of yet another model within the text. Thus, just as Don Quijote "encounters" the false Quijote of Avellaneda via his conversations en route, the narrator of Torrente's *Don Juan* is aware that Leporello comes not from Tirso's original but from the work of another continuer of the myth. In much the same manner that Cervantes attributes to Don Quijote a series of adventures which turn out to be something other than what they seem, Torrente changes the essence of Don Juan's conquests. His premise is humorous, but is based upon unanswerable logic: 400 years of additional experience have so perfected Don Juan's amorous techniques that he is no longer able to consummate his relationships because the women die of ecstasy. Thus the seducer is restricted to a strictly spiritual or symbolic seduction, which parallels Don Quijote's symbolic re-enactment of the knightly adventures in such episodes as the "battles" of the windmills or the flock of sheep.

Torrente deals with several traditional critical dilemmas in *El 'Quijote' como juego*, evincing his familiarity with the critical literature, including consideration of the *Quijote* as parody, its relationship to traditional definitions of the genre, and to parody theory. He attempts to answer, via structural analysis of similarities and differences between the two parts, the question whether Don Quijote is actually two novels or one. His most significant theoretical contribution is his detailed exploration of the question "¿Quién narra?" This Torrente considers essential not only to clear understanding of Cervantes' techniques, but also a key to the conception and structure of novels generally. The problem of "¿Quién narra?" becomes central to Torrente's novels beginning with *La Saga/fuga de J.B*, whose narrator-protagonist has multiple incarnations. Torrente suggested that discovery of the narrative identity would permit discovering the primary structure of the *Quijote*, affirming that a novel is not so much what is told as the way in which it is told, and that the narrator is the primordial piece. Torrente's affirmation as to the intrinsic relationship between narrator and structure is theoretically applicable to *La Saga/fuga*, for narrative identity and perspective are systematically splintered into component facets which then multiply geometrically, suggesting almost unlimited fragmentation yet obeying a clearly identifiable set of structuring principles, which include parallelism and symmetry in addition to the geometric progression. In his work diary, *Cuadernos de la Romana,* Torrente affirms that from the third sally onward, what Don Quijote seeks is recognition by others as a literary character. This implies that the self-conscious, self-aware, or self-reflective character originates with Cervantes and provides the key to an elaborate system of intertexts, wherein other systems cross, are imbricated, and complete each other. José Bastida is a similarly self-conscious, and also self-duplicating or replicating character, and the desire for literary recognition is a major motive for J.B. in a number of identities or incarnations. The novel is simultaneously an elaborate system of intertexts and "influences," many of which are identified by Torrente in his work diaries (including *Nuevos cuadernos de la Romana*), and in interviews.

Another Cervantine element, the interplay of fantasy and reality, is important not only in *La Saga/fuga*, but especially so in Torrente's next novel, *Fragmentos de apocalipsis*. And the question of "¿Quién narra?" becomes even more central to this novel, whose genesis coincides with completion of *El 'Quijote' como juego*. Observing that the narrator is a fiction inasmuch as author and narrator do not completely coincide, Torrente considers the more or less visible narrator both an artifice and part of the art of the novel. In *Don Quijote*, says Torrente, there is one narrator within another, "un juego dentro de otro," as the more or less visible "I" takes his narrative from that of Cide Hamete Benengeli. Cide Hamete is considered the inventor of Alonso Quijano, who in turn invents Don Quijote, who will subsequently invent Dulcinea. The "invention"of Sancho, however, or his assumption of the role of squire, is not Don Quijote's idea, but the inspiration of the innkeeper, as Torrente points out.

Torrente also examines the *Quijote*'s system of information, the hero's consciousness, his definition of events and vision of reality, classifying episodes and adventures according to whether the hero distorts reality, perceives it as it is, or accepts the definition of others who, with increasing frequency, redefine or distort reality before presenting it to Don Quijote. There are innumerable echoes of this scheme in *Fragmentos de apocalipsis*, where one narrator quite ostensibly invents other characters, including another narrator, who in turn proceeds to invent characters, and to redefine the previously created narrative reality. A spurious and mysterious author-narrator produces another, apocryphal manuscript, not the work of the primary narrator—much as Cervantes disclaimed authorship of the *Quijote*, or perhaps evoking the discovery of the existence of the false sequel by Avellaneda. And still another manuscript, the work of a complex and unclear combination of authors, a medieval apocalypse which is being rewritten or recreated—without consultation of the primary text—by another character, insinuates itself into the fabric of the novel, all but totally displacing the primary narrator. This experience, too, may allude to the false *Quijote* of Avellaneda. *Fragmentos de apocalipsis* incorporates both the Cervantine "found manuscript" and the novel-within-a-novel device, and in addition, has a narrator who creates an idealized alter ego, a fictional paramour to share his adventures in literary gestation—much as Don Quijote created Dulcinea. But the relationship with this imaginary paramour is more fully developed, as Lénutchka in Torrente's work becomes the interlocutor for a metaliterary and metacritical dialogue, thus in effect supplanting the functions of Sancho while providing increased opportunity for Cervantine self-criticism, as she discusses with the novelist-narrator of *Fragmentos* the projected characters and episodes of his novel in progress.

Although it may be less Cervantine than apocalyptic (or drawn directly from the novels of chivalry), *Fragmentos* also includes a dragon ("el dragón feo"), and a number of incidents which are more appropriate to a chivalric novel, such as the invasion of Villasanta de la Estrella by the Viking King Olaf, the numerous milennial elements which allude to the tenth century, the bonzo's astral journey (perhaps evoking Don Quijote's ride on the flying wooden horse along the Milky Way!), and the nocturnal apparition of the phantasmal Knights Templar in the Cathedral of Santiago (*Fragmentos,* 77).

Various elements drawn from novels of chivalry also appear in Torrente's next novel, *La isla de los jacintos cortados*, with the numerous "flights" through the air to the Isla de la Gorgona by the narrator, in emulation of the magical journeys of knights and enchanters, the castles with mysterious, secret passageways, the climactic naval battle imagined or dreamed by the narrator, along with his own decisive participation, and such characters as Agnesse Contarini, a seer with the power of reading secrets in mirrors, as well as the legendary military hero who allegedly lives in a medieval castle above the city.[3] These are minor motifs, almost lost in the complexities and richness of the novel which again plays fantasy against reality in Cervantine fashion, while depending upon another vast intertext, this time Napoleonic history, with which Torrente was also thoroughly familiar through his teaching specialization. Examining the relationship between the novel and supposed historical fact, probing the manner and degree to which history utilizes fictions or becomes fictionalized, and fiction's dependence upon history (or what is generally accepted as historically true), *La isla* in effect "proves" that fiction is superior to history by demonstrating the non-existence of Napoleon. The supposition is that the supposedly "scientific" historical Bonaparte was a fraud invented by a varied assortment of aristocrats and politicians of the day, in the context of international intrigue, and motivated by a desire to do away with the French Republic. What is parodied here is supposedly historical method, historiography, and the incorporation of much that is inevitably subjective and speculative within the canon of what passes as objective fact.[4]

In *Quizá nos lleve el viento al infinito,* published at the end of 1984, Torrente creates one of his most quixotic characters, and again explores the complexities of the problem, "¿quién narra?" The narrator-protagonist of this novel possesses an almost limitless capacity of metamorphosis: simply by touching a person or an object and concentrating, he can instantaneously possess the body or form for as long as he wishes. Most of the time, he is engaged in intrigues of international diplomacy and espionage, responding to the quixotic motivation of maintaining the "balance of terror," and preventing either the NATO bloc or Warsaw Pact nations from gaining an advantage. Responding also to a desire for adventure per se—playing the most dangerous game—he makes himself the object of pursuit by the West's most advanced secret weapon, an androyd who is to all appearances a woman, a female James Bond. His objective is to outwit the supposedly invincible pursuer, humiliate and finally destroy her, since she otherwise would threaten the balance of terror. The intertexts satirized in this novel are fictional genres, in accord with the original Cervantine precedent, with the novelistic sub-genres in question being the novel of espionage and intrigue a la James Bond, science-fiction with its myth of the androyd and other machines which are superior to man, and such Classical mythic originals as the *Metamorphoses* and the myth of Galatea.

Although there are works of Torrente which seem to owe rather little to Cervantes—the most significant example being his trilogy—there are a number of others which cannot be included in the present study because of time limitations and nonetheless include numerous Cervantine and chivalric motifs, especially *La princesa durmiente va a la escuela* (1983), *Dafne y ensueños* (1982), and *La rosa de los vientos* (1985), as well as some of Torrente's shorter fiction, such as "Cuento de la sirena."Without the need for closer investigation of these texts, however, the presence of Cervantes in the work of the contemporary writer is amply demonstrated, not only via his theoretical and critical essays, but perhaps even more significantly in the utilization of Cervantine precedents and techniques in the overwhelming majority of Torrente's most personal and original narratives.

Texas Tech University
Lubbock, Texas

## NOTES

1. Torrente devotes a lengthy portion of his *Teatro español contemporáneo* to treatments of Don Juan by a series of famous and less known dramatists. This monumental work, which has not received due attention from Don Juan specialists because of the misleading title, makes quite clear that Torrente's point of departure is the entire myth-as-genre, and thus the novel's intertext is inescapably pluralistic.
2. For a fuller treatment, see Janet Pérez, *Gonzalo Torrente Ballester*, especially 78-87.
3. Stereotypical motifs of the chivalric cycle, especially the rescue of the princess or maiden in distress by the prince on a white horse or knight in shining armor, arc likewise parodied in *La princesa durmiente va a la escuela*. The most obvious intertext and direct parodic model is the fairy tale of Sleeping Beauty, but this is a tale which contains numerous and obvious chivalric elements.
4. *La rosa de los vientos* is a further burlesque of historiography, as the protagonist-narrator—the deposed Grand Duke—delights in falsifying documents he knows will end up in the Imperial Archives.

## WORKS CITED

Pérez, Janet. *Gonzalo Torrente Ballester*. Boston: G. K. Hall, 1984.
Torrente Ballester, Gonzalo. *Cuadernos de la Romana*. Barcelona: Destino, 1975.

Torrente Ballester, Gonzalo. *Don Juan.* Barcelona: Destino, 1963.
_____. *Fragmentos de apocalipsis.* Barcelona: Destino, 1977.
_____. *Ifigenia.* Madrid: Afrodisio Aguado, 1949.
_____. *La isla de los jacintos cortados.* Barcelona: Destino, 1980.
_____. *Javier Mariño.* Madrid: Editora Nacional, 1943.
_____. *Nuevos cuadernos de la Romana.* Barcelona: Destino, 1976.
_____. *La princesa durmiente va a la escuela.* Barcelona: Plaza y Janés, 1983.
_____. *El 'Quijote' como juego.* Madrid: Guadarrama, 1975.
_____. *Quizá nos lleve el viento al infinito.* Barcelona: Destino, 1984.
_____. *La rosa de los vientos.* Barcelona: Destino, 1985.
_____. *La Saga/fuga de J. B.* Barcelona: Destino, 1972.
_____. *Teatro español contemporáneo.* 2nd ed. Madrid: Guadarrama, 1963.

# CATHERINE R. PERRICONE

## Artistic Craftmanship in Vargas Llosa's ¿Quién mató a Palomino Molero?

Mario Vargas Llosa's novel ¿*Quién mató a Palomino Molero?* will doubtless undergo critical analysis for years to come, not because it is a *magnum opus*—one critic has described it as a shadow of his prior works—[1] but because it suggests a new thrust on the writer's part already evident in *Historia de Mayta* (1984).[2] In his current novel, he seeks a larger audience to continue his examination of significant Latin American social themes. As in *La ciudad y los perros* (1963), *Pantaleón y las visitadoras* (1973), and *La guerra del fin del mundo* (1981), the military plays an essential role.[3] All of his novels in varying degrees deal either with the division among social classes or between color lines, but these divisions are especially evident in *La casa verde* (1966) and *La ciudad y los perros*.[4] The coverup of scandal figures significantly in *La ciudad y los perros, Pantaleón y las visitadoras*, as well as in *La tía Julia y el escribidor* (1977).[5] Likewise his characters bear resemblance to those in previous novels, both as types—the military man, the innocent victim, the older woman and the younger man—as well as specific characters such as Lituma, one of the "inconquistables" who has appeared previously in *La casa verde* (1966) and *La tía Julia y el escribidor*.[6]

The purpose of this study is to show how Vargas Llosa has made the thematic constants on aspects of Latin American society accessible to a wider audience through a modification of three of his previously more complex techniques: juxtaposition of plots with its resulting parallelisms, repetition to indicate thematic circularity, and the use of a narratee/reflector to evoke a desired reader response.

With respect to the first of these techniques, Vargas Llosa juxtaposes a primary plot dealing with Palomino, the victim of a love triangle murder, and a secondary one with Lt. Silva's infatuation with Doña Adriana, an older married woman and operator of the bar/restaurant where the lieutenant and his subordinate Lituma eat every day. Two elements link the dual plots. First, there is the impossibility of both romances: Palomino is a "cholo" (mestizo) and Alicia is white; Lt. Silva is young enough to be Doña Adriana's son, and, moreover, she is a happily married woman. Secondly, both situations border on the absurd, at least by the standards imposed by society. Palomino's love causes him to enlist in the Air Force (even though he was excused from service as an only son) in order to be near Alicia; and if it is true that Palomino and Alicia eloped just after the colonel had revealed to him her mental "delusions", he should have known their love was doomed and probably one-sided. In the case of Lt. Silva, the object of his love—a fat middle-aged woman—seems ludicrous. Both Palomino and Silva have as objects of their affection an unattainable Dulcinea, and, like Don Quijote, neither will listen to advice. Similarly, Lt. Silva's decision to seek sexual satisfaction with Doña Adriana on the very evening of the climactic resolution of who had committed the murder establishes another connection between the two plots.

Associated with the idea of an unattainable love is Vargas Llosa's choice of names for his "heroines": Alicia and Adriana. Since his readers would normally be acquainted with Hispanic literature, the novelist wished to draw appropriate parallels between his characters and familiar literary personages. Thus it does not seem unlikely that one would think of Alicia in José Eustasio Rivera's *La vorágine*. Both Alicias flaunt social conventions, Rivera's Alicia by running away with her lover, and Vargas Llosa's Alicia by falling in love with someone of a lower social class. Adriana, on the other hand, bears a striking resemblance to Cervantes' Aldonza turned Dulcinea in Lt. Silva's transformation of her into a love object. Likewise the intermeshing of the two plots is apparent in Lt. Silva's frequent mention of Doña Adriana in the midst of investigating the crime and the appearance of the two women in the scene at the "peñón de cangrejos" ("crab crag"), a section of the Punta Arena coast where the lieutenant customarily spied on Doña Adriana as she took her daily bath (109).

A further narrative parallel is evident in the extremes to which both Palomino and the lieutenant would resort. In response to Lituma's questioning why Palomino, exempt from military service, would join the Air Force, Lt. Silva exclaims: ". . .no sabes que es el amor. . . . Yo me metería de avionero, de soldado raso, de cura, de recogedor de basura y hasta comería caca si hiciera falta, para estar cerca de mi gordita [Doña Adriana]..." (108).

A second narrative device which Vargas Llosa uses as successfully as he did in *Pantaleón y las visitadoras*, where he began and ended that novel with the command "Despierta, Panta," is the repetition of an identical word at the beginning and conclusion of this novel.[7] Lituma's "Jijunagrandísimas" points to the tonal and structural circularity of the work. If Lituma was thoroughly disgusted at the outset, he is equally so at the novel's conclusion. Furthermore, the repetition of the expletive accentuates Lituma's reactive role and by extension the reader's response. Both are repulsed by the brutality of the murder, both attempt to explore the motivation and circumstances of the crime, and both must finally be resigned to a situation wherein the public refuses to believe the information that could have explained the crime. It should also be noted that Lituma's reassignment with Lt. Silva to Junín, a cold and desolate outpost, duplicates Captain Pantoja's fate in *Pantaleón y las visitadoras*. This tendency on Vargas Llosa's part to emphasize circularity by initial and concluding repetitive phrases as well as the repeated event of reassignment would seem to indicate a belief that the system remains intact, particularly with regard to attitudinal values among social classes.

A third repeated literary device is the use of a "narratee". As Gerald Prince has explained, a narratee can serve various functions: as a relay between the narrator and the reader and as a means of establishing the narrative framework, as well as to characterize the narrator, to emphasize certain themes, to contribute to plot development, and to become a spokesman for the moral of the work.[8] Thus Lituma resembles another narratee of sorts, Pedro Camacho, the writer of radio serials in *La tía Julia y el escribidor*.[9] Both create melodramatic scenes which affect the plot and reader response. For example, we read:

> ...Lituma los vió. Ahí estaban, protegiéndose del sol bajo la techumbre de esteras, sentados muy juntos y con los dedos entrelazados en un instante antes de que les cayera encima la desgracia. El había inclinado su cabeza de rizos negros y cortitos sobre el hombro de la muchacha y rozándole el oído con los labios, le cantaba, Dos almas..., eso éramos tú y yo.... (95)

During a later interrogation by Lt. Silva of Doña Lupe, who had provided shelter for Palomino and Alicia, Lituma envisions a dramatic confrontation replete with histrionics between the couple and her father, the Colonel, as follows:

> La señora Lupe, de rodillas, lloriqueaba ante el joven frenético y gesticulante, ahí, en la frontera entre la choza y la calle; el viejo *[the colonel]* miraba con amargura, dolor, despecho, a la desafiante muchacha, que protegía con su cuerpo al flaquito. . . . (99)

Another of the narratee's exaggerated interpretations is evident in these lines:

> Lituma pensó que, por estos descampados, habría también zorros. El flaquito y la muchacha, los dos días que estuvieron refugiados en Amotape, seguramente los oían ulular en las noches. . . ¿Se abrazaría a él, temblando, buscando protección y él la tranquilizaría diciéndole cositas cariñosas al oído? (105)

Related to Lituma as narratee is his function as a "reflector"[10] of the events which are taking place around him. On one level, Vargas Llosa's use of this narrative device makes the novel a detective story, as Lituma plays Watson to Lt. Silva's Sherlock Holmes. Lt. Silva conducts all the questioning to which a constantly amazed Lituma primarily listens. Even when he seems to understand "Sherlock's" deductions, Lt. Silva chides him saying, "Nada es fácil, Lituma. Las verdades que parecen más verdades, si les das muchas vueltas, si las miras de cerquita, lo son sólo a medias o dejan de serlo"(107).

On a more profound level, Lituma as "reflector" assumes a special role for the reader, one which illuminates not only the process by which the crime was solved, but also Lituma's (the novelist's) observations on significant themes within Latin American society: impossible love due to social restraints or customs, the division among classes along social and racial lines, familial relationships that initiate tragedy, as well as a fatalistic resignation in the face of corruption in societal systems.

Consequently, with respect to the search for the murderer(s) of Palomino Molero, the reader sees or hears the entire investigative process from Lituma's perspective, whether through his emotional reaction to and amazement over Lt. Silva's ability to question various kinds of individuals—Alicia, Doña Lupe, and Colonel Mindreau— or as a silent listener along with Lituma. Throughout the interrogations, words and phrases such as "la oyó decir," "pensó," and punctuation marks ("    ") signifying interior monologue reinforce Lituma's special role in the development of the novel as a narratee/reflector to direct and inform reader reaction. Thus guided by Lituma's mental and emotional responses to Palomino's sadistically perpetrated murder, the reader experiences similar reactions as the investigation unfolds a tale of hatred and probable incest between father and daughter; the bestiality of Dufó and his companions, Palomino's murderers; and the Colonel's murder of his own daughter and his subsequent suicide. Beyond these narrative specifics, however, the reader is led by the narratee to ponder the Colonel's statements on Latin American society: the bestiality in all classes but specifically "entre los cholos" (159), the division between classes which discourages intermarriage, and the almost paranoid fear of scandal. The reader empathizes with Lituma at the conclusion of the lengthy interrogation which revealed the aforementioned observations when he states "Todo era confuso en el mundo, carajo" (163).

Similarly, the reader is informed of the novelist's perspective, whose thoughts on the subject are somewhat ambiguous. While Lituma seems to be the romantic idealist in his reveries over how the lovers must have behaved in Amotape and how "el amor había roto los prejuicios sociales y raciales, el abismo económico" (103), he realizes that he has never experienced true love: "A lo mejor, por haberme pasado la vida yendo donde las polillas con los inconquistables, se me emputeció el corazón y me volví incapaz de querer a una mujer como el flaquito!" (103).

Nevertheless, he may be correctly characterized as a romantic idealist for his feelings for Alicia, Palomino, and Colonel Mindreau: "Tenía ganas de echarse a llorar de pena por el mundo entero, carajo. Se dio cuenta que temblaba de pies a cabeza. Si, Josefino [one of the "inconquistables"], lo había calado bien, era un sentimental de mierda y no cambiaría" (155). Likewise we see the parallel love (in all its impossibility) between the lieutenant and Doña Adriana from Lituma's perspective. Lituma cannot fathom this one-sided relationship and even tells her of the lieutenant's plan to visit her one night while her husband is out fishing. Thus forewarned, Doña Adriana is able to dampen his ardor when he finally does enter her bedroom; in fact, she humiliates his "machismo" by assuming an aggressive role which shocks the lieutenant into impotency and shame. The details of the encounter do not come to light until Lituma asks Doña Adriana to explain what had happened (180-87). Lituma, however, offers no explication for the lieutenant's behavior.

Vargas Llosa uses the two infatuations of the parallel plots to leave many questions unanswered for Lituma—and the reader. Was it the fear of scandal or a sense of absolute frustration over his daughter's illness that drove the colonel to order murder and ultimately to commit suicide? Lt. Dufó and his subordinates were the instruments of Palomino's torture but who is responsible for his death? Is Alicia culpable by pursuing someone in a lower social class to seek vengeance against her father? Is Latin American society to blame, with its class system, its prejudices, its false sense of honor and avoidance of scandal at all costs, or is it simply the result of the bestiality present in Everyman? How does one explain the double irony of a continuing system which punishes ordinary people trying to do their jobs like Lt. Silva and Sgt. Lituma and the cynical belief of an exploited yet resigned public that the murder and the suicide are a coverup by the powerful ("peces gordos") to hide other crimes?

Through three fundamental techniques present also in his previous novels—the juxtaposition of two plots, repetitive phrases to reinforce the idea of circularity, and the employment of a narratee/reflector—Mario Vargas Llosa has once again made a strong statement on Latin American society to an even wider audience. In asking the question "¿Quién mató a Palomino Molero?" he has, in effect, posed the question "Quis custodiet ipsos custodes?"[11]

Auburn University<br>Auburn, Alabama

## NOTES

1. Julio Ortega gives a scathing analysis of Vargas Llosa's novel, referring to it as "casi el fantasma de una novela" (975).

2. In this novel, the novelist presents the story of Alejandro Mayta through interviews of various persons who knew him in his futile efforts to become a revolutionary. This journalistic device usually appeals to the general public because it both informs and entertains but does not require much concentration.

3. In *La ciudad y los perros* and *Pantaleón y las visitadoras*, the novelist emphasizes the military establishment as a closed society, a law unto itself. The same is true of his latest novel where Lt. Dufó and his accomplices in Palomino's murder went unpunished. In *La guerra del fin del mundo* the military regime opposes the quasi-religious war of "El Consejero" and his followers since they are anti-establishment.

4. *La casa verde* offers a cross section of Peruvian society from inhabitants of the jungle or dwellers in arid areas to those who live in the city, with the divisiveness inherent in such dramatic cultural differences. In *La ciudad y los perros*, although all the boys were cadets in the Leoncio Prado military academy, class distinction is rampant along economic and color lines.

5. In my opinion, scandal, or rather its avoidance, occupies a key position in the novel under study as well as in *La ciudad y los perros*, *Pantaleón y las visitadoras* and *La tía Julia y el escribidor*. The colonel does not want the irrational behavior of his

daughter known or the scandal of a "mixed marriage" with a "cholo." Likewise, the officers at the academy Leoncio Prado do not want the murder of the cadet to become known. In order to avoid scandal in sexual matters, Capt. Pantoja is ordered to form the "Special Service"; the scandal of the marriage with an older woman forms an integral part of *La tía Julia y el escribidor*.

6. Among these various types the "innocent victim" is perhaps the most germane to this discussion. The senseless murder of Palomino bears a certain resemblance to Bonifacia as a victim of exploitation in *La casa verde* and "El Esclavo's" victimization in *La ciudad y los perros*.

7. For a fuller discussion of this repetitive device, see my article "The Relationship between Theme and Structure in *Pantaleón y las visitadoras*."

8. See G. Prince for a discussion of the types and functions of the narratee (16-26).

9. Pedro Camacho serves to emphasize the novelist's juxtaposition of "reality" and "fiction"—"reality" being the story of his marriage to "Tía Julia" and "fiction" the radio serial by Camacho. Here the novelist uses a narratee character to fictionalize the "reality" of the Palomino/Alicia love affair.

10. For a discussion of the "reflector," please see Jane P. Tompkins's book.

11. "Who will guard the guards?" Juvenal, 6.347.

## WORKS CITED

Ortega, Julio. "García Márquez y Vargas Llosa imitados." *Revista Iberoamericana* 137 (1986): 971-78.

Perricone, Catherine. "The Relationship between Theme and Structure in *Pantaleón y las visitadoras.*" *LA CHISPA '81: Selected Proceedings*. Ed. Gilbert Paolini. New Orleans: Tulane U, 1981. 269-76.

Prince, G. *Narratology*. New York: Mouton Publishers, 1982.

Tompkins, Jane P., ed. *Reader Response Criticism*. Baltimore: The Johns Hopkins UP, 1980.

Vargas Llosa, Mario. *La casa verde*. Barcelona: Seix Barral, 1966.

―――――. *La ciudad y los perros*. Barcelona: Seix Barral, 1963.

―――――. *La guerra del fin del mundo*. Barcelona: Plaza y Janés, 1981.

―――――. *La tía Julia y el escribidor*. Barcelona: Seix Barral, 1977.

―――――. *Historia de Mayta*. Barcelona: Seix Barral, 1984.

―――――. *Pantaleón y las visitadoras*. Barcelona: Seix Barral, 1973.

―――――. *¿Quién mató a Palomino Molero?* Barcelona: Seix Barral, 1986.

# MARY ELIZABETH PERRY

## *La monja alférez:* Myth, Gender, and the Manly Woman in a Spanish Renaissance Drama

The manly woman of Renaissance drama usually decides by the end of the play to forsake her masculine disguise so that her womanly feelings can prevail in a happy resolution of her gender identity (Heywood; *Long Meg;* McKendrick 184; Rose 388). One manly woman who refuses to sacrifice masculine identity to feminine feelings is Catalina de Erauso in *La monja alférez,* a *comedia* attributed to Juan Pérez de Montalván.[1] Written in the seventeenth century, the play features a character based on an actual historical person who successfully disguised herself as a man for nearly twenty years. Her struggles to free herself from any connection with female identity serve to exalt male superiority.

*La monja alférez* is not simply a case of misogynist drama nor conventional gender confusion; neither can this manly woman be dismissed as a clumsy attempt at androgyny or yet another historical person transformed into a dramatic subject (McKendrick 213). Both man and woman, fact and fiction, the monja alférez presents an ambiguity that defies easy classification and raises very strong social and sexual anxieties. Yet this very ambiguity offers an excellent arena for examining the complex relationship between gender and myth in Renaissance culture, and the manly woman provides significant reassurance about gender definitions (Rose 367). In fact, the Catalina de Erauso of Pérez de Montalván's drama serves to reinforce gender order; and the resolution of her gender confusion provides a reassurance which extends beyond gender issues, as the ambiguity of this manly woman becomes a metaphor for social uncertainty in seventeenth-century Spain.

The monja alférez, as both literary character and historical person, demonstrates a complex interaction between history and literature. The play about her does not simply reflect historical information, nor can historical records be used as an absolute truth for judging the authenticity of the play (McKendrick 2-4; McNeill 1-10). Presenting selected information interpreted by one or more writers, historical records, as well as the play, can be seen as myth, that is, language used to emphasize certain information and transform it into timeless justifications (Barthes 110, 129, 142-143). My question as a historian is why the play and historical records constructed their particular myths about Catalina de Erauso: and my methodology is to seek an answer through historical analysis and feminist criticism.

History and drama intertwine to present similar, but different, images of Catalina de Erauso. Both the play and historical records describe her as a person who ran away from her convent in northern Spain just before she was to take her vows as a nun. Dressing as a boy, she assumed masculine identity and went to the New World. There she worked for merchants and fought as a soldier, earning the rank of ensign. She returned to Spain in 1624, when Pérez de Montalván was creating his manly heroine. Many historical documents corroborate information in the play, but most present her very differently than the playwright, who focused on her attraction for women and her proclivity for gambling and fighting. None of the historical documents presented these qualities, although they do appear in two subsequent books that are reputed to be her autobiographies (*Historia; Ultima y tercera relación*).[2] If these were in fact qualities of Catalina de Erauso, she did not mention them in her petitions or in the account of her life that she gave to a cleric in Rome in 1625, presumably to protect the chaste and sober persona that won approval from the pope and a yearly income from Philip IV with license to live and dress as a man.

The playwright also constructed a story, but he selected different details to emphasize the determination of this woman to preserve her masculine identity as the soldier Guzmán. In the play doña Ana, a woman in love with Guzmán, assumes major significance, for Guzmán must elude intimacy with her in order to preserve the secret of her female body. Guzmán's brother, Miguel, presents another test for her, because he quickly suspects that the beardless young soldier whom he meets in Peru is his sister in disguise, and he threatens to place her in a convent or kill her so that her behavior will no longer insult their homeland. Guzmán draws her sword, shouting that she will show she is a man:

>     Y más que hombre quien fulmina
>     Rayos, que espantan al cielo
>     Y que la tierra castigan. (216)

Willing to kill her brother in order to preserve her male identity, Guzmán finds that her assumed identity has exacted another terrible price when she visits doña Ana some three years later. Doña Ana reminds her of that dark night long ago when she had opened the door so Guzmán could enter her house. Guzmán had fled, and a stranger entered, instead. In the dark, doña Ana does not realize her mistake until too late. She notices the physical difference between Guzmán's slight figure and the larger body of the stranger, but even so, she does not doubt Guzmán's gender. Unable to call for help, her predicament underscores the common warning of disasters that befall women who are not safely enclosed, and it converts a play of mistaken identity into a drama of honor (Luis de León 240-241; Pérez de Valdivia 759-760; Vives 28r-29). Timid, passive, dependent, and subject to her emotions, doña Ana exemplifies common Renaissance perceptions of female nature (Woodbridge 214). Pretending to accept the intruder as a lover, she is forced to collude in her own rape. She has the presence of mind to ask him to leave his gloves as a token for her, but she does not use these to denounce him or seek his identity. Instead, she has waited for three years, "tres siglos de infierno mío," for Guzmán to return. Acknowledging her dependence on a man to restore her honor, she reminds Guzmán of the usual sexual accounting:

>     Y siendo yo tuya, corren
>     Mis agravios por tu cuenta. (232)

The problem, of course, is that Guzmán is not a man and cannot settle the account herself.

Inverting the honesty of doña Ana and the masquerade of Guzmán in the beginning of the play, the playwright now shows doña Ana as duplicitous and Guzmán facing a problem which can only be resolved if she reveals her true identity. Guzmán, who recognizes the gloves, realizes that the stranger who raped doña Ana is her friend, don Diego. Knowing that he will expect that she should marry doña Ana to save her honor, Guzmán determines that she must reveal herself as a woman to don Diego so that he will marry the wronged woman. She confronts him with evidence of his guilt and then gets him to promise that he will not reveal her real identity. Astounded at the revelation that Guzmán is a woman, don Diego reveals his basic assumptions of male superiority. How could a weak woman show such bravery in battle, he asks;

but even more importantly, how can Guzmán, a woman, love another woman?

In revealing her secret to save the honor of doña Ana, Guzmán preserves her masculine persona. She follows male convention, revealing herself for the chivalrous motive of protecting justice and rescuing a woman. She also follows male convention in relying on the word of a male friend that he will not tell her secret. In short, she acts as a man to say she is a woman.

Very quickly, Guzmán faces another predicament which tests her determination to preserve her male identity. Arrested for murdering a man in a brawl, she is condemned to death. Don Diego tries to convince her to save herself from execution by revealing to the authorities that she is a woman. When Guzmán refuses, don Diego decides to reveal her true female identity in order to save her life. Guzmán, outraged, cries out the crucial question:

¿Para qué quiero vivir
Si saben que soy muger? (265)

Emphasizing Guzmán's determination to remain a man, the playwright presents her revelation as a woman differently from historical versions, which describe her as choosing to reveal herself to the Bishop of Guamanga when she believed that she would soon be executed. Her virginity, which was certified by women who examined her, so deeply impressed the bishop and other officials that they regarded her as a heroine rather than a lewd woman who dressed as a man. Knowing how valuable her chastity could be in thus protecting her, the historical Catalina may have taken the calculated risk of revealing her female identity to these authorities. In the play, however, Guzmán reveals her identity only to a male friend so he will understand why she cannot marry and thus save the honor of doña Ana. She refuses to tell authorities that she is female, even to save her neck from the noose, and declares she would rather die than be condemned to live as a woman. The play thus transforms Guzmán's secret from some strange anomaly into a point of honor.

Transvestism complicates the restoration of honor to Guzmán. She cannot wait for someone else to save her, and she clearly will not marry a man to redeem herself. Her honor depends upon preserving her masculine persona, yet her arrest for murder means that she can preserve her masculine identity only at the expense of her life. Guzmán is willing to pay the price, but her male friend will not let her. Now that he has learned that she is a woman, don Diego acts to protect her honor as a woman. Guzmán, however, acts to restore her own honor through reasserting her masculine self. She seeks vengeance for don Diego's betrayal of his word to her by insinuating that doña Ana, the woman he has agreed to marry, has a reputation for promiscuity. She also turns her sword on don Diego and vows to carry out a just punishment.

Their fight brings to a climax the uncertainty of person and status in the play. A noble who interrupts the fight demands to know of don Diego if he is a gentleman, and if so, why he is fighting with a sword against a woman. Guzmán, however, retorts:

> ¡Qué es muger! . . . tanta muger . . .
> Si lo soy, ni lo confieso,
> Ni quiero sufrir que nadie
> Me lo llame, y vos, don Diego,
> Pues padezco estas afrentas
> Por vos, ni de lo que he hecho
> Me pesa, ni soy muger,
> Si queréis satisfaceros. (307)

Confused identity and the uncertain relationship between don Diego and Guzmán compound the mystery of their surroundings. Peru, the setting for Acts I and II of Pérez de Montalván's play, represents an area of great uncertainty for many in the seventeenth century. Locales such as the home of a respectable colonial family, a military camp for the Spanish army, and a gambling house indicate the great diversity in the New World. As scenes change back and forth among these locales, tensions become apparent between forces sent to conquer the new land, people intent upon making money from them, groups seeking the traditional recreations of soldiers, and those attempting to reconstruct a Spanish society in a foreign context.

Spain contrasts with this New World, particularly in Act III, when the setting changes to Madrid. Significantly, it is only here in Spain where a noble insists that the unmasked Guzmán put on a woman's dress. She rails against the dress as intolerable bondage:

> ¡Qué he de acertar! que los diablos
> Inventaron estos grillos. (288)

In the New World she had been free to construct a masculine identity and pursue the adventures that had attracted her so strongly. The unknown becomes opportunity in the play, and Peru symbolizes freedom from many of the rigid restrictions of Spain.

Yet the resolution of the drama occurs in Spain. In the midst of a sword fight that would have ended violently in murder in the New World, a noble intervenes and a woman denounces cruelty. Guzmán stops to make a speech to doña Ana, and civilization reasserts itself. In a dramatic moment, she kneels at the feet of don Diego, whom seconds before she had been ready to run through with her sword. Significantly, she does not pull off a helmet to reveal feminine curls, nor does don Diego humiliate her as a submissive woman (McKendrick 322). Instead, the playwright has don Diego reply, "Levanta, y dame los brazos," as the noble praises her bravery, thus reintegrating her into a masculine society (Sprengnether 92). Throughout the play her relationship with don Diego demonstrates the bonding of men who face death each day, their swords ready to defend their friends as well as themselves.

Don Diego, alone, holds the power and privilege of resolving the predicament of doña Ana. Guzmán cannot restore her chastity, that principal female virtue and priceless treasure exalted for every Christian woman, and she cannot marry doña Ana (Vives 34r). Once she was raped, marriage alone can restore the honor of doña Ana. When she learns that Guzmán, whom she really loves, cannot marry her because she is a woman, doña Ana makes no protest against marrying the man who had raped her. Female honor in this gender consciousness counts for more than revenge, and marriage is often arranged (Forcione 110, 156; Vives 54-60). Lacking any moral choice, doña Ana is treated as a child for whom a solution has to be found (Forcione 59-62). She can only be saved through a man, and marriage provides the ritual through which this nonvirginal single woman, a person of dangerous and ambiguous status, can be reintegrated into a stable position in society (Edwards 46-47; Turner 67-68).

The position of Guzmán is also dangerous and ambiguous. However, as a woman who appears to be a man, she is not portrayed as an unnatural monster representing the mysterious marginal area between both genders. Both man and woman, this character is neither the Same nor the Other, symbolizing instead an area of dangerous mixtures (Foucault xv). Gender confusion means social disorder and destruction in this Renaissance society which tried to avoid ambiguity and placed so much emphasis on clear divisions (Maclean 27; Woodbridge 218).

When Guzmán suddenly throws down her sword and kneels at the feet of don Diego, she reconfirms the gender order. No longer the swaggering, brawling male impersonator, Guzmán ritually acknowledges the superiority of her male friend. Her potential danger for society thus dissolves as she assumes the humble role of what anthropologist Victor Turner has called the liminar, a person of ambiguous and marginal position who may be able to cross the threshold and become reintegrated in a stable relationship with society (Edwards 46-47: Turrner 67-68). Never forgetting her secret, never able to deny that she is a female, Guzmán reassures the audience that gender derives from biology, and nature, despite its exceptions, is orderly.

Guzmán serves as a useful figure for exploring the limits of gender identification. Representing both man and woman, she clearly shows that they are separate categories delimited from each other. To be masculine, Guzmán not only has to woo a woman; she also has to fight and kill and show no regrets about killing, even attacking her own brother. Doña Ana can completely succumb to her feelings in the play, but Guzmán can express feelings only of brotherly love or outrage at having to accept the restrictions of her sex. In addition, she has to scorn the life of a woman, preferring to be hanged than to confess she is a woman.

By the end of the play, Guzmán has had to confess her female identity, but she has retained the right to dress and behave as a man. Surprisingly, her position no longer seems ambiguous or threatening. Indeed, order seems to be restored when don Diego forgives as a man his friend Guzmán and agrees to marry doña Ana. Still dressed as a man at the end of the play, Guzmán sets off for further adventures. A man has restored the honor of a woman, and another woman has chosen to emulate the superior sex.

*La monja alférez* appealed to many interests of a theater audience in Renaissance Spain. The play provided a safe exploration of social anxieties and reassured people that a society based on gender order has all the security and inevitability of nature (Feder 11-12). For the people of Madrid and Seville, the drama relieved anxieties about the insecurities of rapidly growing cities (Woodbridge 169). Its play with certainty and uncertainty defused the danger of ambiguity in a period rapidly becoming Baroque (Bravo-Villasante 73), and its happy resolution of questions of honor and identity pleased people living in a system that required purity in family lineage. For a country feeling increasingly enclosed and isolated from the rest of Europe, *La monja alférez* demonstrated that restrictions can be questioned and order restored. For a people living with the powerful institution of the Inquisition, the play showed that orthodoxy can embrace difference, can swallow it, transform it, and even relish it. The ideas about Catalina de Erauso thus became shared truths which acted as a social cement ensuring the survival of society (McNeill 3).

The drama and records of the life of Catalina de Erauso present words accepted as truth by some and as myth by others (McNeill 8-9). By re-reading these texts as myths which can be questioned, it is possible to re-interpret Catalina de Erauso and find an image different from those already presented (Kuhn 15). Her flight from the convent may not represent a hatred of her own sex so much as a refusal to accept a socially prescribed feminine gender. Just before she was to profess as a nun, Catalina may have seen that the social power which chastity gave her could not outweigh the confinement and sexual impotence of life in a convent (Irigaray 30). Catalina could better survive outside the convent dressed as a male, and she could also enjoy the freedom of movement denied to most women in Renaissance Spain. Moreover, she could escape the identity of sexual immorality given to women who broke free from customary gender restrictions (Cruz).

Catalina de Erauso, then, is not a comic figure of a woman trying to play a man, but a dramatic figure constructing her own persona and carefully protecting it. Nor is she a symbol of misogynism, for her love for another woman does not have to be reduced to the absurdity of a non-phallic woman pretending to be a man. Even as doña Ana represents all the gender restrictions which Catalina de Erauso has rejected, the monja alférez sees her as an individual whose honor must be defended. Yet Catalina de Erauso does not appear to be a truly heroic figure. She joins the army for adventure rather than divine mission or loyalty to a monarch. She becomes a man not for anyone else but for herself.

Choosing the life of a man, Catalina de Erauso insists that her freedom to make an individual choice should have precedence over the confinement that society expects her to accept (Forcione 42; Rose 375). When she throws away her novitiate's clothing outside the convent, she symbolically defies the restrictions of her sex (Gilbert 417; Williams 233-242); and she sets out for adventures, not in the brawling sense of the *Aventuras* of Captain Alonso de Contreras, but in the spirit of finding herself. This she does through a ritual transvestism that challenges rigid gender dichotomies. Not a misogynist (although she refuses to be a woman), not a feminist (although she acts against the inequities of being a woman), Catalina is a pre-feminist whose rebellion helps to explain the subsequent development of feminist consciousness. Constructing her own persona, Catalina de Erauso repudiates the passivity expected of woman and embraces the freedom symbolized in man.[3]

University of California, Los Angeles

NOTES

1. Note that there is some question about the authorship of *La monja alférez*. Victor F. Dixon, "The Life and Works of Juan Pérez de Montalbán," Cambridge University, believes that the real author may be Luis Belmonte Bermúdez; Jack Parker quotes a

complaint by Montalván that some publishers attributed to him work which was not his.

2. Many scholars question the authenticity of her published autobiographies. See, e.g., the "Prologo" in Ferrer, and *Autobiografías y memoriales,* tomo II of Nueva Biblioteca de Autores Españoles (Madrid: Librería Editorial de Bailly, 1905), series 2, Chapter IX. Luis de Castresana believes they are genuine and points out that other statements verify Catalina de Erauso's claim to heroic military service in the New World. For another approach, see Rima-Gretchen Rothe Vallbona, "Historic Reality and Fiction in *Vida y sucesos de la monja alférez,"* diss., Middlebury College, 1981.

3. I wish to express my gratitude to the Huntington Library for permission to use their valuable collection of Renaissance literature.

## WORKS CITED

*Aventuras del capitán Alonso de Contreras, 1582-1633.* Madrid: Revista de Occidente, 1943.

Barthes, Roland. *Mythologies.* Trans. Annette Lavers. New York: Hill and Wang, 1972.

Bravo-Villasante, Carmen. *La mujer vestida de hombre en el teatro español (siglos XVI-XVII).* Madrid: Sociedad General Española de Librería, 1976.

Castresana, Luis de. *Catalina de Erauso: La monja alférez.* Madrid: Afrodisio Aguado, 1968.

Cruz, Anne J. "Sexual Enclosure, Textual Escape: The Pícara in the Spanish Picaresque Novel." *Reading Women: Feminist Contextual Criticism of Medieval and Renaissance Writings.* Ed. Janet E. Halley and Sheila Fisher (forthcoming).

Dekker, Thomas, and Thomas Middleton. *The Roaring Girl: or Moll Cut-Purse.* London: John Pearson, 1873. vol. 3 of Thomas Dekker. *Dramatic Works.* 3 vols.

Edwards, Lee R. "The Labors of Psyche: Toward a Theory of Female Heroism." *Critical Inquiry* 6 (1979): 33-49.

Feder, Lillian. *Ancient Myth in Modern Poetry.* Princeton: Princeton UP, 1971.

Ferrer, Joaquín María de. *Historia de la monja alférez, doña Catalina de Erauso, escrita por ella misma, ilustrada con notas y documentos.* Paris: Julio Didot, 1829.

Forcione, Alban K. *Cervantes and the Humanist Vision: A Study of Four Exemplary Novels.* Princeton: Princeton UP., 1982.

Foucault, Michel. *The Order of Things: An Archaeology of the Human Sciences.* New York: Vintage, 1970.

Gilbert, Sandra M. "Costumes of the Mind: Transvestism as Metaphor in Modern Literature." *Critical Inquiry* 7 (1980): 391-417.
Heywood, Thomas. *The Fair Maid of the West: Or, a Girle Worth Gold.* London: Richard Royston, 1631.
*Historia de la monja alférez, doña catalina de erauso, escrita por ella misma.* 1625. Paris: Julio Didot, 1829.
Irigaray, Luce. *This Sex Which is Not One.* Ithaca: Cornell, 1985.
Irizarry, Estelle. "Echoes of the Amazon Myth in Medieval Spanish Literature." *Women in Hispanic Literature: Icons and Fallen Idols.* Ed. Beth Miller. Berkeley: University of California Press, 1983.
Kuhn, Annette. *Women's Pictures: Feminism and Cinema.* Boston: Routledge and Kegan Paul, 1982.
"The Life and Pranks of Long Meg of Westminster." *Miscellanea Antiqua Anglicana; or a Select Collection of Curious Tracts, Illustrative of the History, Literature, Manners, and Biography, of the English Nation.* London: T. Bensley and Son, 1816.
Luis de León, Fray. *La perfecta casada.* 1583. *Biblioteca de Autores Españoles.* Madrid: M. Rivadeneyra, 1855.
Maclean, Ian. *The Renaissance Notion of Women: A Study in the Fortunes of Scholasticism and Medical Science in European Intellectual Life.* London: Cambridge UP, 1980.
McKendrick, Melveena. *Woman and Society in the Spanish Drama of the Golden Age: A Study of the Mujer Varonil.* London: Cambridge UP, 1974.
McNeill, William H. "Mythistory, or Truth, Myth, History, and Historians." *American Historical Review* [91.1 (1986): 1-10].
"Noticias y casos." *Efemérides.* Número 1. Papeles del Conde de Aguila. Archivo Municipal de Sevilla. Sección Especial.
Parker, Jack H. *Juan Pérez de Montalván.* Boston: Twayne Publishers, 1975.
Pérez de Montalván, Juan. *La monja alférez, comedia famosa.* 1625. Reprinted in Joaquín María de Ferrer. *Historia de la monja alférez doña Catalina de Erauso, escrita por ella misma.* Paris: Julio Didot, 1829.
Pérez de Valdivia, Diego. *Aviso de gente recogida.* 1585. Madrid: Universidad Pontífica de Salamanca y Fundación Universitaria Española, 1977.
*Relación verdadera de los famosos hechos que en el Reyno de Chile hizo una varonil mujer sirviendo veyute [sic] y quatro años de Soldado.* Sevilla: Cabrera, 1625.
Rose, Mary Beth. "Women in Men's Clothing: Apparel and Social Stability in *The Roaring Girl.*" *English Literary Renaissance* 14.3 (1984): 367-391.
Shepherd, Simon. *Amazons and Warrior Women: Varieties of Feminism in Seventeeth-Century Drama.* Brighton: Harvester, 1981.

Sprengnether, Madelon. "Annihilating Intimacy in Coriolanus." *Women in the Middle Ages and the Renaissance: Literary and Historical Perspectives.* Ed. Mary Beth Rose. Syracuse: Syracuse UP, 1986.

Turner, Victor. *The Ritual Process: Structure and Anti-Structure.* Ithaca: Cornell UP, 1969.

*La última y tercera relación en que se hace verdadera del resto de la vida de la Monja Alférez, sus memorables virtudes y ejemplar muerte en estos reynos de la Nueva España.* Méjico: El Empadrillo, 1653.

Vives, Juan Luis. *A Very frvtfvl and pleasant boke called the Instruction of a Christen woman, made fyrst in latyne, by the right famous clerke mayster, Lewes Vives, and tourned out of latyne into Englishe by Richard Hyde.* London: Thomas Berth, 1547.

Walker, Barbara G. *The Woman's Encyclopedia of Myths and Secrets.* San Francisco: Harper and Row, 1983.

Williams, Walter. *The Spirit and the Flesh: Sexual Diversity in American Indian Culture.* Boston: Beacon, 1986.

Woodbridge, Linda. *Women and the English Renaissance: Literature and the Nature of Womankind, 1540-1620.* Chicago: U of Illinois Press, 1984.

T.A. PERRY

# Judeo-Christian Forces and Artistic Tension in Medieval Spanish Letters: The Case of the *Libro de los buenos proverbios*

Toward the middle of the ninth century the Coptic Christian physician Honein Ibn Isaac (809-73), the celebrated translator of Greek scientific treatises into Arabic, set out to collect the wisdom and sayings of the sages of Greek antiquity in order to preserve them for posterity. Two medieval translations of this remarkable collection of wisdom sayings are known to modern scholars: the anonymous Spanish version of the thirteenth century known as the *Libro de los buenos proverbios* (= BP), and the *Musrei ha-Filosofim* (= MF), which is the Hebrew translation by the important Jewish poet Al-Harizi (1170-1235).[1] The value of these texts as translations cannot be assessed at present, owing to the absence of a critical edition of the Arabic original, but a comparative study of these parallel versions reveals a number of interesting similarities and divergencies. I propose to focus on the literary and cultural aspects of such a comparison.

## A) CONVIVENCIA

1. In a scholarly environment usually intent on stressing the *differences* between cultural communities, it is a pleasure to take note of what may be called a textual *convivencia*. In the *Libro de los buenos proverbios*, both Christians and Jews were able to live and thrive intellectually with the same

text, sharing its presuppositions and ideals. The reasons for this are both general and specific. In the first instance, the BP belonged to a literary genre of international scope and appeal, that of wisdom literature and, within that movement, of proverbs. From its known literary inception in the pre-biblical period, wisdom writers borrowed freely from other cultural traditions, on the theory that wisdom belongs to the intellectual heritage of mankind and, as Maimonides had authorized, should be sought wherever it is found.[2] Beyond this generic and general compatibility, BP's particular view of wisdom, that of philosophic contemplation and retreat, obviously had important followings among both Christians and Jews. This latter point is amplified in Al-Harizi's poetic Introduction (1-2),[3] which, in addition to its praise of the sages and their contemplative doctrines, also justifies his translation from Arabic into the Holy Tongue:

> The words of the sages. . . were in the Arabic language like "shattered blocks of chalk [with no sacred post left standing" Isa. 27.9], grounded in the blood of impurity, and I restored them to the Holy Language "like glittering crown jewels" [Zac. 9.16].

What is questioned is the relative appropriateness of Arabic as a vessel for wisdom, not the value of wisdom itself.[4]

B) DIFFERENCES (artistic tensions)

Against this background of cultural symbiosis, differences are difficult to distinguish. They do exist, nevertheless, and they are not insignificant. There are, first of all, interesting changes of focus, perhaps different conceptions of the book itself, as reflected in the various titles that have come down to us.[5] The one in the partial Arabic version in the Oxford MS is the most restrictive: *Idjtima'at al-falasifah*, "meetings of the sages," referring only to the first main Section, or to roughly one-fifth of the total Spanish text. The Spanish "buenos proverbios" is more extensive; it regards the first two sections as paramount, consisting of pearls of proverbial wisdom-sayings strung together without apparent concern for their order, and each valuable in its own right. Al-Harizi's title "Teachings or Warnings" (*Musrei*) seems even more comprehensive, since it would include the narrative portions as well: the tale of Aristotle's rise to fame (9-10) and the legends surrounding Alexander at the end. According to this view, all aspects, the narratives as well as the sayings, form part of the sages' warnings and chastisements.

At the level of literary differences one should note Al-Harizi's more sophisticated attempt to capture the lapidary and generalizing style of proverbial discourse. A notable example occurs in the frame-story of Anchos and the Cranes. The sage is attacked by robbers in a forest and, seeing that no escape is at hand, raises his eyes towards passing cranes and enigmatically asks them to be the avengers of his blood. The thieves, wishing to justify their murder of Anchos, mock the sage's speech with their own counter-saying: "He who has no sense, there is no sin in killing." The Spanish particularizes the saying and therefore weakens the force of the ironical *repartée*: "omne de tan mal seso non a pecado ninguno del mater" (BP 2, MP 4): "*Such* a stupid person there is no sin in killing."[6]

Another variant in the Anchos story touches upon one of the essential features of proverbial writing. In the Spanish version Anchos is called a "profeta" as well as a "versificador." This epithet refers to a most important aspect of wisdom teaching, prediction of the results of human action.[7] The Hebrew version retains the epithet "versificador" but was forced to omit the first, undoubtedly because this would cause confusion in the minds of Jews, for whom there was no possible comparison between such "wisdom," made up of human opinions, and the authentic tradition of the prophets of the Bible.

It may be because of differences in literary doctrine that several passages of great esthetic interest do not appear in the Spanish, probably due to deletion. On the matter of sententiousness in proverbial discourse, for instance, the Hebrew text is traditional: "The essence of parable [melitsah] is metaphor and concision" (MF 10,9), and this point of view is reinforced in the very next saying: "One cannot accuse the speaker of the poor understanding of the hearer, [who cannot interpret concise sayings correctly]" (10,10). In the Spanish version the first saying is deleted entirely, and the second registers a clear difference of opinion: "Con el abreviamiento segurase el dezidor del mal entendimiento del oydor" (12,24). All such literary discussions are systematically deleted in the Spanish.[8]

There is also a set of deletions from the Spanish version dealing with Platonic esthetic notions. The most unfortunate of these is the beautiful denfinition of love, ascribed to Socrates and perhaps embarrassing to the Spanish translator: "Love is a force created by God so that every living creature can transfer this force regarding his desires to procreate so that his form can be perpetuated in this world... For the lover desires lovely forms so that his fruit will be the best and the choicest of forms" (19 #36.) Such a view seemed inconsistent with the ususal Christian doctrine, that physical desires are best controlled through chastity (see below). Equally disturbing to the Spanish translator was the Platonic saying, "He who has an ugly facial expression also has an ugly moral character" (26 #9). In an unusual move the Spanish interrupted the saying in the middle and, apparently from disgust, simply did not complete the sentence (31, 8).

Other differences — and perhaps the more interesting for our purposes — relate to religious and cultural tradition. At the first and more superficial level are those culture-bound differences arising from adaptation to different audience expectations. In the fable of Anchos it is related how "ayuntóse todo el pueblo en la su *iglesia* por *oyr predicacion* e buenos enxiemplos." In the Hebrew tradition there are of course no churches, and learning is mediated through books. Thus, in a Jewish context the people went "to their *schools to read* and learn about wisdom" (BP 3, MF 4).

Moving from the setting of the story to more cultural differences, there is a notable emphasis, often absent in the Spanish, on education and especially moral education. With regards the first, the saying "el grant uso [practise, experience[9] aguza el entendimiento" (BP 12,2) is specified in the Hebrew translation as referring to study: "It is the labor of study that sharpens the mind" (9, 26). Another example is the heading for the meeting of four philosphers (BP 6), which specifioes that they "fablaron en sabencia." The Hebrew adds "and morality" (*musar*) (7,2). Similarly, in Aristotle's ten-year curriculum of studies (BP 13, MF 10), the Hebrew supplements the familiar trivium and quadrivium with religious training (*dat*) and morals (*hamiddot*).

The Hebrew version frequently has greater philosophical elaboration. Commenting on the eternal life attained by those who purify their lives and minds, the Spanish concludes that "veen los coraçones las verdades encubiertas, e guardanse las almas con lo que an alcançado con los *buenos pensamientos*" (6,19). In Al-Harizi this last phrase becomes: "thoughts which are known through the conceptual faculty and the unification of the imagination and the reconciliation of opinions" (6,13).

An important theological issue among Jews was that of just retribution. In the Anchos story, whereas the Spanish does not mention the punishment of the murderers, the Hebrew insists on such legalistic details by specifying that they received according to their deeds: "they were executed by the same death" (4). As a second example, take the following saying, which seems to be a merely casual observations on the ways of the world: "A algunos viene bien por mal, e a algunos mal por bien" (17, bottom). The Hebrew text regarded this saying with suspicion, since it could be construed as questioning God's justice: Al-Harizi therefore changed the focus into that of appearance vs. reality: "How happy some men are in what will bring them illness, and how much they fear the illness in which lies their cure" (19,1).

One of the most crucial divergencies concerns the concept of virtue:

> En el onbre ha quatro maneras naturales: seso y torpedat *y castidat y sabor de las maldades*. . . y la castidat contiende con el sabor de las maldades e el sabor de las maldades lidia con la castidat. (30,3)

Notable here are the narrowing of natural desire to the sexual one and the consequent Christian call to chastity. By contrast, Al-Harizi uses an Aristotelian model and broadens the base to include all desires:

> Man has four natures: wisdom and foolishness and rightness [yosher] and desire. . . And rightness brings desire to justice and desire battles with rightness and man rules over his inclination. (25-26)

In conclusion, the BP and the MF are remarkably in agreement when they both choose to translate the same text. The main divergencies occur by way of deletion, and this is the case more frequently in the Spanish text. Secondly, these two texts present the paradox of openness and closure: the former because of their participation in the international genre of wisdom, and the latter because each is obviously directed to a closed readership bound by language and cultural traditions. Modern reader-oriented theories of criticism would do well to examine such parallel texts, which seems to me one of the best ways — much more fruitful than polemical texts, for instance — to approach a comparative study of Christian and Jewish cultural values in Medieval Spain.

University of Connecticut<br>
Storrs, Connecticut

### NOTES

1. I have used Herman Knust's 1879 edition of the *Buenos proverbios* and A. Lowenthal's 1896 edition of Honein Ibn Ishaak's *Musrei ha-Filosofim*. The latter text is incomplete, ending with sayings of various philosophers (59-65), but it is not certain whether these were simply grouped at the end or whether they are indeed a resumption of Alexander legends. I discuss this problem of structure in a forthcoming study.
2. "Hear the truth from whoever speaks it" is Maimonides's formulation in the Pre-

face to his "Shemonah Perakim" ["Eight Chapters"], which is his introduction to his Commentary on Abot. For the "international context" of Hebrew Wisdom see R. B. Y. Scott's book (23-47).

3. This text, of course, is not found in the Spanish version.

4. Honein later states (MF 3) that "God in His mercy taught us Arabic to enable us to translate these wise sayings from Greek and Hebrew and Aramaic into Arabic." Al-Harizi can thus speak of a restoration to the original Hebrew.

5. From the point of view of overall structure, the text consists of a Collection of Proverbs of Antiquity (BP 5-36), followed by wise sayings inspired by the Life and especially the Death of Alexander the Great (BP 37-59). The first and principle section can be further divided into a) Meetings of Various Numbers of Sages, most of whom are not known by name, and b) Collections of Sayings by various individual philosophers. The sections are somewhat different in the Hebrew version. See M. Plessner's "Remarks" 60-61. See also John Walsh's "Versiones" 355-84.

6. However, the Spanish does score greater stylistic success in the following rendering: "A soft word inspires love in the hearts [of its hearers]" (MF 9,10): "Con la palabra *blanda dura* el amor en los coraçones" (BP 11,10).

7. For further elaboration see my forthcoming *Wisdom Literature and the Structure of Proverbs.*

8. The purely literary discussion on the nature of *melitsah* is pursued in the meeting of the four philosophers (11, 1-7). Another notable absence of esthetic materials in the Spanish is the invaluable discussion on music (12-18).

9. See BP 11 #59: "El uso [Hebr. *regilut*] es rey sobre todas las cosas."

## OBRAS CITADAS

Honein Ibn Ishaak. *Musrei ha-Filosofim.* Trans. Yehuda al-Harizi. Ed. A. Loewenthal. Berlin: 1896.

*Libro de los buenos proverbios.* Ed. Herman Knust. *Mittheilungen aus dem Escurial.* Tübingen: 1879. 1-65.

Maimonides [Moses ben Maimon]. "Shemonah Perakim." *Commentary to Mishnah Abot.* Trans. Arthur David. New York: Bloch, 1968.

Plessner, M. "Remarks on the *Musrei ha Filosofim* of Hunayn ibn Ishaak and its Hebrew Translation" [in Hebrew]. *Tarbiz* 24 (1954-55): 60-72.

Scott, R. B. Y. *The Way of Wisdom in the Old Testament.* New York: Macmillan, 1971.

Walsh, John. "Versiones peninsulares del 'Kitab Adab al-Filasifa' de Hunayn ibn Ishaq." *Al-Andulus* 41 (1976): 355-84.

# JOSE MANUEL POLO DE BERNABE

## *Aire nuestro* de Jorge Guillén
## o el sujeto en el lenguaje

La obra de Jorge Guillén representa una tendencia que ha venido a imponerse desde la segunda mitad del siglo XIX: el enfrentamiento del escritor con el lenguaje dentro y fuera del discurso poetico, en sus textos poéticos y en sus meditaciones teoricas. Las obras de Baudelaire, Poe, Mallarmé, Salinas y Guillén constituyen ejemplos de esta tendencia crítica.

Un sector de la crítica literaria de los últimos aõs ha visto precisamente la necesidad de plantear una metodología que, sin prescindir de la contribución creadora interpretativa, se esfuerza por establecer los fundamentos de una ciencia literaria basada en una formalización de categorías linguísticas a la vez que formular cuestiones epistemológicas referentes a la génesis, estructura, y funcionamiento del signo poético (las contribuciones del sicoanálisis, de la sociología, de la lingüística y de la semiótica, as: como los modernos trabajos sobre la recepción de la obra artística ofrecen enormes posibilidades interpretativas). Se ha propuesto asi un modelo semiótico, por ejemplo, que intenta analizar una "gramática" de *Cántico* desde una triple función de los signos lingüísticos basado (1) en una sintéctica que estudia las relaciones de unos signos con otros; (2) una semántica que se enfrenta con el problema de las relaciones del signo con su referente; y (3) una pragmática que trata de las relaciones de los signos con los sujctos dc la enunciación y de la recepció (autor y lector) en cuanto a que éstos se codifican en el texto directa o indirectamente (Bobes Naves, *Gramática de Cántico)*. El estudio de la obra literaria se emprende desde esta perspectiva teniendo en cuenta que pertenece a un doble sistema de signos: el lingüístico que estudia su valor referencial o denotativo y el poético en el que el signo adquiere un sentido connotativo dentro del ámbito de la unidad literaria. La ventaja de un estudio semiótico es que permite estudiar el texto poético no simplemente como un acto de lengua sino sobre todo como de habla ("parole" en la terminología de Saussure), como un enunciado dentro de una teoría de la comunicación, con un sujeto productor, una estructura interna, y un sujeto receptor del mensaje. El sujeto actualiza la lengua en un acto emisor transformando los signos prevalentes en el sistema de comunicación en el que se produce su mensaje, en una estructura artística que transpone una visión del mundo mediada, a no sólo por su propia experiencia vital, sino también por la tradición canónica o literaria. Guillén inscribe su obra conscientemente en esa palabra colectiva,

> Y la palabra ¡Nuestra palabra!
> Si creación de tantos
> Vida común ineductible a idea (924)

que se convierte en el lugar de encuentro entre el emisor y el receptor de la obra, autor que produce el mensaje y lector que lo descodifica, interpreta y continúa su significación. Guillén sabemos que se dirige al concluir *Aire nuestro* sintomáticamente a "ese lector futuro."

Ahora bien, *Aire nuestro* al presentar imaginativamente el proceso de percepción en el lenguaje, al tematizar su preocupación por la palabra plantea la cuestión fundamental de la asunción del discurso poético por el sujeto. Si es en el lenguaje donde el hombre constituye su subjetividad dentro de la situación n Emile Benveniste (*Problèmes de linguistique générale* 251), el texto poético no puede ser ajeno a esa relación dialéctica entre el yo y el otro, entre el yo y el universo de las cosas (centro, esfera) dentro del lenguaje, por eso Guillén, que rechaza el carácter confesional de la escritura poética, introduce un elemento de subjetividad en *Aire nuestro* que, aunque tiene que ver con un protagonista ficticio, no identificable (pronombres personales cuya función es establecer un sistema de relaciones dentro del espacio poético: *shifter*), es indicativo de todo un desplazamiento de la obra hacia un centro simbólico (Polo de Bernabé, *Conciencia y lenguaje*).

Son ejemplares a este respecto los textos en *Aire nuestro* que tienen como tema una meditación sobre la virtud de la palabra, entre los cuales es significativo el poema "Candelabro" perteneciente a *Homenaje* que analizaremos brevemente en cuanto sugiere esta relación entre el lenguaje y la subjetividad:

Surge y se yergue, solo,
Sin romper el silencio de lo oscuro,
Un sonido con forma: "candelabro."

Apenas me ilumina vaga plata
Como la nebulosa en una noche
De inmensidad visible.

Pronuncio: "candelabro,"
Y se esboza, se afirma hacia su estable
Pesadumbre. Columbro: candelabro.

¿Adonde voy? Me esfuerzo,
Desde esta orilla torpe de un insomnio
Reducido a tiniebla,
En convivir, en dialogar ahora
Con algo que a su modo acompañándome
Ya esté fuera de mi.

"Te necesito, mundo."

La palabra y su puente
Me llevan de verdad a la otra orilla.
A través de lo oscuro
Ayúdame, mi amigo, candelabro. (1297)

El texto refleja un movimiento característico de la obra guilleniana: la jornada del poeta desde la oscuridad caótica de su aislamiento a la contemplación iluminadora de la materia, proyecto que se lleva a cabo merced al poder evocador de la lengua: "La palabra y su puente/Me llevan de verdad a la otra orilla."

Si el texto tematiza la proyección del yo al mundo físico y su valor de relación a través de la palabra, el poema se estructura desde la diferenciación entre el objeto signo referencial y su representación simbólica signo poético. Entre el plano de la palabra, "candelabro" (indicada por el autor entre comillas), y el del referente, candelabro, la composición traza una serie de relaciones que intensifican la vinculación de la imagen mental al objeto, imagen mental generada en una búsqueda del tú. Una vez introducido el lector en el espacio del poema en el primer verso, la atención se desliza a dos endecasílabos melódicos asociados semánticamente a las dos únicas imágenes auditivas de la estrofa ("sin romper el silencio," "sonido"). Al mismo tiempo se nos presenta el doble plano metafórico del texto, lo visual y lo auditivo ("el silencio de lo oscuro," "un sonido con forma"), anunciador ya de la ruptura que se producirá en el cuarto verso donde el impulso melódico se equilibra en un endecasílabo heróico. Esta interrupción de la continuidad rítmica (que rompe también la simetrí de la estrofa) se produce con la introducción de un cambio fundamental en el discurso: el sujeto, la persona poética ("apenas me ilumina"). Es este el momento crepuscular del despertar en el cual se produce una transposición metafórica ("como la nebulosa en una noche/De inmensidad visible"). Queda asi la estrofa organizada en una estructura precisa donde el movimiento armónico del ritmo, correspondiente a la objetividad del vocablo candelabro, se interrumpe en el cuarto verso al introducirse una conciencia contempladora.

En el plano semántico candelabro va adquiriendo una carga subjetiva al relacionarse con la experiencia de la voz poética. La segunda estrofa, construída por una sucesión de verbos transitivos en un crescendo desde la acción subjetiva en la pronunciación de la palabra "candelabro" hasta la contemplación del objeto evocado al final del noveno verso, concluye un primer estado de desarrollo. La acumulación de vocales oclusivas ("pesadumbre," "columbro," "candelabro") y fragmentación sintáctica en medio del verso y al final de la estrofa frena el movimiento del poema, produciendo la impresión de separación de la cosa. Percibimos el signo que ha surgido en la mente del poeta como un sonido con forma, en el volumen y la densidad del objeto. El ciclo parece terminar. Sin embargo, nada sabemos aún de la persona que asume el discurso, que parece haber quedado en la sombra de la transición del sonido al referente (objeto). Solo en la cuarta estrofa concluye el proceso de simbolización (vínculo necesario entre imagen sonora y representación de objeto) en el que el poeta se nos presenta tratando de salir de su ensimismamiento. La tiniebla en que se ve sumido nos hace comprender el "silencio de lo oscuro" del segundo verso. "Candelabro" ahora se ve asociado metafóricamente con luz y realidad. Es en este momento en que se introduce una imagen espacial del yo—"desde esta orilla"— situada en un verso del eje subjetivo, con los apoyos rítmicos en la segunda y sexta sílaba, que produce as: un vínculo metafárico entre el yo aislado y el mundo, entre las dos orillas cuyo puente es la palabra.

Pero no siempre es el referente mundo externo el factor predominante de la trama textual. Ciertas experiencias del universo imaginario de *Aire nuestro* se dirigen más intensamente hacia la subjetividad. Por ejemplo, "Chispa verbal":

Noche muy larga, muy larga
Como si fuese infinita
Porque el silencio la carga
De vacío donde habita
Mudo y sordo un orbe ignoto.
Yo con la conciencia acoto
Mi parte en ese vacio,
Y a oscuras y desde dentro
De mi mismo alumbro un centro:
Con mi palabra me guío. (1595)

Característicamente el acto verbal juega un papel esencial en la constitución del centro. Este problema de búsqueda de un centro que surge precisamente de la contemplación del mundo físico (función referencial) simbolizado en el círculo (función poética) es una constante de la obra de Guillén ya desde sus primeros poemas.

Aunque el poeta parece subrayar la irreductibilidad de su visión a la representación de un sujeto anterior al texto, ello no supone su eliminación. El sujeto queda inscrito y constantemente desplazado en el lenguaje como una conciencia que se busca a si misma en la estructura de la obra. Esta diferenciación entre persona poética (sujeto que dice "yo" en el poema) y conciencia es de suma importancia puesto que supone un paso del orden biográfico al orden simbólico. El yo integrado al sistema imaginativo de la obra, simbolizado en el personaje que contempla y afirma la existencia del objeto, funciona como un centro condensador de significaciones. Al afirmar el carácter autónomo del poema, su naturaleza ontológica, Guillén concede al sujeto una dimensión simbólica. *Cántico* tiene asi un protagonista al que Guillén se refiere en *El argumento de la obra* como "nuestro habitante" (19) o "el personaje" (27). El yo del poema se desplaza hacia una conciencia en constante proceso de expansión a la realidad y al lector. Por ello el poema es para Guillén una experiencia iluminadora en la cual los referentes (objetos) se cargan de significación al integrarse en la acción ordenadora del sistema verbal de *Aire nuestro*.

No hay poema, según Luis Aragón, sin meditación sobre la palabra. *Aire nuestro* puede verse no sólo como la construcción de un espacio imaginativo abierto al mundo de las cosas (esfera, centro), sino además como un enfrentamiento del poeta y del lector con el lenguaje. El creador y el lector construyen y prolongan la significación del texto que se abre dentro de su ficcionalidad a todo un proceso reflexivo sobre el lenguaje.

Guillén al tematizar el mecanismo simbólico en la estructura del texto establece una distancia crítica que tiende a desvirtuar el proceso de identificación por parte del lector. El lenguaje al hacerse objeto de sí mismo hace de *Aire nuestro* una obra abierta no solamente a la acción connotativa, simbólica, de la palabra, sino también a un proceso crítico (ideológico) distanciador con respecto al lenguaje. Lo poético no reside predominantemente en la imagen—concepción mimética del signo— que ya los formalistas rusos habían problematizado, sino en la manipulación del lenguaje que hace del texto poético un sistema de signos abierto a un proceso interminable de producción y diseminación de sentido. La obra construye y desplaza sus centros de producción entre un sujeto indeterminado y ese lector a quien va dirigida la obra.

University of North Carolina
Chapel Hill, North Carolina

### OBRAS CITADAS

Benveniste, Emile. *Problèmes de linguistique générale* Paris: Gallimard.

Bobes Naves, María del Carmen. *Gramática de Cántico: Análisis semiológico.* Barcelona: Planeta, 1975.

Guillén, Jorge. *Aire nuestro.* Milan: All'Insegna del Pesce d'Oro, 1968.

_____. *El argumento de la obra.* Milan: All' Insegna del Pesce d'Oro, 1961.

Polo de Bernabé, José Manuel. *Conciencia y lenguaje en la obra de Jorge Guillén.* Madrid: Alfar, 1977.

# PHOEBE PORTER

## The *Femme Fatale*: Emilia Pardo Bazán's Portrayal of Evil and Fascinating Women

In her last three novels, *La quimera* (1905), *La sirena negra* (1908), and *Dulce dueño* (1911), Emilia Pardo Bazán includes the popular turn-of-the-century figure of the *femme fatale*. The image of woman as temptress and malefactor would seem to be the expression of a deep-rooted misogyny, and for this reason it is striking that the feminist Pardo Bazán should take this image which she inherited from male literature and make it her own.

In general, we can say that the *femme fatale* reflects the dark half of the dualistic concept of the Eternal Feminine (the Mary/Eve, saint/witch or angel/monster dichotomy). Secondary female characters in these novels display the angelic qualities of passive docility, maternal sweetness, and complete selflessness — the idealized vision of woman in male art and literature. Yet in these same works, the characterization of these idealized women pales before that of the principal female characters who are all beautiful, sensual and erotically dangerous. These *femmes fatales* are outspoken and independent. They refuse to play a submissive role to men; they act on their own initiative and have in the end their own story to tell. They all reject motherhood and domesticity, and while remaining barren, they indulge their sensuality and use their sexual attractiveness unscrupulously to fulfill their ambitions. The relationship between the sexes in these three novels is generally loveless and destructive for both men and women.

In the first of these three works, *La quimera*, the principal character, Silvio Lago, is a misogynist who scorns women for their emotionalism and natural instincts. He feels "el instintivo desprecio hacia la mujer que se le rinde." as a young Decadent artist, he feels threatened by women who are capable of instilling desire in him.[1] The only woman capable of ensnaring Silvio is the quintessentially artificial woman, Espina Porcel, in whose character Pardo Bazán has portrayed the prototype of the man-consuming *femme fatale*. Espina Porcel suffers from what doña Emilia saw as the besetting malaise of the period, "el mal de aspirar", a sort of exalted idealism which, in this female character, takes the form of extreme aestheticism.

As fatal woman, Espina is beautiful, demanding, corrupt, sexually promiscuous and destructive of the weaker men around her. She is initially presented through Silvio's eyes in his memoirs as a revelation of the modern woman, the cosmopolitan hot-house flower:

> ... es la mujer de una civilización avanzada, refinada y disuelta (¿o descompuesta?), en la decadencia artística. Sobre un plantío de garbanzos Espina surge como una de las más raras orquídeas que se cultivan en las estufas calientes. (798)

Espina's artificiality sets her off from the more natural and ordinary beauties of Madrid. She dyes her hair and paints her face. Even her flesh appears to be artificial to Silvio, who describes it as "carne sin músculos, sin venas, sin hueso, con los nervios solamente — una carne artificial" (798). When he grasps her hand, it appears to him as some beautiful work of art, yet cold, lifeless and inhuman:

> La mano, cautiva en las mías, que se insinúan con hábil presión, no palpita, no se estremece. Parece una de esas manos de plata del tesoro de las iglesias, en los cuales lo humano es un hueso inerte, una reliquia. (810)

A great deal of space in the novel is devoted to lengthy descriptions of Espina's clothing. Yet is not the extraordinary elegance of her attire that so attracts Silvio, but rather the way in which her clothing seems to become part of her body:

> ... el atractivo peculiar de esta mujer está en la ropa, en su habilidad de adaptarla al cuerpo, enroscar, ceñir y plegar la tela, incorporada, identificada a su persona. (803)

It is Espina's artificiality, then, that distinguishes her in Silvio's eyes and that forms for him the basis of her superiority to other women that he has known. A.E. Carter has pointed out that the cult of the artificial lies at the heart of the Decadent sensibility. He says, "Artificiality, by its very essence — an effort to alter and improve Nature — is a manifestation of will-power" (12). Espina is very aware of the fact that her beauty is not natural, but a product of her own exquisite taste and artistic calculation. She tells Silvio:

> Lo hermoso no está en lo real: si estuviese, viviríamos rodeados 'naturalmente' de hermosura. ¡Y sucede lo contrario! Lo más hermoso, lo artístico, es lo que se diferencia de eso que anda por ahí. ¡Vaya con lo real! (801)

Through his contact with Espina, Silvio undergoes a profound change in his aesthetic sensibility. He says, "Nace en mí una nueva visión de arte; comprendo lo que no comprendía" (803). He finds himself irresistibly attracted to this woman for her exquisite sense of beauty and her refined taste. He considers her to be a true aristocrat of the senses who hates the vulgarity and mediocrity of contemporary life. Only art can make existence seem worthwhile for Silvio and Espina. Yet art, as the highest value, excludes other values for them. Pardo Bazán saw this extreme aestheticism as dangerous ethically, and in the character of Espina she portrays the darker side of the Decadent sensibility: she is cold and calculating, quickly bored and can be perversely cruel. She suffers from *ennui*; she must continually titillate her jaded palate with new sensations, and she amuses herself with wild caprices.

Perhaps Espina's most salient characteristic is her sadism, which is revealed gradually throughout the narration, beginning with her destruction of Silvio's portrait of the Madrilenian beauty, Lina Moros, an act that strikes Silvio as "chic." Nevertheless, if at first Silvio is attracted to the novelty of Espina's cruelty, soon he tires of her mean tricks and heartlessness as he himself becomes the object of them. As a sadist, Espina glories in her power over others, which she maintains by her very coldness. She demonstrates her control over Silvio's will by distracting him from his work, by frivolously monopolizing his time and making him spend what little money he has on her whims. She is a parasite, and Silvio recognizes this, but he still lets himself be controlled by her. She especially likes to play cruel tricks upon others in order to humiliate them. For example, she seduces Silvio only so that she may enjoy the anger and humiliation of her jealous lover, Valdivia. On another occasion, after destroying the portrait that Silvio has painted of Lina Moros, Espina lures her to Silvio's studio so that she can take pleasure in viewing the beauty's horrified and angry reaction. In fact, the brutal treatment of Silvio's artistic endeavours becomes one of her most potent instruments of torture. Time and again she humiliates him by belittling his talent or by making him appear foolish in front of others.

In general, Silvio's relationship with Espina is loveless and destructive; it appears to be based only on a struggle for power and egotistic satisfaction. Nevertheless, a perverse attraction exists between them: Espina is bored and Silvio provides her with an amusing pastime; Silvio is bewitched by her refinement and fascinated by her perversity, at the same time that he despises her. Espina, as *femme fatale*, overpowers him and nearly succeeds in destroying him. This destructive male-female alliance is a travesty of romantic ideal love; its consequences are unhappiness, disillusionment and catastrophe.

In the character of Espina Porcel, Pardo Bazán paints a picture of moral degeneration which may result from extreme aestheticism. It is most clear from this portrait that she severely condemned the amorality and inhumanity of an artistic code that frees the individual from all moral obligations and social responsibilities. Nevertheless, she did not consider the aesthete's attitude to be an entirely negative or superficial stance. In her critical writings, she professes a certain sympathy for *l'art pour l'art*.[2] In the character of Espina, Pardo Bazán implies that aestheticism masks this female figure's inability to come to grips with the vulgar reality of modern life. Art provides Espina a refuge from and a consolation for a most imperfect world. She rejects the delusions of love and seeks ideal beauty through the perfection of form. For her, art is all that is worthwhile in life, and life must be transformed into art. So while Pardo Bazán may condemn the amorality of extreme aestheticism, at the same time she understands it.

In her following novel, *La sirena negra*, Pardo Bazán continues to develop the theme of the *femme fatale* in the characterization of an English governess, Annie Dogson. The protagonist-narrator, Gaspar de Montenegro, much like Silvio Lago, exhibits a conflicting attitude toward women. While, on the one hand, he recognizes the positive life-giving role of women in characters such as Trini, on the other hand, he sees women as bringers of death and incarnations of evil, as we see depicted in the female figures of *la sirena negra* and *la sirena blanca*.

The image of *femme fatale* is developed in the last third of the novel when Gaspar confronts *la sirena negra*, the personification of death and her human counterpart, *la sirena blanca*, Annie Dogson. In Annie, Pardo Bazán portrays the modern, active and independent woman of northern Europe. She is strong and aggressive; she practices such sports as tennis, swimming, hiking and cycling; her clothing is simple and masculine in style. She is also beautiful, seductive and ambitious in her plans to snare a wealthy Spanish husband. She is an active temptress. Gaspar notices the blond English woman's flirtatious ways: "Paréceme coqueta al estilo de su tierra, a lo puritano, y con buena dosis de vanidad y aprecio de sí misma" (902). As Gaspar watches Annie during her seaside bathing ritual, she becomes transformed in his mind into a dangerous *femme fatale* (911). As she emerges from her dressing tent in her bathing costume, he contemplates the whiteness of her skin, he admires her "pie de mármol", and her toenails remind him of "menudas conchas". As she swims he admires the "blancura de ondina de los brazos, de las piernas, de la garganta y la risa silenciosa de la boca emperlada de anchos dientes, otro género de blancura deslumbrante" (912). When she removes her bathing cap, her curly wet blond hair gives her a Medusa-like quality: "el pelo rubio mojado, se esparce y la rodea de una aureola de serpezuelas de cobre" (912). As she emerges, like Aphrodite, from the foam of the ocean, with her wet clothes clinging to her body, Gaspar is overwhelmed. He expresses his sexual excitement in terms of natural imagery:

> . . . algas brillantes, moluscos palpitantes de vida [. . .] Los áloes son de bronce; sus enormes hojas carnosas y apuntadas se dibujan sobre el cielo sin nubes. Mi cabeza está vacía y mis venas hierven. (912)

He leaves the scene running as he recognizes that this seductive woman represents a danger to him. She is a threat to his self-sufficiency, as sexuality implies the necessity of another being. Shaken by his instinctual self, Gaspar seeks to reaffirm his ideal identity as the master of his own destiny. He denies his sexual nature and tries to reaffirm his autonomy by mentally rejecting her: "Yo no soy esa parte de mi ser a quien tu blancura ha trastornado. Yo soy el que piensa, razona, conoce, prevé, diseca" (913).

The other *femme fatale* in this novel is the incarnation of death, *la sirena negra*, an image closely tied up with Gaspar's sense of guilt and sin. In his guilt-provoked hallucinations, death takes the form of a black mermaid who peers up to him from the water, and with a magnetizing gaze invites him to follow her; yet Gaspar manages to resist the temptation to dive in after the underwater enchantress. Here we see the use of the traditional image of the mermaid to illustrate man's fear of women.[3]

The image of Melusina, the mermaid of French legend, appears in Pardo Bazán's last novel, *Dulce dueño*, in the character of the female protagonist-narrator, Lina Mascareñas. In the final pages of the novel, Lina is condemned by the priest Carranza for having plotted the death of her last suitor in a boating accident in these words: "Mira, Lina, yo no quiero insultarte; eres mujer

..., aunque más bien me pareces la Melusina, que comienza en mujer y acaba en cola de sierpe" (1015). In his outrage over his friend's death, Carranza, convinced of Lina's guilt in the matter, can only see her in terms of a monstrous creature that is half woman and half serpent.

In the character of Lina Mascareñas, Pardo Bazán creates yet another version of the *femme fatale*; and besides Melusina she includes other mythical symbols such as the Sphinx and Salomé in in her portrayal. The Sphinx, mentioned on three occasions in the novel,[4] suggests the enigmatic nature of the protagonist. With its body of a lion and head of a women, the Sphinx, which represents a special category of the *femme fatale*, was a stock figure in art and literature of the period. As a mythical symbol, this hybrid monster points to various characteristics of the *femme fatale*: her pride, her animality and cruelty, her mysterious remoteness and coldness of heart. In *Dulce dueño,* the recurrent image of the Sphinx reflects the character of the protagonist.

Pardo Bazán also uses the favorite *fin de siècle* figure of Salomé in her characterization of Lina in Lina's own description of her last unfortunate suitor, Agustín Ayamonte: "desde el el primer momento — es una impresión plástica — su cabeza me recuerda la de San Juan Bautista en un plato; la hermosa cabeza que asome, lívida, a la luz de las estrellas, por la boca de pozo, en *Salomé.* Cosa altamente estética" (996). Like the Sphinx, Salomé was a popular image of the period which represented undesirable qualities such as feminine cruelty, perversity, inconsistency, capriciousness and monstrous love.[5] As a woman of her time, Pardo Bazán could not resist including the topical theme of the *femme fatale* in its most famous and typical expression of Salomé.

In the character of Lina Mascareñas, Pardo Bazán portrays a *femme fatale* whose very power over men seems to lie not in her sexuality, but rather in her narcissism, virginity and frigidity. Like the male protagonist of *La sirena negra*, Lina seeks to show the superiority of her will over natural law, which embodies both instinct and emotion, in her scorn of human love and sexuality. Her insistence upon will is seen most clearly in her cold calculation, and constant struggle for self-mastery and mastery over others. Her acceptance of sexuality would have meant that she would have to overcome her will, abandon her self-sufficiency and cease to be egocentric and "pure." Her narcissism results in sterility and madness in the end.

In the principal female characters of her last three novels, Pardo Bazán has created her own versions of the popular theme of the *femme fatale*. Each of these characters is individualized with a complex psychological make-up. Espina Porcel puts her aesthetic sensibility to use in order to refine the sadistic art of destroying the men who should have the misfortune of crossing her path. Annie Dogson, a sort of Pre-Raphaelite temptress, uses her sensuality to try to snare a wealthy husband, and the results of her efforts are generally destructive to all concerned. Finally, in Lina Mascareñas she creates a *femme fatale* whose own fear of sexuality makes her destroy the men around her.

Undoubtedly the popularity of the image of the *femme fatale* at the turn-of-the-century is linked in part to the rise of feminism. Strong women who demanded political and sexual freedom posed a threat to men who feared women's independence, ambition and self-determination. As we have seen, Pardo Bazán adapts this man-created image of woman in her last three novels, and in her reworking of the theme we sense her own process of self-definition which is complicated by the patriarchal definitions which come between herself and her art.

Smith College<br>Northampton, Massachusetts

## NOTES

1. George Ross Ridge understands the Decadent's misogyny in terms of his general rejection of Nature. He says, "His misogyny is much deeper than a mere bias, an intellectual pose. As with all decadents it has its roots extending deeply into his soul and with social ramifications: the man who rejects woman renounces life, for woman is the matrix of the life-process. It is in this sense that decadent misogyny must be understood" (154).
2. Pardo Bazán says: "Como artista, antepongo a la utilidad la belleza. Reconozco todos los peligros de aquel individualismo romántico que emancipó la personalidad, que reclamó para el artista y el escritor la libertad de afirmarse contra todo y contra todos; reconozco igualmente la exaltación ilimitada de tal principio en el segundo romanticismo neo-idealista; pero también reconozco que son bellos y que en tales evoluciones hubo un germen vital" (41).
3. Patrick Bade says of this image of the *femme fatale,* "The symbolic association of women and water has a long-standing tradition in European art, but in the nineteenth century it was given a particularly sinister twist. Death by drowning was a common fate for male victims of the femme fatale, and is a recurrent image in late nineteenth-century art. Again, this fate can be interpreted as an unconscious metaphor for man's feeling of being overwhelmed by female sexuality, or for loss of identity and self control in sexual intercourse" (8).
4. The image of the Sphinx first appears in Carranza's narration of the life of Lina's

patron saint, Saint Catherine of Alexandria (940); later it appears in Lina's description of the fountain of the lions at the Alhambra (985); on another occasion the Sphinx is alluded to as Lina studies her face in the mirror in order to discover the mystery of her own soul (962).

5. Salomé was represented repeatedly by such nineteenth-century painters as Aubrey Beardsley and Gustave Moreau; and she is portrayed by such writers as Flaubert, Laforgue, Huysmans, Mallarmé and Oscar Wilde. Michel Décaudin has studied this popular figure in *fin-de-siècle* literature in "Un Mythe 'fin de siècle': Salomé."

## WORKS CITED

Bade, Patrick. *Femme Fatale: Images of Evil and Fascinating Women.* New York: Mayflower, 1979.

Carter, A. E. *The Idea of Decadence in French Literature.* Toronto: University of Toronto, 1958.

Décaudin, Michel. "Un Mythe 'fin de siècle': Salomé." *Comparative Literature Studies* 4 (1967): 109-117.

Pardo Bazán, Emilia. *Dulce dueño.* In *Obras completas,* 2. 3 vols. Madrid: Aguilar, 1973.

_____. *Porvenir de la literatura después de la guerra.* Madrid: Residencia de Estudiantes, 1916.

_____. *La quimera.* In *Obras completas,* 1. 3 vols. Madrid: Aguilar, 1973.

_____. *La sirena negra.* In *Obras completas,* 2. 3 vols. Madrid: Aguilar, 1973.

Ridge, George Ross. *The Hero in French Decadent Literature.* Atlanta: University of Georgia UP, 1961.

# FRANCISCO SALVADOR SALVADOR

## La significación de la muerte de García Lorca entre los intelectuales republicanos

*El caso García Lorca,* su significación poética y social, ha supuesto sin duda el fenómeno más llamativo de la literatura española contemporánea. Homenajes cuantiosos, alguna negación espectacular, ninguna indiferencia, traducciones enigmáticas, citas, excesos, reivindicaciones civiles y muy privilegiados tratamientos críticos componen la secuela inabarcable que aquel joven poeta granadino de 1898, alegre y taciturno a un mismo tiempo, dejó tras sí en 1936, para sorpresa y reflexión de sus contemporáneos.[1] En un poema titulado "Otra vez, con sentimiento," Luis Cernuda se refirió, ya en los años sesenta, a la tribu no siempre respetable de seguidores lorquianos, sentenciando sus razonamientos con un verso lapidario: "Ahora la estupidez sucede al crimen" (345). De todo hay en la viña de la poesía genial y de sus críticos congeniados, y esto es algo que parece inevitable, pasajero, menos molesto incluso que el silencio inmerecido y largo que cayó sobre otras obras encerradas en su solitaria dignidad. García Lorca se mantiene incólume, sin lesión, con una capacidad creativa que resuelve y explica por sí sola todos los abusos. Bueno será, pues, no buscar en estas páginas culpables, sino razones.

Aparte de la calidad, que no es en todos los casos un argumento definitivo, las razones que han hecho de García Lorca un fenómeno social tienen mucho que ver con la historia ideológica española más entrañable. Su vida tuvo el acierto de encarnar el entramado natural, vitalista, de la poesía acelerada de los años veinte, y su muerte la desgracia de simbolizar el final árido de una tarea titánica de progreso acariciada durante mucho tiempo. Del mismo modo que García Lorca fue desde el primer momento *Federico*, el poeta de carácter ágil y verso entonado que venía a demostrar la alianza física entre una vida y una obra, su muerte resumió enseguida y sin dificultad el destino de la historia española de este siglo.

Dicho esto, nos parece importante plantear una pregunta: ¿cómo un poeta puede cobrar con tanta intensidad el valor de los símbolos? Desde luego, hubiera sido un hecho impensable fuera de la tradición liberal española, encadenada durante mucho tiempo al sueño pedagógico, tradición en la que se insertan el espíritu paternalista del primer krausismo y la lectura vanguardista de la heredad cultural, la fusión entre modernidad y pasado que hicieron nuestros intelectuales en el primer tercio de siglo. La modernización de España fue en buena parte un proyecto cultural, debido a las deudas pendientes que se tenían desde el XVIII con la cultura en general (y, desde el romanticismo, con los poetas). Junto a la obligada reorganización económica y política, la necesidad de acceder a un sistema educativo sin supersticiones y a un ideario actualizado, con la frecuente justificación de su procedencia europea, ocupó lugar de privilegio en el programa de sueños y mitos repetido por sucesivas generaciones de españoles expectantes. Y así, la dignidad cultural vino a tener un papel marcadísimo en el conjunto de promesas sociales puestas en peligro o sesgadas para siempre con la Guerra Civil. Los años urgentes del compromiso político, anteriores y posteriores al levantamiento militar, asumieron esta misma tradición, respetándola a veces o invirtiéndola en otras ocasiones por la vía populista de hacer del pueblo el tesoro más hondo de la sabiduría nacional, el territorio de lo no alterado por los intereses parciales y el egoísmo material. Paternalismo docente y populismo neorromántico se juntaron sin excesivos conflictos, del mismo modo que la figura del poeta culto vestido de miliciano y con un fusil en la espalda se unió a la del soldado inculto, escritor emotivo de romances bélicos. Si recordamos las opiniones del propio García Lorca sobre el teatro, sus críticas a la burguesía benaventina y su cariñoso respeto al público popular de *La Barraca*, comprenderemos fácilmente que después del 18 de julio la República se constituyese en un baluarte imaginario de la cultura española frente al franquismo, definido además como un movimiento anticultural y animalizado. Como es obvio, el famoso grito del general Millán Astray, "muera la inteligencia," podía ser matizado por uno más exacto de José María Pemán: "muera la mala inteligencia." No se trata de que el franquismo estuviese contra la cultura en abstracto (de hecho tuvo la suya, sus revistas, sus editoriales, sus autores), sino de que necesitaba imponer el código ideológico indicado para justificar las raíces de su poder y acabar con todo lo que se le opusiese. Durante la Guerra Civil, la idea de una posible cultura de tono fascista quedó silenciada casi globalmente en la zona republicana, sustituída por otra más eficaz de vacío destructivo, de pulsión arrasadora de todo lo intelectual. Es cierto lo de la destrucción, pero no lo del vacío.

En esta tesitura, los republicanos reforzaron la respuesta de una dignificación cultural, basada en sus implicaciones populares (ante la agresión política de las clases altas) y su realidad nacional (ante la invasión totalitaria de los alemanes y los italianos). ¿Se habrá ensalzado alguna vez más el papel de los intelectuales y los poetas como portavoces de la historia profunda y libre de un pueblo? En este sentido pueden comprenderse los hechos culturales más llamativos de la Guerra: por ejemplo, el cuidado con que se organizó el II Congreso de Escritores Antifascistas, la publicación esmerada de *El Mono Azul* y *Hora de España*, la actividad intensa de la Alianza de Intelectuales, la puesta en marcha de las Guerrillas teatrales, la recopilación del *Romancero de la Guerra Civil*, y así hasta un conjunto infinito de iniciativas políticas y militares, como la formación del llamado "Batallón del talento," que organizó, durante el primer año y medio de contienda, más de ochocientas escuelas en las trincheras para la educación de los soldados analfabetos. En la fiesta del libro de 1938, el comisariado del tercer centro de Instrucción y Reserva de Sanidad Militar publicó unas *Poesías españolas escogidas*, prologándolas con un lema que resume bien el papel que las autoridades republicanas qusieron darle a la cultura en la época de las espadas:

> El comisariado de guerra, siempre atento a los más pequeños deseos del soldado, no quiere dejar pasar estas jornada de las fiestas del libro sin señalar, por medio de este folleto —recopilación de unos cuantos poemas escogidos de nuestros artistas de vanguardia—, la importancia del día. Importancia simbólica cuando nos aprestamos a conmemorar estas jornadas en plena guerra de independencia, en la que defendemos además de nuestra libertad y nuestra patria, este precioso tesoro que es el libro. Nuestro libro ante el que hoy se rinde este sencillo homenaje.[2]

Muchas declaraciones parecidas a éstas llenaron las ediciones y los panfletos del ejército republicano.

Nadie, pues, más indicado que García Lorca para recibir el impulso de los símbolos necesarios, ya que su obra condensaba este proyecto popular y nacionalista y su muerte venía a demostrar públicamente la barbarie del ejército enemigo. En definitiva, éstas son las ideas que se repiten en casi todos los homenajes al poeta, aparte, claro está, de los rumores y las anécdotas surgidas en la indecisión de la leyenda.[3] Fuera de España, García Lorca abanderó con su muerte la lucha del país contra el fascismo y la fructuosa alianza del pueblo y la cultura. Todo lo escrito en aquella época sobre el tema posee una dirección nítida y única. Por ejemplo, en 1937, se publica en Santiago de Chile un volumen titulado *Madre España. Homenaje de los poetas chilenos*, con esta dedicatoria: "A Federico García Lorca, el poeta asesinado en Granada por los fascistas. Identificamos con su nombre nuestro homenaje a España." El prólogo de este libro es una buena muestra de lo que hemos apuntado, como puede verse en este párrafo:

> Tenemos ante nuestros ojos, como ejemplo de magníficas dimensiones, la adhesión política a la causa del pueblo, de todos los altos y profundos valores artísticos, literarios y científicos... Pero, como nunca el pueblo ha defraudado a los intelectuales que le entregan su riqueza cultural y depositan en su heroísmo el tesoro de sus mejores esperanzas, el pueblo español ha respondido dignamente ofreciéndonos otro ejemplo, ofreciéndonos otro ejemplo por el cual una vez más le somos deudores. Ha colocado en las manos de Manuel Azaña, el antiguo presidente del Ateneo de Madrid, la bandera de la jornada antifascista más robusta de nuestro tiempo, haciéndolo Presidente de la República Popular de España; ha confiado el Ministerio de Relaciones exteriores al escritor Alvarez del Vayo; para el Ministerio de Educación ha escogido entre los más jóvenes periodistas y miembros del magisterio, a Jesús Hernández; a la cabeza del consejo de cultura coloca a Menéndez Pidal; Pablo Picasso pasa a dirigir el Museo del Prado; Rafael Alberti, con el católico José Bergamín, ocupa un lugar indiscutible en el corazón de los milicianos que ponen diariamente sus vidas en manos de la República... Por estas actitudes ejemplares; por reivindicar ante la sociedad los méritos de la cultura y de sus hombres, los intelectuales chilenos somos, una vez más, deudores de España. (3-4)

Ese mismo año, en Buenos Aires, se publica el *Homenaje de escritores y artistas a García Lorca*. Pondal Ríos vuelve en el texto de presentación a reconocer la anchura emblemática encerrada en la muerte de Lorca, imágen herida del espíritu humano, en clara oposición con las dictaduras:

> Lo que es urgente decir, hoy, en cambio, es que en el cadáver de García Lorca debemos ver algo que es mucho más grande y mucho más importante que el más importante y grande de los poetas. En el cadáver de García Lorca debemos ver un atentado

contra el espíritu, contra la libertad de pensamiento, contra el libre examen, contra el clima indispensable para la creación y la conservación de la cultura... Porque Lorca no fue muerto por un piquete de soldados. Fue muerto por una concepción ideológica que quiere desterrar del mundo la libertad de pensamiento y destruir la dignidad moral de la vida.

Junto a Chile y Argentina, llegó la solidaridad de México con la publicación de *Voces de España (Breve antología de poetas españoles contemporáneos)*, un volumen muy interesante seleccionado por Octavio Paz. En la nota introductoria, el escritor mexicano incide en el mismo tema:

> Antonio Machado y Juan Ramón Jiménez, maestros nuestros, son el mejor y más valioso ejemplo de esta común y arrojada defensa que la poesía y el pueblo, la cultura y la vida hacen del espírtu español. Y Federico García Lorca, muerto no por sus ideas políticas, como dicen por ahí los malvados o los desorientados, sino simplemente por sus *ideas vivas*, por su poesía que reabundaba la expresión digna y universal de lo más oscuro y esencial del hombre, del pueblo español, es otro ardiente testimonio de esta unidad de los poetas españoles, frente a los valores esenciales de su pueblo, cara al crimen de una casta podrida y juzgada ya por sus hechos. (9-10)

Todos estos comentarios, pertenecientes a textos poco conocidos, dan cuenta del significado que rápidamente se leyó en el fusilamiento de Víznar y de las causas que iban a hacer de García Lorca un símbolo fulminante y duradero. Con dos versos del *Llanto por Ignácio Sánchez Mejías,* aplicados desde entonces al propio Lorca ("Tardará mucho tiempo en nacer, si es que nace,/un andaluz tan claro, tan rico de aventura..."), se personalizaban en un poeta todas las aspiraciones de la burguesía española más decente y el tono popular que rodeó a la literatura de avanzada en los años de la República y la Guerra Civil. Dentro de España las interpretaciones se hicieron en un sentido semejante, aunque más frecuentes y con apoyo oficial de las autoridades políticas. En 1938, la editorial Nuestro Pueblo, le ofrecía un homenaje popular, publicando el *Romancero gitano* en una edición casi de combate. Rafael Alberti escribió en el prólogo sus primeras palabras al amigo muerto: "El impudor de tus verdugos parece ignorar que tu nombre y tu poesía andan ya, y de un modo perenne, en los labios de nuestro pueblo combatiente, de todos los antifascistas españoles. Cada romance tuyo que se repite, suena como una tremenda acusación contra tus asesinos. Tenemos memoria" (6). Y la memoria se hizo palabra multiplicada. Si toda guerra conlleva la aparición de poemas dedicados a las víctimas heroicas (en nuestro caso, por ejemplo, Lina Odena, Saturnino Ruiz, Durruti, Han Beimler), García Lorca multiplica el número por cercanía cultural y condensación ideológica. Tanto se insistió en él, sobre todo en su aspecto neopopularista evidentemente, que en el número XVIII de *Hora de España*, Luis Cernuda se veía obligado a protestar una vez más:

> Nadie que conociera a Federico García Lorca o que conozca bien su obra le hallará el menor parecido con ese bardo mesiánico que ahora nos muestran y al que le quieren reclutar un público por los campos y talleres españoles. Su poesía no necesita esa póstuma deformación para encarnar como encarna la voz más remota, honda e inspirada de nuestro pueblo, aunque éste no lo sepa, como ha ocurrido siempre y como es natural que ocurra. (18)

Entre todos los ofrecimientos a la memoria de Lorca, sin duda el de más entidad fue la publicación del libro *Homenaje al poeta Federico García Lorca*. Uno de los síntomas más claros de la importancia que el gobierno republicano le dio a la cultura en su política interior y en su propaganda internacional podemos encontrarlo en la organización mimada, en 1937, del II Congreso Internacional de Escritores Antifascistas, congreso que, en plena guerra, reunió en Madrid y Valencia a buena parte de los literatos más significativos del momento, con su corte imprescindible de adhesiones, documentos de solidaridad y declaraciones políticas. Los organizadores idearon una serie de publicaciones para regalar a los participantes, como muestra del trabajo cultural español, entre las que destacan una antología titulada *Poetas en la España leal* y este homenaje al poeta fusilado. Es fácil comprobar que desde el artículo de Dámaso Alonso, hasta los poemas de Prados o Hernández, pasando por las prosas de Aleixandre, Bergamín o Moreno Villa, casi todos los textos incluídos en el libro apuntan a las dos ideas señaladas: nacionalismo popular y exaltación de la cultura frente a sus agresores. En la reseña que Juan Gil-Albert escribió sobre este homenaje en *Hora de España*, ataba las dos ideas, explicando así la importancia emblemática del poeta:

> Pero el azar no elige indistintamente la forma imperecedera de sus símbolos. La reacción española dirigió el supremo alarde de dominio que supone la guerra no contra 'lo social' específico de una clase, de un partido político, de una teoría revolucionaria,

sino contra algo de naturaleza mucho más intangible, 'lo popular' escueto, y García Lorca parece bajo este odio 'totalitario,' intencionadamente señalado por esa mano del azar, que vigilan sin duda unos ojos atroces. (93)

Junto a la calidad de muchas de las colaboraciones, divulgadas por sus autores posteriormente en libros personales o en ediciones de García Lorca, el interés de este *Homenaje* se cifra también en su estructura: la aportación de los escritores amigos, una antología lorquiana seleccionada por Emilio Prados y un artículo largo de Angel del Río, publicado en 1935, en la *Revista Hispánica Moderna*, quizás el estudio crítico más importante que el poeta pudo conocer sobre su obra. Los responsables acertaron a coordinar el aspecto emotivo del *Homenaje* con la valoración seria de una literatura que acababa de ser interrumpida, y que necesitaba más que nunca de la objetividad, del talento divulgativo y la interpretación acertada. En esta páginas sólo es llamativa una ausencia: la de Luis Cernuda. Su "Elegía a un poeta muerto," escrita en abril de 1937, provocó el malestar de Wenceslao Roces, subsecretario del Ministerio de Instrucción Pública y responsable político del Congreso de Escritores Antifascistas, para quien las alusiones a la homosexualidad estaban de más en el nebuloso paraíso de la libertad por el que se estaba luchando. Posiblemente sea ésta la causa de que Luis Cernuda no participara en el Homenaje. Tampoco en *Hora de España* pudo publicarse completa la "Elegía"; aunque con una nota aclaratoria del poeta, que se responsabilizaba a sí mismo de los versos ausentes, el texto apareció con una estrofa de menos:

> Aquí la primavera luce ahora.
> Mira los radiantes mancebos
> Que vivo tanto amaste
> Efímeros pasar junto al fulgor del mar.
> Desnudos cuerpos bellos que se llevan
> Tras de sí los deseos
> Con su exquisita forma, y sólo encierran
> Amargo zumo, que no alberga su espíritu
> Un destello de amor ni de alto pensamiento. (136)

En fin, en este Homenaje al poeta *Federico García Lorca* hay palabras escritas con uso de razón y uso de corazón, comentarios serenos y protestas airadas, que hoy, medio siglo más tarde, siguen vigentes, porque está bien que los hombres sientan, porque es necesario que se refugien de la prepotencia en el oscuro y más poderoso azar de sus mitos. Y está bien que los pueblos se acostumbren a la palabra de un poeta, y que acierten al escogerlo. Algo, que no se parece a un discurso teórico, sino a las certidumbres instintivas que se sacan de las experiencias infantiles, ha hecho de Federico García Lorca el resumen ideológico de la historia más reciente de nuestro país, de lo que han sido sus sueños y sus negaciones. Federico García Lorca. Hay demasiada vida encerrada en sus sílabas.

Universidad de Granada<br>Granada, España

## NOTAS

1. Este trabajo realizado en colaboración con el Dr. Luis García Montero de la Universidad de Granada (España) es un adelanto del prólogo del libro *Homenaje al poeta Federico García Lorca*, editado por la Comisión Nacional de Cincuentenario de Garcia Lorca, Granada, 1987.
2. He podido manejar este librito, al igual que otros textos de difícil localización, gracias a la amabilidad del poeta Abelardo Linares, que puso a mi disposición su biblioteca personal.
3. Muchas publicaciones recogen anécdotas más legendarias que reales. En el homenaje *Poeta fusilado,* puede leerse: "Antes de morir, García Lorca quiso hacer unos versos a su patria, pero el capitán, José Nestares Cuellar, que mandaba el piquete, se negó. García Lorca dijo: —Hermanos, hermanos, hermanos: yo soy un hombre cristiano, pero liberal, y muero dando vivas a la libertad y a la República.— (De un testigo)."

## OBRAS CITADAS

Alberti, Rafael. "Palabras para Federico." *Romancero Gitano.* Por Federico Garcia Lorca. Madrid: Nuestro Pueblo, 1938.

Cernuda, Luis. "Federico Garcia Lorca (Recuerdo)." *Hora de España* 18 (junio 1938): 18.

_____. "Otra vez, con sentimiento." *La realidad y el deseo.* México: 1979.

Gil-Albert, Juan. "La poesía en la muerte de Federico García Lorca." *Hora de España* 15 (marzo 1938): 93.

*Homenaje de escritores y artistas a García Lorca.* Buenos Aires-Montevideo: 1937.

*Madre España. Homenaje de los poetas chilenos.* Santiago de Chile: 1937.

*Poeta fusilado.* Montevideo: 1937.

*Poesías españolas escogidas. Fiesta del libro.* Madrid: Comisariado del Tercer Centro de Instrucción y Reserva de Sanidad Militar, 1938.

*Voces de España (Breve antología de poetas españoles contemporáneos.* Ed. Octavio Paz. México: 1938.

# IVAN A. SCHULMAN

## Sociedad colonial, sociedad esclavista: La Habana de *Cecilia Valdes*

Una lectura ideológica de *Cecilia Valdés* esclarece los signos rectores de un texto en el cual el sistema de esclavitud, la sociedad colonial y la decadencia socio-política de la isla constituyen los componentes de un concepto metasimbólico: el de la ciudad cifrada en el orden de su sociedad.[1] Dilucidados los códigos referentes a la esclavitud, el colonialismo, y la decadencia en términos de esta estructura metafórica, la visión narrativa/autorial y el orden de la sociedad nos remiten a un proyecto de reforma y modernización de la sociedad colonial cubana concebido por Villaverde y sus contemporáneos. En la formulación de este proyecto generacional, Villaverde le concede a la ciudad un papel en desacuerdo con la idea clásica de la polis civilizada (Rama 14), clásica, y más en armonía con la latinoamericana descrita por A. Rama, es decir, la ciudad/ *sueño de un orden* que sirve "para perpetuar el poder y para conservar la estructura socio-económica y cultural que ese poder garantizaba" (11).

El "sueño" de Villaverde, sin embargo, fue *anti*-conservador; con un proyecto político y artístico insertado en su novela antiesclavista, y presentado mediante las descripciones costumbristas citadinas, se proponía descubrir, y luego derribar las bases de una sociedad colonial inmoral y nefasta. En su ficción, por lo tanto, elaboró un discurso dirigido contra las autoridades, y en él dio expresión a una voz disconforme, que de modo incipiente y disimulado exponía las lacras del gobierno español. Su costumbrismo era aquella "forma de la literatura realista, característica de la burguesía en ascenso, que se preocupa[ba] por retratar y describir los tipos representativos de esa misma clase" (Portuondo 52). Junto con Anselmo Suárez y Romero, Felix Tanco y Bosmeniel, Gertrudis Gómez de Avellaneda, y José Ramón Betancourt, Villaverde contribuyó a crear los primeros ensayos novelísticos-antitratistas o antiesclavistas—de Cuba en la tercera década del siglo XIX.

Esta es la década, en que vio la luz en *La Siempreviva* la "versión primitiva" (1839) de *Cecilia Valdés* (75-87, 242-54). En ella y en otras obras coevales se perfila—hasta en las omisiones y los silencios—la crisis de un país que empezaba a sentir el peso de la esclavitud (Pacheco 162-78) y las medidas represivas de un régimen colonial que en el ámbito de la cultura censuraba las publicaciones, ahogaba la vida literaria e intentaba refrenar los brotes de una ideología y de un estilo de pensar *criollistas* que a duras penas se iba plasmando.

En estos momentos de puje y de afirmación por parte de los azucareros criollos surgen los voceros intelectuales de esta clase, entre ellos, sus mentores principales: José Antonio Saco y Domingo del Monte. Frente al cuadro desolador de la sociedad colonial cubana, cuyos tintes sombríos encontraron una expresión fictiva en las obras que se escribieron bajo su tutela, Del Monte propuso la reforma de la sociedad colonial. En prueba de su deseo de reforma—en contraste con la revolución—, él y los demás exponentes del proyecto memorial de 1838 declararon al final del documento que aspiraban "a merecer el glorioso timbre de españoles y a perpetuar para siempre en Cuba la unión y el dominio de la madre patria" (1.94). A tal extremo llegaba la voz del orden, hasta en individuos ilustrados y deseosos de mejorar el destino político de la isla.

Sin embargo, Villaverde, y su contemporáneo, Félix Tanco y Bosmeniel, no subscribieron esta declaración de lealtad a España. En ton de protesta y de rebeldía, decepcionado por el reformismo, Villaverde insistió en dar constancia de la lastimosa situación de la isla, mediante el arma recomendada por su antiguo mentor, Del Monte. Esto, por ejemplo, en el Capítulo XI de *Cecilia Valdés* (versión de 1879).[2] En este apartado, fuente abundante de datos sobre la sociedad habanera y la ciudad central de la isla, tomó nota de la falta de libertad personal y de la prensa; del temor de discutir cuestiones políticas en público o en privado; de la prohibición de la discusión de los sucesos políticos del continente, en especial, cualquier alusión a las guerras de independencia; y, por último, de la angustia producida en un pueblo carente de un concepto histórico altamente desarrollado. Es más, aun en la llamada versión primitiva de su novela, versión escrita en Cuba bajo la censura (1839), Villaverde dejó deslizar con suma cautela, por supuesto, observaciones como las siguientes:

la sociedad en general...casi nunca es injusta en sus fallos; podrá serlo *una fracción de sus individuos*, los hechos diarios lo comprueban, mas *no toda ella*. Y, por ventura ¿el modo de encaminar a buena parte la opinión de toda una sociedad es llenándola de dicterios y maldiciones? (75; el énfasis es nuestro)

Mediante tales aseveraciones filosófico-sociales Villaverde supo evitar la ira de la censura sin indicar su aprobación de la conducta de los gobernantes españoles (¿la aludida *fracción* de la cita?), posición impuesta por las circunstancias.

Pero las opiniones críticas, si tenían que ser crípticas, no escaseaban. Tres años después de la versión primigenia de *Cecilia Valdés*, o sea en 1842, el novelista, al publicar una descripción de La Habana, cifró la naturaleza de toda la isla en términos de la ciudad: "La Habana, hoy día, es la isla de Cuba" ("La Habana," 164). Y, una vez sentada esta formulación simbólica, fundamental al proyecto de su narrativa, el autor de "La Habana en 1841," insertó unos velados comentarios negativos, expresados mediante saltos retrospectivos: "Desde época bien remota a la que nos referimos ahora, la marítima ciudad, blanda cera en mano de sus artífices o dueños, ha tomado siempre la forma que han querido darle. Cada uno, puede asegurarse así, le ha impuesto su carácter peculiar" ("La Habana" 164). Los rodeos de un escritor asediado por las prohibiciones del sistema colonial, se concretizan en captaciones históricas, o sea en una preteritación de la actualidad desastrosa: crítica enmascarada, presentada por medio de la ciudad metaforizada, encarnación/*pars pro toto* de la isla—como Francia es París, o Inglaterra, Londres; ciudad, cuya naturaleza es manejada por otros, sus dueños o artífices, pero, sólo los del pasado, sin aludir claramente a los del presente. En este escrito preparado para *El Faro Industrial de la Habana*, el énfasis de las ideas de Villaverde cae sobre el aspecto comercial de la actividad urbana. Pero, las pinceladas críticas no faltan por eso: "Por todas partes bulle un pueblo que en lujo y en miseria no cede a ninguno de la tierra" ("La Habana" 166).

Cuando Villaverde, víctima por fin de la cárcel colonial cubana, se escapa de la isla y se establece en Nueva York, sigue preocupándose por la isla. Es significativo que en el prólogo a la edición definitiva de *Cecilia Valdés* de 1882, el novelista observa en sus apuntes autobiográficos que fuera de Cuba, en el exilio, "pasé del mundo de las ilusiones al mundo de las realidades; abandoné, en fin las frívolas ocupaciones del esclavo en tierra esclava, para tomar parte en las empresas del hombre libre en tierra libre" (4). Villaverde, al pasar de su Cuba nativa a los Estados Unidos, pasó de los "países azules," como decía Martí de la América de este período, a una nación que ya estaba en pleno proceso de modernización. Las aludidas *ilusiones* contrastadas con la *frivolidad* no constituyen un índice de negativismo vis a vis los países hispanoamericanos o la isla de Cuba, sino un comentario triste y nostálgico sobre su atraso, tanto político como económico. Es ésta una valoración formulada desde la lejanía,[3] idéntico al caso de "Nuestra América" de Martí. Es más. Está pensada y escrita desde una etapa más desarrollada de la vida colectiva humana—la que el novelista observó en Nueva York o Filadelfia de los Estados Unidos. En la dilucidación de las *frívolas ocupaciones* vs. las *empresas del hombre libre*, es indispensable meditar sobre el resto de esta polaridad, es decir, *tierra esclava* vs. *tierra libre*. Analizados de modo orgánico estos contrastes encierran una visión cuyos dos signos rectores son la libertad y la modernización socioeconómica. Con ambos signos claves en mente escribió Villaverde su versión final de *Cecilia Valdés*.

En esta versión, producida en medio de una sociedad extranjera y extraña, hay que valorar todos los signos de un proyecto literario condicionado por una nueva y más madura visión de la isla. Entre estos signos los epígrafes son particularmente significativos, sobre todo si uno compara la versión primitiva con la definitiva de la novela. En la versión de 1839 el primer epígrafe dice:

> Sola soy, sola nací,
> Sola me parió mi madre.
> Sola me tengo de andar
> Como la pluma en el aire.
> (*Cantarcillo popular* 75)

En la versión definitiva no aparecen estos versos hasta el comienzo del segundo capítulo de la Primera Parte. En cambio, el novelista, radicado en Nueva York, incluye el siguiente epígrafe antes de empezar su prólogo explicativo de la génesis de su obra:

> *A las cubanas*
> Lejos de Cuba y sin esperanza de volver a ver su sol, sus flores, ni sus palmas, ¿a quién sino a vosotras, caras paisanas, reflejo del lado más bello de la patria, pudiera consagrar, con más justicia, estas tristes páginas? (3)

En el primer capítulo (Primera Parte), el epígrafe reza: "Tal es el fruto de la culpa, Tello, cosecha de dolor. SOLIS" (9). Si a este epígrafe juntamos el primero, descubrimos que hay un núcleo ideológico que confirma la nostalgia patriótica del novelista, una insistencia sobre la belleza añorada expresada en visiones bucólicas—*sol, flores, palmas*—y una evocación romántico/idealista de la mujer como encarnación abstracta de la belleza perdida de la patria. La naturaleza y la figura femenina, encierran el lado positivo en un país degradado. Villaverde vive la disyuntiva del conflicto entre una literatura romántica inspirada en Scott y Manzoni, y una literatura costumbrista, orientada hacia la reforma social. Escoge esta última como nos explica en su prólogo de 1879:

> Reconozco que habría sido mejor para mi obra que yo hubiese escrito un idilio, un romance pastoril, siquiera un cuento por el estilo de Pablo y Virginia, o de Atala y Renato; pero esto, aunque más entretenido y moral, no hubiera sido el retrato de ningún personaje viviente, ni la descripción de pasiones de un pueblo de carne y hueso, sometido a especiales leyes políticas y civiles, imbuido en cierto orden de ideas y rodeado de influencias reales y positivas. Lejos de inventar o de fingir caracteres y escenas fantásticas, e inverosímiles, he llevado el realismo, según lo entiendo, hasta el punto de presentar los principales personajes de la novela con todos sus pelos y señales.... (6)

Es interesante notar que aún desde el extranjero—Nueva York, mayo de 1879—el novelista no se explica claramente respecto a la naturaleza socio-política de su patria; alude, de modo vago a la isla "sometida a especiales leyes políticas y civiles" viviendo bajo "cierto orden de ideas." La escritura simbólica le asedia; es en parte la herencia de las lecciones literarias y morales de Del Monte, y posiblemente la influencia posterior de la novela antiesclavista de Stowe, *Uncle Tom's Cabin; or Life Among the Lowly* (1852). De ambas fuentes recibió Villaverde el claro ejemplo de la utilidad moral de la literatura, y, junto con otros de su generación, formó el concepto de una escritura de rasgos deterministas concretizados en un discurso metafórico. Hay, además una tendencia, tanto entre los primeros novelistas cubanos contemporáneos de Villaverde, como en Stowe a metaforizar mediante el vehículo del microcosmos. Así es cuando Villaverde dice La Habana, como en el artículo en *El Faro Industrial*, dice la patria: Cuba. Y cuando habla de la familia, su visión es más amplia, pues habla de la población cubana, o del ser humano como abstracción. Para Stowe, la raíz del "problema negro" se definía en el seno de la familia: "They [los esclavos negros] are in our houses; they are the associates of our children, and they form their minds faster than we can..." (295). De modo similar, los novelistas cubanos evitaron cualquier argumento que podría interpretarse por parte de las autoridades como un alegato en favor de la abolición de la esclavitud. De ahí, que en su mayoría la tendencia fue reducir la narrativa al retrato de una familia y ver cómo la esclavitud tuvo el resultado de degradar a los blancos que maltrataban a los esclavos negros. Así es que tanto la familia como los escenarios cobraron un valor metafórico cuyo plano real, velaba y hasta distorsionaba el narrador con claves discernibles para los iniciados o los enterados y astutos entre los lectores u oyentes. Pero, en este proceso de la metaforización del costumbrismo—pues no hay que prestar demasiada atención a la declaración del novelista de que copiaba *d'après nature*—en esta escritura "realista," familia, moral, determinismo, y escenario cobraron valores simbióticos, amén de simbólicos. A este respecto, Villaverde en su narración *La peineta calada* observó que "toda población es un gran teatro: los mercados, los tribunales, las plazas, los paseos, los salones filarmónicos, todos los sitios, en fin, donde el hombre se ostenta como verdugo, como víctima, o como espectador, no son otra cosa que el proscenio..." (77-78). Establecido el principio de la geografía humana simbólica—escenario/mundo—el narrador sentó las bases de un comportamiento de disfraz en que el hombre era el actor principal de un drama de engaños.

El principio del engaño dramático le guió a Villaverde en *Cecilia Valdés*. Retrata a los personajes en forma representativa—simbólica—en el teatro de la vida cuyo escenario ficticio es la ciudad de La Habana. El narrador de la obra, muy al principio de ella observa que para Cecilia,

> las calles de la ciudad, las plazas, los establecimientos públicos ...fueron su escuela, y en tales sitios, según es de presumir, su tierno corazón, formado acaso para dar abrigo a *las virtudes, que son el más bello encanto de las mujeres,* bebió a torrentes las aguas empozoñadas del vicio, *se nutrió desde temprano con las escenas de impudicia que ofrece diariamente un pueblo soez y desmoralizado.* (el énfasis es nuestro; 18)

En el escenario de la ciudad, símbolo para Villaverde de la sociedad decadente de la colonia, se desarrolla la historia de la vida de una mujer víctima de los achaques del ambiente. Las mujeres, para el novelista son, por naturaleza, la encarnación de la virtud. Pero, además son figuras idealizadas en un momento en que los patriotas no pueden reformar las instituciones nacionales. Y, por consiguiente, se presentan como personas desnaturalizadas por una sociedad estancada. La ciudad, léase la colonia esclavista, corrompe a Cecilia. De ahí que en la dedicatoria de su libro, evoca el novelista "a las cubanas," pensando con nostalgia en su virtud y belleza, comparadas, en forma indirecta con las bellezas de la naturaleza lejana de Cuba. Pero, cuando, retrata a Cecilia, y a las demás mujeres de su obra, todas, tarde o temprano, resultan ser las víctimas de la vida citadina y de las inmoralidades de su ambiente.

Para condenar a la sociedad entera, el novelista utiliza el escenario más amplio y variado, el de la ciudad, con la presencia de todos los personajes típicos descritos con el detallismo del costumbrista decimonónico. En la versión definitiva de *Cecilia Valdés* expresa en forma alegórica los atributos socio-étnicos y económicos de la colectividad en los personajes individuales. Utiliza, como en los primigenios relatos antiesclavistas, el núcleo familiar y sus miembros individuales para representar los valores colectivos. En el caso de la familia Gamboa, Doña Rosa es la madre criolla, abierta, afectuosa, consentidora, es el elemento criollo con sus defectos, pero de naturaleza sincera, víctima de sus circunstancias; Don Cándido, el padre, lo español, testarudo, taciturno, seco, la negación, el que engaña a la esposa inocente (lo criollo) y a la madre de Cecilia (lo mestizo); y Leonardo, el hijo veleidoso, dado al goce, viene a ser el representante de la nueva generación criolla, viciada por las lacras sociales de la esclavitud. Estos individuos, junto con sus esclavos, constituyen los miembros de un estudio social cuyo escenario es la ciudad, y tanto los seres humanos como el ambiente urbano sirven para simbolizar la moral en declive de una sociedad condenada y sin esperanza.

Pero, a diferencia de sus contemporáneos de la década del 30, Villaverde rebasa los límites de una sola familia y de un escenario, normalmente rural. Agrega personajes como Señá Josefa, Cecilia, José Dolores Pimienta, Nemesia, María de Regla, Isabel Ilincheta, Dionisio. Y, a este panorama tipológico, en su papel de costumbrista, ofrece abundantes pinturas de los barrios de La Habana, la descripción de un cafetal, de un ingenio, el ritmo de las fiestas, bailes, calles del centro urbano, el interior de las casas pobres, la sastrería de los pardos, la vida nocturna, las aulas de la universidad, y, por fin, la experiencia "ausente," que aporta el exiliado enriquecido por *la cultura de la lejanía*—la de las ciudades de los Estados Unidos—que le sirve de medida comparativa.

En todo lo que presenta Villaverde, el novelista da por sentado la idea clave de que ciertas condiciones y prácticas sólo las comprenderán en su totalidad degradante los que han experimentado o presenciado la institución de la esclavitud, pues ellas proceden del corazón de un pueblo esclavizado, con lo cual el narrador se refería no sólo a la situación del negro, sino a la del blanco degenerado hasta la fibra moral por el contacto con la esclavitud. Este proyecto social produjo "extrañas historias de crímenes, relatos de alquimia, incestos, pastores que expían terribles pecados, un loco que inventa una máquina infernal" (Parajón 9). Frente a una sociedad represiva, sin movimiento social, estos escritores nos han dejado textos en que abundan irrupciones violentas, o historias irracionales de pasión. Es una escritura de contragolpe nos dice Mario Parajón, una manifestación de "la odiosa asfixia intelectual impuesta por el despotismo español..." (Parajón 9). Romper con el orden de la sociedad,—simbolizada por la ciudad jerárquica de La Habana—y aniquilar el poder representado en sus estructuras estáticas y represivas, constituyó el proyecto de Villaverde. Entre sus contemporáneos fue el único que entendió desde la perspectiva de la modernización socio-política la extensión y la profundidad de la problemática esclavista y colonial de Cuba.

University of Illinois<br>Champaign-Urbana

## NOTAS

1. La idea es de Lewis Mumford, citado en inglés por Angel Rama en *La ciudad letrada* 3. Para los detalles históricos de La Habana en esta época, y con referencia específica a *Cecilia Valdés*, véase el libro fundamental de Lolo de la Torriente, especialmente 47-54.
2. Utilizamos la edición de I.A. Schulman.
3. Usamos *lejanía* con el sentido que le da Cintio Vitier a este concepto en *Lo cubano en la poesía* 574.

## OBRAS CITADAS

Del Monte, Domingo. *Escritos de Domingo Monte*. Vol. 1. La Habana: Cultural, 1929.

Pacheco, Francisco. "Aspectos del pensamiento esclavista en el siglo XIX" *Unión* 11 (dic. 1972): 162-78.

Parajón, Mario. "Prólogo." *La joven de la flecha de oro*. La Habana: Publicación de la Comisión Nacional de la Unesco, 1962.

Portuondo, José Antonio. "Landaluze y el costumbrismo en Cuba." *Revista de la Biblioteca Nacional* enero-abril 1972: 51-83.

Rama, Angel. *La ciudad letrada*. Hanover, NH: Ediciones del Norte, 1984.

Stowe, Harriet Beecher. *Uncle Tom's Cabin; or Life Among the Lowly*. Boston: Houghton Mifflin, 1894.

Torrente, Lolo de la. *La Habana de Cecilia Valdés*. La Habana: Jesús Montero, 1946.

Villaverde, Cirilo. *Cecilia Valdés*. Ed. I.A. Schulman. Biblioteca Ayacucho 87. Caracas: 1981.

_____. "La Habana en 1841." *El Faro Industrial de la Habana* 1 enero 1842: 164.

———. *La peineta calada.* La Habana: Publicación de la Comisión Nacional Cubana de la Unesco, 1962.

Vitier, Cintio. *Lo cubano en la poesía.* La Habana: Instituto del Libro, 1970.

# WILLIAM L. SIEMENS

## The Birth of the Author in the Recent Cuban Novel

In *The Voice of the Masters,* Roberto González Echevarria says:

> If there is a modern mythology of writing, it centers on the question of authorship versus general determination—a question, in other words, of the origin or generation of writing. That "great mythic writing," of which Barthes speaks has as its object the disappearance of the author, or, in more current critical idiom, the abolition of the subject: it is a search for meaning in a universe abandoned by both man and the gods. (99)

It seems rather curious, then, that in several novels produced by Cuban writers since 1868, one of the central preoccupations should be the *generation* of an *author*, as opposed to the *disappearane* of the author and the generation of a *text*. In this study I wish to examine this phenomenon in order to determine why it has come about and what its significance may be.

First it would be well to place it in its proper context. González Echevarría comments:

> The urgency of this question of origins, in its double thrust-language, being-determines that most salient characteristic of modern writing, self-referentiality. By alluding to itself and by probing into its own mode of being, modern writing is always in

> the process of offering an implicit statement about its own
> generation, a conception of its conception, as it were. (99)

Once again, when the Cuban novels I propose to examine are brought into the picture, the question that remains is why the focus has changed from the generation of the text to that of the author. In the case of Guillermo Cabrera Infante's *La Habana para un Infante Difunto,* this is especially intriguing, since his earlier *Tres tristes tigres does* manifest a type of self-referentiality in which the text suggests some keys to the puzzle of its own conception; that is, as I have suggested elsewhere, the text of *TTT* constitutes the resurrection of the character Bustrófedon, the story of whose death is narrated within the text (Siemens 171). *La Habana*, in contrast, is a text that tells the story of how its narrator came to be capable of telling such a story.

González Echevarría continues:

> As Jean Hyppolite has shown in his study of Hegel, self reflexiveness is a regressive movement, a circular journey back to the source. In literature, self-referentiality is a return to origins in order to take away from conception its claim of originality, of constituting a single, fresh moment of beginning, an ordering principle and principium. (99)

That is to say, if the universe appears to have been abandoned by both man and the gods, and if meaning is yet desirable, and if it must be postulated that meaning will be found only within the text, that text may need to convince the reader of something like its own timeless self-generation. It seems to be denying not only its author but its own beginning, its creation. That would place it in the category of the Torah in traditional Jewish thought, as a text that existed prior to all material creation. As such, in a sense it has no beginning and no author. For many scholars of the Torah, the place of residence of the Creator himself is precisely *in the text*.

Why, then, do we encounter this other manifestation of self-referentiality in which the narration focuses on how the narrator came to the point of narrating? Certainly this is not the reappearance of the author in any traditional sense. In place of the self-generation that one would expect out of Barthes' "great mythic writing," there is an insistence on the voice of someone and how it came to be heard. To put it another way, the text may be the thing, but it is about some person contained within it who supposedly brought it into being. One is aware of the many famous fictional narrators in the history of the novel, but here the emphasis is on the *birth* of such a narrator.

One of several points of resemblance between José Lezama Lima and his character José Cemí, who appears in *Paradiso*, is the acute asthma from which both of them suffer. *Paradiso* opens with the five-year-old Cemí experiencing an asthmatic attack as several household servants hover over him, attempting to cure him by what seems a combination of sound home remedies and esoteric ceremonies. One of them is named Trinidad, and in fact the healers take on the appearance of a tripartite divinity lending the breath of life to the child, as Yahweh does to Adam in Genesis. Such an opening scene takes on more significance if the reader knows that Lezama believed man returns to the world as divine essence the air vouchsafed to him as breath. Throughout the work, then, José Cemí and others are viewed in the act of creating words which take on the aspect of almost tangible reality. Of Cemí it is stated that "el ejercicio de la poesía, la búsqueda verbal de finalidad desconocida, le iban desarrollando una extraña percepción por las palabras que adquieren un relieve animista en los agrupamientos espaciales, sentadas como sibilas en una asamblea de espíritus" (377).

The first step in the transformation of José Cemí into a poet, then, is his act of receiving the breath of life in the form of certain words pronounced over him by persons who, in the performance of such rites, assume the role of divinities. Throughout the text, the word "metamorfosis" and its variations appear constantly, along with an astounding number of occurrences of "como," "como si," and "parecía," as if metaphor were being employed to display the exalted realities into which Cemí and his world are capable of being transformed. At one significant point his father reaches out to rescue him from drowning—which is to say, give him life—in a pose that recalls the central image on the Sistine Chapel ceiling, where the Creator is about to touch the finger of Adam with his own, among other things bestowing on him the power to be a creator in his own right. This of course brings to mind the root meaning of the word "poet," the maker. From his father the military officer, who is a force to be reckoned with in his nation, Cemí has received a certain amount of power. He will, however, turn aside from the power of destruction to the life-giving power of poetry.

The last words of the text are, "podemos empezar." Having established a poetics and initiated a poet, the text can now set in motion the process of writing. As Ortega y Gasset expressed it in *La deshumanización del arte*, the poet begins where man ends (qtd. in González Echevarría 99).

Matías Montes Huidobro's *Desterrados al fuego* depicts the familiar situation of an author exiled from Cuba. Montes' narrator leaves his homeland as a none too successful writer. Significantly, he is forced to leave his typewriter behind, associated as it is with his formerly substandard work.

The narrator must be reborn, it seems, both as bearer of a new North American identity and as a writer. After he and his wife are shipped off to an unnamed northern city in the United States, he fails to find employment and is further humiliated when his wife does find it. He loses interest in everything in his present life, including personal hygiene, and he eventually collapses in the snow in a park where he has virtually become one of the old men he describes as lost in their solitude.

As he falls, however, his fingers go through the motions of typing, and, in the course of a lengthy series of hallucinations, he visualizes many black birds descending upon him. They turn out to be incarnations of the exercises performed by a beginning typist: a letter followed by another, followed in turn by a repetition of the first (d-e-d, f-r-f, and so forth). In a second wave of the linguistic birds, some of them spell out recognizable English words, among them two affectionate terms for "father," namely "pop" and "dad." Of these words the narrator remarks that it is "como si quisieran unirse para decir algo" (Montes 106). Indeed they do. First, nothing could be more appropriate to the birth of a writer than to emerge typing words in English, the language of his new identity. Secondly, those words, in some cases, have to do with the paternity associated with any birth.

Soon afterward he states, "La creación de palabras fue el primer paso que me propuse" (108). As the story proceeds, it becomes evident that the narrator is increasingly self-conscious and anxious that the reader go on. At times he addresses him directly, adding a comment such as, "si ha seguido leyendo hasta ahora." Near the conclusion he remarks, "Esto que tan mal escribo no es otra cosa que espejismo del que leyere"—and please note his use of the future subjunctive—"ya que en moderna técnica novelesca el lector completa el cuadro con lo que omite el novelista" (201). I submit that what he perceives as missing until the reader interacts with the text is its viability as a text, along with the birth of its author within its confines. If this novel is not read, its narrator simply does not exist. Again we see that double thrust of language and being. The text cannot come into being without an author, and the author today can only come into being within his text.

Another prime example of a book revealing the death of man and the birth of a poet is Cabrera Infante's *La Habana para un Infante Difunto,* which the author has described as "the chronicle of Don Juan's failure" (10). What happens to the narrator, however, is that he attempts to be half of Don Juan—by which I mean that he never kills men in duels—and ends up being half of Lope de Vega, in that he produces texts as Lope does, but emphatically lacks Lope's legendary success with women. His initial attitude recalls Mircea Eliade's concept of the orgy in pre-modern societies—that it represents a desperate attempt to maintain contact with Being. That rings true in the present case, since the promulgation of sexuality has often been thought to promote fertility in the world at large. Somehow this strange, obsessive character seems to be in search of a new birth as a man through an incredible variety of heterosexual experiences; he uses the word "iniciación" almost as often as Lezama Lima's narrator uses "metamorfosis."

Nevertheless, in his quest for one sexual adventure after another, Cabrera's narrator constantly finds himself confronted by the possibilities of *being* inherent in literature—once more, language and being. Even as his beautiful green-eyed nymphet cousin seems to be offering him his first conquest, he ends up at a desk, furiously writing. Later, his first success of any note, with the nymphomaniac known to him as Julieta, involves some unbelievably corny wordplay as he reads to her. Ezra Pound is related to Shakespeare's "pound of flesh," which in turn becomes a pound of *his* flesh, and so on.

Not until after the time referred to in the text does its narrator realize the true relationship between language and being, and thus produce the text. In the epilogue, as the sex-crazed character wanders aimlessly about inside an Earth Mother-figure, he stumbles upon a copy of Jules Verne's *Voyage to the Center of the Earth*. So lacking in imagination is he that he takes it to be a text that will tell him how to find the exit—that is, some form of *physical* rebirth. Cabrera Infante told me in a letter, in fact, that he is mainly interested in seeing the rest of the film. More pertinently, the author has remarked that his character misses the point, by which he means that his finding the book signifies that literature is his way out in a different sense. Clearly he means that in order to achieve any meaningful sort of rebirth the narrator must become a writer. Failing to understand, he stumbles toward the exit, which happens to lead into a movie theater, and the final words of the text, appropriately, are, "Aquí entramos": this is where we came in.

Once again, however, as in the case of *Tres tristes tigres*, the existence of the text constitutes proof of the fact that a resurrection has taken place. In Cabrera's first novel Bustrófedon has attained his goal of becoming language and has been reborn as the text of the novel describing his death. In *La Habana* the existence of the text signifies that its narrator has in fact realized that his only proper rebirth is as a writer, since he has produced the text that the reader has in hand. It would seem obvious—at least barring total success in the quest for Barthes' "great mythic writing"—that a text does not exist until an author does.

What these novels appear to be saying, however, is that an author does not exist until the text brings him into being. This is an exceptionally instructive form of self-referentiality, one that leaves intact Jean Hyppolite's notion that this feature of modern writing denies conception any claim to uniqueness. The novels we have considered do so by presenting the reader with a narrator *born within the text*, thereby avoiding any messy involvement with the notorious metaphysics of presence, since no life outside the text is postulated. The myth of self-generation that the great mythic writing seems to be attempting to establish for itself should remain intact. Even as it proposes a creator, the text presents him as a fictional creation brought into being by that text, so that the requisite circularity of creation is maintained. If, as both Barthes and Derrida maintain, there is no life outside the text, the author who creates that text will have to be born within its confines.

West Virginia University<br>Morgantown, West Virginia

## WORKS CITED

Cabrera Infante, Guillermo. "Cain by Himself: Guillermo Cabrera Infante, Man of Three Islands." *Review* Jan.-Apr. 1981: 8-11.

González Echevarría, Roberto. *The Voice of the Masters' Writing and Authority in Modern Latin American Literature.* Austin: University of Texas Press, 1985.

Lezama Lima, José. *Paradiso.* Mexico City: Biblioteca Era, 1968.

Montes Huidobro, Matias. *Desterrados al fuego.* Mexico City: Fondo de Cultura Económica, 1975.

Siemens, William L. *Worlds Reborn: The Hero in the Modern Spanish American Novel.* Morgantown: West Virginia UP, 1984.

# RONALD E. SURTZ

## Image Patterns in Teresa de Cartagena's *Arboleda de los enfermos*

Teresa de Cartagena has attracted critical interest for her importance as one of Castile's first women writers and as an early defender of a woman's right to exercise that craft. Born into a prominent *converso* family, she went deaf at an early age and eventually became a nun, probably in the Franciscan Order. Her principal work, the *Arboleda de los enfermos*, was composed some time after 1450 and can be read as both an act of auto-consolation and an attempt to overcome her social isolation through the communication afforded by the act of writing.[1] The treatise is noteworthy for its interplay of devotional commonplaces and personal experience—illness and suffering are both actual physical states she has experienced and metaphors for spiritual afflictions. When Teresa was criticized for writing a spiritual treatise, an activity deemed inappropriate for a woman, she penned a spirited defense, the *Admiraçión operum dey*.

The *Arboleda de los enfermos* is fundamentally an exposition of Psalm 44.11 ("Oye fija, e acata e inclina tu oreja, olvida el pueblo tuyo y la casa de tu padre" *[44]*[2]) and Psalm 31.9 ("En cabestro e freno las mexillas de aquéllos costriñes, que a ti no se allegan e quieren allegar" *[47]*). Teresa's basic argument is that the suffering caused by illness is beneficial because it can lead to spiritual health and thus to salvation. The resulting commentary conveys a first impression of a rambling essay that proceeds mostly through the association of ideas.[3] Nonetheless, a series of image-sequences gives coherence to the whole. Obviously, the very title of the work, with its conflation of the concrete and the abstract, indicates the basic pattern of illustration of the spiritual through analogy to the earthly. Alan Deyermond (21) has pointed out how Teresa's deafness and conventual life are connected to the central metaphor of illness. Other sequences of images articulate Teresa's doctrinal exposition and give a kind of unity to her treatise.

Alimentary imagery is one such persistent sequence.[4] Teresa warns that in the same way that one looks after the feeding of the body, he should pay attention to the nourishment of the spirit, avoiding "el dañoso manjar de los pecados" (49). This is viewed as even more necessary in the case of the sick:

> Pues ya paresçe que en los actos corporales resiste y enfrena la dolençia, ved qué deve hazer en los espirituales; ca si discriçión pone regla en las viandas por conservar la salut tenporal, mayor discriçión e de más durable provecho es, en verdat, poner regla en las obras por difensía y guarda de la salut espiritual. . . . Ca así como en las viandas corporales *[a]* todos es bien guardarse de lo dañoso, pues çierto es que más estrecho y con mayor premia es costreñido de se guardar el enfermo que el sano, bien así de los manjares dañosos al ánima, que son los pecados, con más premia y manifiesta neçesidat se deve abstener el enfermo que no el sano. (49)

Those who are ill should adopt a special diet of spiritual foods:

> pues dexemos lo ajeno y usemos de nuestra dieta, y de tales viandas gustemos que nos hagan buen estómago, sofridor de todo trabajo. De seis viandas me paresçe que devemos y podemos usar seguramente todos los que dolençias padesçemos. Las quales son éstas: tribulada tristeza, paçiençia durable, contriçión amarga, confesión verdadera y frequentada, oraçión devota, perseveraçión en obras virtuosas. (62)

The sick should strive in particular to earn the "moneda real que se llama virtud de prudençia" (94). With one's purse full of such coins, he can then buy the "pan de paciencia," patience being the most appropriate virtue for the suffering to cultivate. (Teresa had previously defined patience as "padesçer con prudençia" *[64]*.) The many examples of good counsel to be found in the Psalms are viewed as so many courses in a meal:

> E porque en mi pequeño plato no todos cabrían, dexaré los que

non dexan por eso de ser provechosos y más que buenos, e tomaré algunos para comienço de mesa e otros para la mesma yantar, e reservaré algunos para levantar de la tabla . . . . (38)

The treatment of an illness logically suggests the taking of the proper medication. Utilizing the traditional image of Christ as doctor,[5] Sor Teresa views bodily afflicciones as the medicine that will cure the spiritually ill, purging them of the *malos humores* of the seven deadly sins:

> Pues atiende con discreçión la cura maravillosa que la dolençia corporal obra en tu ánima y hallarás por verdat que ella quebranta la sobervia y engendra umilldat, quita avariçia e da libertad, refrena enbidia y exorta caridat, vieda la gula y faze guardar astinençia, mata los inçendios e dispone a castidat, aparta la ira y trahe a mansedumbre, non consiente en su casa ninguna ocçiosidat. ¿Pues dónde se podrá hallar físico tan discreto en el arte de medeçina *[que]* con un solo xarope cure al enfermo de todos sus males? . . . Mas bien paresçe[n] las dolençias corporales ser xarope confaçionado e hordenado de aquel soberano Físico cuya sola palabra restañará universa. (75-76)

Drawing on the biblical Parable of the Great Supper (Luke 14.16-23), Teresa notes that while God has invited everyone to the "mesa de los espirituales manjares" at the "cena de la salvación" (54-56), those who are sick are forcibly drawn there by their very afflicciones:

> Por donde paresçe que los enfermos, por fuerça son traídos a la çena manífiça de la salut perdurable, ca la dolençia les rasga el manto e los haze entrar por la puerta de obras virtuosas, ca si por esta puerta no entramos, no podremos llegar a tan grande colmo de onor, como es ser asentados a la mesa de la largueza divinal. (55)

As will become apparent later, the "puerta de obras virtuosas" through which one enters the heavenly banquet is a point of intersection between the alimentary imagery and a sequence of architectonic images.

Food imagery relates several of the *Arboleda*'s significant themes. If the afflicted soul is to be nursed back into a state of good health (grace), it must be fed with such nourishing foods as the virtues and the word of God, for it is only through such a diet that the sick soul can regain its spiritual health and arrive at the banquet of paradise. Proper nutrition must necessarily exclude such dangerous foodstuffs as the deadly sins, whose nefarious influence can be purged through corporal suffering. Thus, the dietary image underscores the central paradox of the treatise, namely, that bodily illness brings about the health of the soul.

Another series of images is based on the notion of enclosure and revolves around the central image of the convent. For Teresa de Cartagena, spiritual consolations should be such that they place her in the cloister of their "graçiosos e santos consejos" (38). Teresa's deafness has resulted in a kind of reclusion within herself, which she views as positive. God has cloistered her hearing, closing the doors of her ears to human, earthly voices (96). The result is that no word offensive to the Lord has been able to pass through the cloisters of her ears (44). More generally, those who are ill have professed in "el convento de dolençias" (58), that is, in "el convento de los dolientes" (63).[6] Teresa's sense of community with the suffering is expressed in a reference to "los enfermos con quien tengo hecha carta de hermandad" (61). Patience, obviously the key virtue for the suffering, is personified as the *prelada* or *abadesa* of the convent of afflictions:

> E a este respecto yo quise dexar la paçiençia para el fin desta mal hordenada proçesión de razones, así por guarda de aquéllas, como por perlada de mis pasiones y angustias, que si en las manos desta buena abadesa no fazemos profesión los dolientes y aflitos, no podríamos abenir en la oservançia de virtudes que nuestro provecho espiritual se requiere. (64)

Finally, the "convento de los enfermos" is blessed, for it enables all to join in the "espiritual refecçión" (55-56).

The cloister image is thus most often related to the themes of corporal and spiritual affliction. It is a prime example of how such biographical features as conventual life and deafness are made to function on both a literal and figurative level. Moreover, the convent image intersects the alimentation sequence, for profession in the "convento de los dolientes" enables the sick to join the celestial banquet, which evokes the spatial concept of the heavenly Jerusalem, prefigured in the earthly cloister.

The convent metaphor is a particularly significant variant of a larger series of spatial and architectonic images. The daughter in Psalm 44.11, one of the two scriptural passages commented upon at length in the treatise, must forget her people and the house of her father. Teresa interprets the people she must leave behind as the *cobdiçias tenporales* that rebel against the soul, causing a great din in the *çibdat de nuestra conciencia*. She develops this architectonic image in the following passage:

> Bien se puede llamar pueblo las cobdiçias humanas, ca ansí como el pueblo quanto más acreçentado, tanto más populosa y llena haze ser la çibdat, bien así quanto más acreçentadas son las cobdiçias tenporales en nuestra voluntat, tanto más llena está la çibdat de nuestra conçiençia de moradores dañosos, e ansí ocupada la tiene, que aunque quiera venir a morar en ella algunt buen vezino, no halla posada, mayormente si es tal persona que del dicho pueblo se tema poderle ser fecha demasía. Como las virtudes sean de tan grand estado y tan poderosas que sin dubda pueden fazer demasía y fuerça entera a los viçios, este negro pueblo que tiene ya tomada la çibdat de nuestra conçiençia, no consiente nin da logar que ninguna dellas pase el unbral de la puerta porque más a su guisa puedan poseer la cabtiva çibdat e bien es de llamar cabtiva la conçençia que está llena de pecados; porque así como el cabtivo está contra su voluntad en el cativerio, así la nuestra conçiençia so el señorío deste pueblo perversso.[7] (46)

Continuing her exegesis of the psalm verse, Teresa associates the paternal house with sin:

> Por esta casa yo entiendo la inclinaçión humana donde moran el padre y el deseo y ábito de pecar, y ansí como el padre es comienço y engendrador de sus fijos, así el mal deseo es comienço y engendrador de los pecados. (46-47)

Teresa, in effect, has heeded the psalmist's warning, for as a nun, she has retired to the solitude of her conventual *celda* (39). Her spatial (the convent) and social (her deafness) isolation is expressed in her appropriation of Psalm 21.7,[8] in which the psalmist's lament has been given a spatial dimension: Teresa lives in exile on the island called "Oprobrium hominum et abiecio plebis" (37). Although her exiled state permits no one else to inhabit the island, she will people it with *arboledas* of good counsel and spiritual consolations, hence the title of her treatise (38). If early ecclesiastical writers likened the Church to a ship that protected the faithful from harm and bore them to safety (Rahner 237-564),[9] Teresa will translate bodily suffering into architectonic terms, viewing such afflictions as a ship that protects the sick from the *mar peligroso,* which appears to be associated with the vanities of earthly life (92).

Elaborating on the image of illness as a sort of reclusion in the "convento de dolençias," Teresa observes that those who dwell therein become in turn the dwelling places of others. Thus, evoking II Corinthians 12.9,[10] Teresa exhorts the sick to rejoice, for the inhabitants of the convent can bring into their souls "tan buena guéspeda como la virtut de Cristo" (58). Bodily suffering is the messenger of patience, who thus lets us know that she is near and wishes to enter our *posada,* "sy por nuestra culpa no le çerramos la puerta" (98). As noted above, the notion of the heavenly banquet in reality participates in both the alimentary and the architectonic series of images. Teresa conflates the two sequences in a passage in which she notes that if the house of the "mesa de los espirituales manjares" is closed with the lock of sins, one can call with the knocker of prayer in order not to remain in the "calle de este mundo"(56).

Spatial images inform the metaphor in the title of the treatise and arise logically from the biblical quotation that functions as its sermon-like *thema* (Psalm 44.11). In the case of Psalm 21.7, Teresa personalizes and adds a geographic dimension to a biblical image. The soul, as was the case with the body with respect to the sequence of alimentary images, is viewed as an architectonic space that should prepare itself to receive its allegorical guests. In general, the architectonic images emphasize the theme of solitude engendered through bodily affliction, which has a positive value, for Teresa sees suffering as a sort of shortcut on the road to salvation.

The various image patterns share their grounding in a series of oppositions: earth vs. heaven, sickness vs. health, deafness vs. hearing, inside vs. outside. But interest centers specifically on the boundary between such oppositions, a boundary that is designed to allow certain entities to pass through while acting as a barrier to others. Indeed, one of the key elements of the treatise is the prevention or admission of movement from one space to another. The body is viewed as a bounded architectonic space whose health is dependent upon keeping out harmful foods while admitting those that are beneficial. The soul is a dwelling place that should make itself ready to welcome the personified virtues. Deafness acts as a barrier that keeps out occasions for sin, but nonetheless allows the afflicted to hear the call of God. The devout soul can be cloistered in a real or spiritual convent and thus protected from the dangers of the secular life. The afflicted are invited to leave their terrestrial exile to cross over into the kingdom of heaven.

The predication of a significant number of image-sequences in the twin notions of the establishing and crossing of boundaries gives a structural and symbolic coherence to Teresa de Cartagena's *Arboleda de los enfermos.* It is possible that such a preoccupation with barriers is not accidental. Teresa's life was bounded by both her reclusion in a convent and her deafness, meaningful biographical elements that her treatise develops on both a literal and a figurative level. Although her imagery is often biblically inspired, it is assimilated and personalized in such a way that it also functions on a vital level.[11] Such interrelated image patterns mirror the interplay between received doctrine and personal experience that sets her treatise apart from other such devotional works.

Princeton University<br>Princeton, New Jersey

## NOTES

1. Juan Marichal, however, believes that for Sor Teresa writing is not "enlace con los demás, sino ante todo vía de conocimiento propio" (43).

2. In quoting Lewis Joseph Hutton's edition of Teresa de Cartagena's *Arboleda*, I have regularized the use of *u* and *v* and of *y* and *i* in accordance with modern usage.

3. Nonetheless, certain structural devices serve to articulate the various strands of Teresa's thought processes. Of particular importance are the numerical divisions similar to those found in sermons and scholastic treatises. Thus, the six roots of pride form part of the exposition of the seven deadly sins, which is inscribed in the Parable of the Five Talents, which is in turn an illustration of the second of the two kinds of patience. Alan Deyermond compares Teresa's devices of amplification to the interlace pattern commonly found in medieval romances (23).

4. For a brief overview of alimentary metaphors in the Bible and ecclesiastical literature, see Ernst Robert Curtius (134-36).

5. For the frequent use of the metaphor in St. Augustine, see Rudolph Arbesmann's article.

6. For the allegory of the spiritual convent, see Roberta D. Cornelius's book (49-57) and Vol. 1 of Gerhard Bauer's book.

7. Hutton suggests that Teresa's choice of image was conditioned by the anti-Jewish and anti-*converso* riots of the late fourteenth and fifteenth centuries (35). Deyermond notes how Teresa transforms the traditional Christian image of the city as a secure place into a place of danger (27).

8. Ego autem sum vermis et non homo, opprobrium hominum et abiectio plebis.

9. See Hugo Rahner's work.

10. Sufficit tibi gratia mea, nam virtus in infirmitate perficitur. Libenter igitur gloriabor in infirmitatibus meis, ut inhabitet in me virtus Christi.

## WORKS CITED

Arbesmann, Rudolph, OSA. "The Concept of 'Christus Medicus' in St. Augustine." *Traditio* 10 (1954): 1-28.

Bauer, Gerhard. Vol. 1 of *Claustrum animae: Untersuchungen zur Geschichte der Metapher vom Herzen als Kloster.* 2 vols. München: Wilhelm Fink Verlag, 1973.

Cartagena, Teresa de. *Arboleda de los enfermos. Admiraçión operum dey.* Ed. Lewis Joseph Hutton. Anejo xvi of *Boletin de la Real Academia Española* (1967).

Cornelius, Roberta D. *The Figurative Castle: A Study in the Mediaeval Allegory of the Edifice With Especial Reference to Religious Writings.* Bryn Mawr: Bryn Mawr College, 1930.

Curtius, Ernst Robert. *European Literature and the Latin Middle Ages.* Trans. Willard R. Trask. New York: Harper and Row, 1963.

Deyermond, Alan. "'El convento de dolençias': The Works of Teresa de Cartagena." *Journal of Hispanic Philology* 1 (1976): 19-29.

Marichal, Juan. *La voluntad de estilo.* Madrid: Revista de Occidente, 1971.

Rahner, Hugo. "Antenna Crucis." *Symbole der Kirche.* Salzburg: Otto Müller Verlag, 1964. 237-564.

BARRY L. VELLEMAN

The Dynamics of a Literary Standard:
The Bello *Gramática*

Andrés Bello published his *Gramática de la lengua castellana dedicada al uso de los americanos* in 1847. Before the Venezuelan humanist's death in 1865, four revised editions appeared (1850, 1853, 1857, 1860). As the complete title of the work suggests, and as his "Prólogo" makes clear, Bello's aim was to provide a model of usage for a specific audience (the newly-independent American republics) in order to (1) minimize linguistic diversity which might result in the evolution of several languages not sharing mutual comprehensibility, and thus to (2) foster American cooperation and cultural advancement.[1] The *Gramática* was designed as a pedagogical text in which the "arte de hablar" was to be traced, not through pre-existing theories, but through the data's own theory. Fidel Suárez long ago distinguished "teoría," or theory of language, from "crítica," or the study of prescriptive details, in the *Gramática*. The distinction is far from clear: in any case, it is possible to extract a theory of the "crítica" which will allow us to determine the factors involved in Bello's decisions and interpretations as regards the literary model selected.[2]

Amado Alonso characterized the *Gramática* as "literaria, con extensiones al uso doméstico que las gentes educadas hacen de ella" (xviii). The literary norm selected was totally traditional. As Trujillo points out (37), Bello was compelled to gather those usages which would form comprehension in the speech community (Latin America), and, to do this, "resulta necesario retrotraer la gramática al español anterior, al de España, al de sus escritores nobles, fuente de una riqueza cultural . . . común a todos." A problem for Bello, setting aside the spoken-written distinction inherent in an "art of speaking" based on literary models, is one of language change and archaism. In the second edition, Bello adds:

> "He creído también que en una gramática nacional no debían pasarse por alto ciertas formas y locuciones que han desaparecido de la lengua corriente: ya porque el poeta y aun el prosista no dejan de recurrir alguna vez a ellas, y ya porque su conocimiento es necesario para la perfecta inteligencia de las obras más estimadas de otras edades de la lengua. ("Prólogo" 129)

The tension between a grammar written to present a pedagogical synchronic[3] description of the .arte de hablar" and one which rests on a conservative literary norm is an intriguing dilemma for Bello, and one with which the grammarian battles through the four revised editions. Using Ramón Trujillo's critical edition of the *Gramática*, which includes variants found in the editions enumerated below, I will attempt to trace, in so far as time and the status of my investigation allow, the delineation of the standard found in the work. Each edition with pertinent variants (1850, 1857, 1860) will be discussed from two points of view. First, theoretical statements on the nature of speaking versus writing, synchrony versus diachrony, comparisons among languages, poetic versus prose usage, and normativism will be contrasted with the (generally consistent) viewpoints expressed in the "Prólogo" and across editions. I will summarize my findings based on a computation of specific literary examples by century. Which examples are judged by Bello to be erroneous or archaic, which are added, and Bello's analysis of them will help to form a thesis concerning Bello's attempts to reconcile the diverse elements of which this work is composed.

Bello's fundamental orientation is found in the "Prólogo": attention will be called to "ciertas prácticas viciosas del habla popular de los americanos" (128): in the first edition, the author had written "menciono los arcaísmos," a statement later deleted, but expanded in the second edition by the paragraph beginning "He creído," cited above. The "purity" of Spanish is at issue, but "no es un purismo supersticioso lo que me atrevo a recomendarles /a ustedes los americanos/."(129). More than lexical neologisms, Bello finds objectionable excessive semantic expansion of accepted words and phrases, syntactic neologisms, and unbridled foreign influence,especially in the case of French (129-130). "Chile y Venezuela tienen tanto derecho como Aragón y

Andalucía para que se toleren sus accidentales divergencias, cuando las patrocina la costumbre uniforme y auténtica de la gente educada" (131).

At this point we offer a broad overview of the revised editions. The bulk of the quantitative changes occur in the second edition, in which the number of literary examples is increased by about 190.The second edition adds many footnotes as well, some of which are relevant to Bello's literary standard. What Trujillo calls edition IIA is a copy of edition II (1850) with hand-written marginal notes by Bello: it apparently served as a revised draft never used in published form (Trujillo, "Estudio," 43). Most of its notes are changes in terminology and phraseology which were in the form of mere sketches, many of them incomplete. The third edition (1853) is of little interest, being in almost all respects a "reimpresión" of the earlier edition. In the 1857 and 1860 editions, the citations added are not numerous: yet Bello's expansions on theoretical issues of languages analysis reach their culmination, especially in the "Notas." The editions, then, are: I (1847), II (1850), II A (1850 edition with hand-written notes of Bello), III (1853), IV (1857), V (1860). Looking in detail at II, IV, and V in order, we will organize the discussion into these sections:

1. Theory
   a. Notes on Archaism and Antiquated Usage
   b. Distinctions between Spoken and Written Language
   c. Distinctions between Prose and Poetry
   d. Theory of Diachronic versus Synchronic Analysis
   e. Normativism and Pedagogy
   f. Cross-Language References

2. Literary Examples Cited

We will make no mention of IIA and III, unless IIA pre-figures IV in a significant way. Nor will we include, for this purpose, the "Notas,"the essential content of which has been touched upon by Trujillo's "Estudio," and, in broader outlines, in my review-article on the Trujillo edition.

My 1981 article "Norma y sincronía" attempted a summary of the quotations included in the *Gramática* in its final form, based on the "Index" of these prepared by Rufino José Cuervo (1874), (4-6).[4]

| Century | No. of Quotations | % of Quotations |
|---------|-------------------|-----------------|
| 12      | 2                 | 0.25%           |

| | | |
|---|---|---|
| 13 | 15 | 1.84% |
| 14 | 2 | 0.25% |
| 15 | 10 | 1.23% |
| 16 | 124 | 15.23% |
| 17 | 415 | 50.98% |
| 18 | 103 | 12.65% |
| 19 | 143 | 17.57% |

Thus, the majority of quotations come from the 17th century; Cervantes is the source of some 273 references (33.54% of the total, 65.78% of the references from this century). About 30% of the examples come from the 18th and 19th centuries. The total of references is 814.

"Norma y sincronía" also included percentages for those quotations which were criticized as unacceptable by Bello, chiefly because of archaism or foreign influence, beginning with the 16th century:

| Century | No. of Quotations | No. of Criticisms | % |
|---|---|---|---|
| 16 | 124 | 2 | 1.61% |
| 17 | 415 | 12 | 2.89% |
| (Cervantes | 273 | 6 | 2.19%) |
| 18 | 103 | 8 | 7.77% |
| 19 | 143 | 9 | 6.29% |
| total | 785 | 31 | 3.95% |

We will now trace the revised editions, with a view toward the development of this array of data and its implications for our understanding of Bello's thought.

## *II (1850).*

*Theory.* In II Bello adds his two reasons for including archaic data (occasional literary use and literary study, 129). Greater sensitivity to the older language is seen in the addition of the word "actual" to "por no permitir el uso actual que se escriba jamás *qu* sino antes de las vocales *e, i*" (357). Bello argues in favor of attractive archaisms in written style: "No hay motivo para que se prohiba a los escritores de nuestros días lo que permitido a sus predecesores ha hermoseado el castellano" (455). Some re-shaping of the data occurs. The verb *aforar* 'dar fueros' is omitted from the list of radical-changing verbs (367): the mention of archaic spellings such as *riió » riyó disappears (371); the word *aquende* is called "anticuado" (in I it had been "algo anticuado"). Material concerning archaic forms is expanded the Old Spanish form *porné* 'pondré' is for the first time explained in a note (670): it is stated that until the 17th century the order *os me (sometí)* was permitted (548): it is noted that constructions of the type *se les lisonjea* were rare prior to the 18th century (472); the discussion of the Old Spanish verb *toller* is extended (380); *end* is added to the list of archaic demonstrative adverbs (301); *asaz* is added to the "neuter" adverbs of quantity (293); the statement is added that *el que* in the sense of *el cual* was rare in the older language (278); "los antiguos" were charged with less care with euphony than was current at the time of Bello's writing (*debéisos membrar [*Mariana*]*, 539). Clarification of older usage is made by giving the modern expression "Hoy diríamos *dónde*" for *adónde estaban* (576; cf. also 571).

A greater sensitivity to the distinctions between spoken and written language, and between poetic and prose styles, surfaces throughout II. Bello prefers to teach "el buen uso, que es el de la gente educada," for this is the most uniform usage and the one that "hace que más fácil y generalmente se entienda lo que se dice." Edition I had "el que más fácil y generalmente se entiende," which Trujillo considers preferable because it does not eliminate the written language (139). Poetic usage is distinguished from prose in that it allows strong past participles in uses other than with *estar (expreso, opreso, excluso,* etc., 393): in verse the "resolución" of the future tense "no sonaría mal" (*prenderlo he*), while that of the post-preterite (conditional) is antiquated in all styles (352). Edition II adds "hoy día" to "hoy día no se puede decir en prosa: *le haz venir"* (538); in II Bello adds"en prosa" to "no sonaría bien *Habló a mí"* (540); the ellipsis of the first *ni* of "(ni) las lluvias y el mal estado de los caminos, ni la falta de víveres" is at times (*i.e.,* in verse) permitted, but it is "apenas soportable en prosa" (717).

The strongest case made in II concerning the diachronic versus the synchronic is found in Bello's comments on ellipsis and shows an increasing tendency to base the description on "la estructura material." Thus, *se jacta de valiente,* in which *ser* has been omitted, does not really contain an ellipsis: "La elipsis pertenece entonces a los antecedentes históricos de la lengua, no a su estado actual" (161). This, along with other examples to be seen in IV and V, represent the application of the stand on ellipsis found in the "Prólogo": "Acepto las prácticas como la lengua las presenta: sin imaginarias elipses, sin otras explicaciones que las que se reducen a ilustrar el uso por el uso" (126).

As for normativism, a few specific cases added in II can be pointed out. A change from prescriptivism to descriptivism occurs in the discussion of nominal *bien* and *crece*; in I, Bello stated "No puede decirse un *bien*, significando una finca, ni una *crece*, por una crecida o creciente." In II, "No puede decirse" becomes "Se usa en Chile" (190). Bello opposes the change in meaning of *sendos* to 'grandes' ("La innovación es de aquellas que empobrecen las lenguas," 221): the agreement of the "adverb" *medio* frequent in Chile and elsewhere (*la niña salió media desnuda*, 298): the attraction of verb to direct object in *se azotaron a los delincuentes* (472): and the use of a plural verb with *gente* ("hoy disonaría . . . *la gente salieron*" [D. H. de Mendoza], 500).

References to other languages are increased in II, although to a greater degree in the "Notas" added in IV and V. Edition II does give Latin equivalents of some Spanish adverbs (306), and also mentions the existence of "neuter" verbs in Latin (although, significantly, in order to show that the term is not appropriate for Spanish, 450). The neutralization of coexistence and posteriority (present and future tense meanings) in the subjunctive is parallel in Spanish and in Latin, "y creo que en el de todas las lenguas romances" (407). The equivalents of *porque* in Latin, French, and English are given in a note (578). A complete study of the "Notas" would add a great deal of information on comparative statements which were increasingly used by Bello throughout his revisions.

*Examples.* Edition II adds 188 citations and eliminates 10. Of these, 98 of the additions and 5 of the deletions are from the works of Cervantes. By centuries:

| Century | 12 | 13 | 14 | 15 | 16 | 17 | 18 | 19 |
|---|---|---|---|---|---|---|---|---|
| | 1 | 0 | 0 | 3 | 22 | 115 | 15 | 32 |

The citations criticized are as follows: 2 from the *Celestina*, 2 by Jovellanos, 2 by Martínez de la Rosa, and one each by Bermúdez de Castro and Moratín. Note that 47 of the new citations, or 25%, are from the 18th and 19th centuries: of these, 6, or 12.7%, are criticized. The tendency of the examples added in II, then, is to re-inforce Cervantes as a prime source; in addition, however, Bello adds data and criticism (specifically of "neologismos afrancesados") from the 18th and 19th centuries.

*IV (1857).*

*Theory.* While fewer in number, Bello's statements about and inclusion or exclusion of archaic data show a broadening in IV. On the one hand, Bello omits *háyamos, váyamos* as forms of *haber, ir* (385) and comments that *al* 'otra cosa' is "apenas usado en el día" (295). On the other hand, he adds *apriesa* as an alternate form of *aprisa* (297), and treats more archaic forms of the verb *placer* (376). Three examples from Granada and Rivadeneira, added to ¶ 1260 (new in IV), attest to the use of the correlatives *aunque . . . (em)pero,* but "esta contraposición . . . es de poco uso en el día" (718-19). *Laísmo* of the dative, ruled out in II (533) returns in IV (260), on the basis of Peninsular models rather than any American usage (see Trujillo, "Estudio" 260, n.).

Added references to the distinction between written and spoken styles are few in IV; one alteration, continued in V, deals with the difference between restrictive and non-restrictive adjective clauses, represented "en la escritura" (added in V) by a comma, and "en la recitación" (added in IV) by a pause (270).

Edition IV increases the number of references to other languages. Thus, and in line with diachronic considerations, some specified verb-form irregularities are more numerous "y más parecidas a los orígenes latinos," as the era of the writer becomes earlier (396). Latin is different from Spanish in its lack of an "ante-present" (formal present perfect tense, 404). French is involved in two differing ways in IV. The "Prólogo" promises that the text will identify "la esencial diferencia que existe entre las construcciones castellanas y las extranjeras" (previously limited to "francesas," 130). After a survey of adjectival agreement, Bello recommends that his guidelines be followed "como lo hacen los escritores franceses en su lengua, que debe a este rigor lógico la precisión y claridad que la caracterizan" (508). In addition, a parallel is drawn between Spanish *pero* and Italian *però* (719).

In the area of normativism, a few "vicios" alleged to Chilean are treated plural forms of *dar* with the hours (*las han dado,* not strictly criticized, 465), and plural forms of *haber,* plus *a* before *que* in the example *Habían cuatro meses a que no le veía* (467).

Bello's "Prólogo" contains a defense of his work, added in IV: "Algunos han censurado esta gramática de difícil y oscura." However, the chief difficulties the work offers, according to Bello, are to those who, "preocupados por las doctrinas de otras gramáticas, se desdeñan de leer con atención la mía"; the student, beginning *tabula rasa,* is less likely to oppose the innovations (127 and n.) Likewise, a justification for the number of citations is offered in IV: "Parecerá algunas veces que se han acumulado profusamente los ejemplos." Three motivations for these examples are enumerated: the opposition to "novedades viciosas" in the work of established authors, the discussion of controversial issues, and the explanation of certain usages previously untouched in the tradition (128-129). Edition IV adds here a reference to "la autoridad," which V later deletes (since the "authority" is the language itself). More essential, in the development of Bello's theory of "la estructura material," is the modification in the description of structures like *cuando adultos, mientras jóvenes, desde niño.* Until the fourth edition, Bello stated "no me opongo" to the postulation of an ellipsis of *ser*: in IV, "no me opongo" is deleted. Already in II, Bello had added "Creo, con todo, que haciéndose habitual una elipsis, los elementos suprimidos se olvidan," but the elimination of "no me opongo" in IV indicates an increasing distrust of ellipses not transparent to the speaker (715, 733; Trujillo, "Estudio" 49, n.).

*Examples.* Ed. IV adds 33 citations and eliminates three. Of these, 14 of the additions are from Cervantes. No addition from a work prior to the 16th century was found. By centuries:

| Century | 16 | 17 | 18 | 19 |
|---|---|---|---|---|
| | 7 | 19 | 3 | 4 |

Note that the percentage of quotations from the 18th and 19th centuries has dropped to 21%: approximately 58% of the references are from the 17th century, with 74% of these (and 42% of the total) from Cervantes.

*V (1860).*

*Theory.* The majority of the few changes in V deal with the theory of grammar-writing and a "more exacting justification for the positions taken" (Velleman, "Review" 167), especially in the "Notas." In the body of the text, a suggested simplification of the study of the "afinidades de las formas verbales" appears in V, designed, at the instructor's option, for the "alumnos de limitada inteligencia" (359). That a hierarchy of difficulty was clear to Bello from the outset is demonstrated in his practice, starting in I, of using large type for "las nociones menos difíciles y más indispensables," and smaller type for "aquellas partes del idioma que piden un entendimiento algo [this word added in V] ejercitado" ("Prólogo" 128).[5]

Added references to other languages (again disregarding the "Notas") are limited to a discussion of equivalents of *hay* in French, English, Italian, and Old Spanish (466-67): already in IIA Bello had altered his early contention that *haber* "significó en su origen" *tener,* substituting for this *"haber* quiere decir *tener"* on the basis of some twelve uses of *haber* in this sense in prose (643-44).

One instance of an alteration found in the "Notas" may be helpful here in identifying the type of development Bello's thought continued to undergo during his later years. The "interjection," defined in earlier editions as "una proposición abreviada" required an ellipsis of the sort: *Yo siento dolor* » *Ah* (163): Bello's narrowing concept of allowable ellipses resulted in a gradual modification of this analysis. Nota I states that "la interjección . . . es un verbo inconjugable" until V, when *como* is added ("es como un verbo inconjugable"): "Bello . . . suprime en V toda consideración logicista" [Trujillo 745, n]).

*Examples.* The standard having been fixed in earlier editions, V eliminates more examples than it adds. Only 6 quotations are added, 1 from Cervantes: eight are deleted, two from Cervantes. By centuries:

| Century | 16 | 17 | 18 | 19 |
|---|---|---|---|---|
| | 2 | 4 | 0 | 0 |

One citation is eliminated from the 16th century: 5 from the 17th: 2 from the 19th. Added are two examples from Ruíz de Alarcón, one from Granada, one from Malón de Chaide, one from Cervantes (and it is criticized: 510), and one from Lope de Vega. Edition V omits one reference to *Amadís,* two from Cervantes, two from Rioja, and one each from Moratín, B. de Argensola, and Arriaza. The presence of the 18th and 19th centuries has thus declined in comparison with previous editions.

*Conclusions.* The successive editions of the Bello *Gramática* evidence an increasing approximation to the goals stated in the "Prólogo" of I, an approximation characterized chiefly by increasing consistency and, as Trujillo and others have indicated, the "ataques lentos y progresivos" on Bello's classical-logical-philosophical formation in Caracas ("Estudio" 83), "a general and growing 'antilogicismo'" (Velleman, "Review" 167). Within the confines of this development, the literary citations show as well a pattern of differing emphasis throughout the revisions. The most altered edition, II, demonstrates the primacy of 17th century Peninsular usage, especially of Cervantes, as a norm (over 61% of the added citations are from this century, and 52% of the total number are from Cervantes). The purpose here was fuller documentation and a wider range of usage. In addition, II has as one of its objectives the criticism of excessive French influence seen in the 18th and 19th centuries: one-quarter of the quotations are from this era, and almost 13% of them are considered not worthy of imitation. The emphasis, then, was principally on exposing more instances from the works of "nuestros clásicos," as Bello liked to call them, to the analysis, and to oppose more recent French-based innovations deemed unnecessary to the language. Important in II, also, are the omissions of and additions to the antiquated data. While the omissions attest to Bello's desire to produce a descriptive synchronic work, the additions indicate his pedagogical goal of fostering an intelligent reading of the "classics," as well as providing background in the history of the language to enlighten constructions and lexical items still in use in the mid-nineteenth century.

In IV, added references decline to 33, with over half of these from the 17th century and only 21% from the 18th and 19th centuries. In V, the examples decline further, with no new data from the two most recent centuries. It is clear, therefore, that, having established a general literary norm in earlier editions, the mature Bello of IV and V turns his attention to refinement of methodology, defense of his proposals and terminology, internal consistency, and cross-language references (especially in the "Notas") in order to support his contentions regarding the dictum of the "Prólogo" that "cada lengua tiene su teoría particular, su gramática" (124).

While much work remains to be done with the variants which the Trujillo edition provides, we hope to have offered some evidence of the evolution inherent in them, and to have contributed to our understanding of the development and refinement of what for many of us continues to be the finest grammar of Spanish ever written.

Marquette University
Milwaukee, Wisconsin

### NOTES

1. See Ramón Trujillo's "Estudio preliminar" to the *Gramática* (36-37) and Bello's "Prólogo" (129-30).

2. The use of literature to inculcate spoken usage is a problem of Bello's definition of "gramática," and one which Vicente Salvá resolved more successfully. See B. Velleman's discussion of this point in "Norma y sincronía" (3, 7-8). Salvá prefers not to define "gramática" as "el arte de hablar y escribir," because the two are distinct; the definition would require the support of "un capítulo que resuma las principales diferencias entre nuestro lenguaje y el de los escritores que nos han precedido." See also Manuel Mourelle-Lema's book (360-62).

3. "¿Y qué diremos de una teoría que no se adapta a lo que es hoy la lengua, sino a lo

que se supone que fue? . . . Ver en las palabras lo que bien o mal se supone que fueron, y no lo que son, no es hacer la gramática de una lengua, sino su historia" (Nota III, 749-50. This note was added in the 1857 edition).

4. As stated in this article, the century of each writer was determined by the date of his major work(s). In cases where the works of an author correspond to two centuries, these quotations have been included in the second of the two possibilities. We have omitted the few Latin quotations found. On the many errors in Bello's citations, see Trujillo (38-40).

5. The practice of using print-styles of two sizes was seen earlier in the English pedagogical grammars, such as that of Lindley Murray, the most commonly-used text in England during Bello's residence in that country (1810-1829). Bello owned the 1815 edition of Murray (Velleman, "El influjo" 8). The influence of the British school grammars on Bello has been greatly underestimated in the literature ("El influjo" 8-9).

## WORKS CITED

Alonso, Amado, ed. "Introducción a los estudios gramaticales de Andrés Bello." In Bello, *Obras completas,* 4. Caracas: 1951.

Bello, Andrés. *Grámatica.* Ed. Ramón Trujillo. Tenerife: Cabildo Insular de Tenerife, 1981.

Mourelle-Lema, Manuel. *La teoria lingüistica en la España del siglo XIX.* Madrid: Prensa Española, 1968.

Salvá, Vicente. *Gramática de la lengua castellana.* Paris: Garnier Hermanos, (1830).

Suárez, Fidel. *Estudios gramaticales: Introducción a las obras filológicas de D. Andrés Bello.* Madrid: A. Pérez Dubrull, 1885.

Velleman, Barry. "El influjo del empirismo inglés en el pensamiento gramatical de Bello." *Thesaurus* 31 (1976): 3-15.

──────. "Norma y sincronía en la gramática latinoamericana." *Thesaurus* 36 (1981): 1-13.

──────. Rev. of *Gramática* by Andrés Bello, ed. Ramón Trujillo. *Hispanic Linguistics* 2.1 (1985): 166-74.

HEANON M. WILKINS

The Picaresque Connection in the Novel,
*Juyungo,* by Adalberto Ortiz

Adalberto Ortiz, the black (mulatto) Ecuadorian poet and novelist, writing about himself has said: "Since I am a mixture of blacks and whites, my literary personality is more oriented toward a dichotomy, so that at times I write works which are black in content and form; at other times I treat themes of racial mixture; and I sometimes write literature that could be signed by white men" ("Negritude" 80). Irrespective of his literary personality, which he describes as a dichotomy, Ortiz has not been insulated from racial injustice and hatred. Notwithstanding the cultural and ethnic miscegnation so pronounced in Latin America, Ortiz proudly identifies with his African heritage and frequently writes from the stance of conscious black experience.

Not satisfied with only the *bembosidades*, the formal decorations, which he condemned as being no more than skin and form in his earlier poems, Adalberto Ortiz discovered that "it was necessary to penetrate deeper to the social core" and labeled his poems as "more dance than song in the beginning" ("Negritude" 80). Subsequently he concluded that: "Negritude is not only a matter of style, but also of content" ("Negritude" 80). Yet Ortiz had to turn to another genre, the novel, in order to reach and lay bare that "social core." Moreover, it is in his novel, *Juyungo*, where Ortiz most eloquently and convincingly reveals a "social core" teeming with racial hatred and conflict.[1] Attesting to the success of *Juyungo*, Richard Jackson states: "Ortiz's story of 'a black, an island, and other blacks' is considered to be an achievement in prose that can be likened to Nicolás Guillén's in poetry: both works stand as classic commentaries on the black experience in Latin America" (122).

It is significant that much of the first half of *Juyungo*, with respect to its structure and character portrayal, closely parallels the picaresque novel, a literary genre indigenous to Spain. The protagonist, Ascensión Lastre, continues in the tradition of such *pícaros* as Lazarillo de Tormes, Guzmán de Alfarache, don Pablos, and from more recent times, Pascual Duarte. Like Ascensión, these famous *pícaros* are all outsiders, forming a minority and trying to survive in a hostile and unsympathetic society. Notwithstanding existing conventions as well as modifications in form, picaresque narrative themes are common and basic to all works characterized as outsider literature.

However, it is imperative at the outset to state that there is no such thing as an ideal or pure picaresque hero or picaresque novel. In spite of the great number of critics who claim that the (pseudo) autobiographical form is an integral part of the true picaresque novel, I would reply that the focal point can still be the "life" of the *pícaro(a)* without being recounted in the first person.[2] Howard Mancing proposes the following definition of the picaresque novel: "A novel in which a major character is a *pícaro* who usually tells the story of his or her own life, and that displays a generic self-consciousness; it is a protean form" (1). Also, Mancing explains that he chooses the phrase "usually tells" because a significant minority of works in question do not have an autobiographical form. The novel, *Juyungo*, is among that significant minority lacking the above form yet still presenting the "life" as though it were "filtered through his *[*the *pícaro's]* own consciousness as he reflects upon the meaning of what he has seen and experienced" (Bjornson 8).[3]

According to Richard Bjornson, picaresque heroes share the following pattern of experience: "ambiguous links with the past, departure from home, initiation, repeated contacts with a dehumanizing society and its pressures to conform . . ." (7). The brief summary which follows resembles closely the above pattern of experience so characteristic of a *pícaro*. The young Black, Ascensión Lastre, runs away from his home in order to escape from the poverty and suffering which he sees all around him. He wanders for three years in a canoe on many rivers as assistant to Cástulo Canchingre, a smuggler of *aguardiente*. After Canchingre's death Ascensión lives for several years among the Cayapa Indians. Later he works as a woodsman and very early in his life comes face to face with racial prejudice and hatred. Ascensión learns all too soon that he must use his wits and his strength to survive as a black man in a dominant white society.

In *Juyungo*, the principal protagonist, Ascensión Lastre, has a very limited yet positive memory of his real mother. However, Ortiz fortifies and highlights these scant pleasant feelings that Ascensión has by the contrast of his stepmother, who elicits loathing and hatred not only from the hero in this novel but also from us, the readers. Through Ascensión's eyes there is transmitted a caricature-like picture of his stepmother whose spiritless spirals of kinky hair "la hacían más cabezona" (16); and the boy looks disapprovingly at her *barriga*, the size of which indicated an advanced stage of pregnancy. Ascensión cannot accept this woman, this intruder who now "sustituía a su difunta mama. y le parecía mala. No la quería nadita, ella tampoco a él" (16). Somehow we get the impression that Ascensión's present poverty and squalor along with the ever-constant problem of hunger seem alien to the time when his real mother was alive and when his world must have been better. What is left unsaid, however, are Ascensión's thoughts about his father, his disgust, his contempt.

Unlike his fellow *pícaros*, Ascensión begins his self-questioning and search for identity at a very early stage, even before he leaves home and before he begins his wanderings and apprenticeships. Ascensión complains of his poverty, his ragged clothes, and realizes that there are some black families whose lives are better and who dress well. After being beaten to unconsciousness by his father and left alone in the forest, Ascensión welcomes the first opportunity to escape from his miserable existence. Ascensión even pretends that he is an orphan all alone in the world, and he envisions the following change in his fortune: "No más cabezota de la preñada ni bubas del viejo. No más hambruna ni palos. Como en el cuento que echaba su mama: '. . . salió a correr mucho. Anda que anda, anda que anda, anda que anda. Andar y más andar y más andar . . .'" (23).

Most Spanish picaresque novels are divided into chapters or *tratados*, each portraying a different mentor or master whom the *pícaro* serves and from whom the *pícaro* learns invaluable common-sense things about how to survive and how to use one's wits to capitalize on the stupidity and weakness of others. Many of these *pícaros* are labeled as cunning, roguish, and parasitic––living by their wits at the expense of others. Ascensión's first guide, Cástulo Canchingre, recalls Lazarillo's first master, the blindman. Canchingre also has a physical defect; he is a hunchback. Although both Ascensión and Lazarillo are indebted to their masters for a practical education and an introduction to the real world, Ascensión's mentor sparks his imagination and fancy with vivid anecdotes either true or fabricated. In his description of Canchingre's influence on the impressionable Ascensión, Ortiz writes: "Entre la ficción y la vida nómada, preñada de incidente, asaz peligrosa, corría el chorro formativo del niño negro" (25).

Ascensión's first real test or initiation to the harsh but true realities of a hostile society occurs when Canchingre is ambushed and murdered by three men disguised as "face peelers." For the first time in his life, Ascensión faces an overwhelming danger, and alone he must act to protect himself by outwitting his enemies. Fortunately, in his first test of survival, Ascensión, after getting over the initial shock of the ambush, escapes. Although he senses the loss of his friend and mentor and deplores the betrayal and deception, Ascensión is relieved and secretly glad that Canchingre was the victim and not himself. After his initiation or first trial, Ascensión's subsequent education comprises a series of incidents which, although not always as potentially dangerous, are still shocking and provide the rude awakenings so characteristic of the *pícaro*'s socializing process. Invariably the picaresque pattern of experience includes repeated exploitation and even dehumanization of the outsiders, the *pícaros*.[4] One such confrontation, which is both racial and socioeconomic, impresses upon Ascensión that his blackness makes him vulnerable. Lastre and his companions are exploited by a lumber company. Employees of the company pretend that they are not buying lumber from the woodsmen but later condescend to buy, but at a ridiculous and unjust low price. Realizing how they were being victimized by the lumber company, "*[a Lastre] le ascendió una rabia frenética contra aquellos blancos, contra todos los blancos*" (41).

Ascensión Lastre, like so many outsiders, both fictional and real, is tested by his many encounters with hunger, pain, arbitrary fortune, hate, and fear. In addition, Ascensión experiences the roles of victim and vindicator. However, unlike many other picaresque heroes, Ascensión rebels and refuses to be molded into conformity. Such encounters often translate into themes which serve to portray and develop character or to further the plot of the narrative. When placed in the "double bind" situation, that is, when forced to choose between integrity and survival, Ascensión, opting for the former, parts company with the majority of his picaresque counterparts.[5] What Ascensión becomes is an exemplary Black, a champion of the other outsiders in his world who, like him, find a wall between themselves and society. Marisol Ballester identifies Ascensión or Juyungo as opting for the liberation of the Blacks by means of an individual revolution. Ballester comments: "This . . . means that the black person must fight the exploiting white class by himself or herself" (7).

The topic of hunger in *Juyungo* has both a thematic and structural function. Usually the hunger theme is introduced after the *pícaro* has left his home. Yet, Ascensión at the outset voices his dissatisfaction with his family and living conditions, particularly his constant hunger. Throughout the novel there is emphasis on the lack of food or the abundance and variety of food, but usually the former; the latter situation also charts the economic status of the protagonist in his fight for survival. Structurally, references to hunger or food frequently appear at critical moments in the narrative. Moreover, the novel literally begins and ends on the hunger theme. Because of hunger primarily, Ascensión is compelled to leave his home; because of hunger he is prompted to steal food from some Peruvian soldiers and is killed in the attempt. Finally, it is ironic that Ascensión is absent and cannot protect his family when Mr. Hans and Cocambo burn down the house on Pepepán Island. Ascensión had gone hunting because his wife, María, had a craving for game meat. When Ascensión returns from the hunting expedition he faces a double tragedy, his son was burned to death, and his wife, unable to accept her son's death, had lost her sanity. Hunger as a metaphorical topic in *Juyungo* merits the kind of attention and inquiry that has been given to the river theme.

Adalberto Ortiz has chosen carefully and, I suspect, intentionally the name for his main protagonist, Ascensión Lastre, as a thematic and symbolic device. Ascensión, by definition, means ascension, a rising; and Lastre may signify ballast, dead weight, or a useless thing. Therefore, in a figurative sense the words *ascensión* and *lastre* may refer to Ascensión's changing and inconstant fortune. The theme of arbitrariness of fortune is present throughout the novel and is manifest in Ascensión's ups and downs, good times and bad times, gains and losses. In addition to material losses in those cases of socioeconomic exploitation, Ascensión's sense of security and his spiritual well-being are shattered by the tragedies of his son and wife, the death of Canchingre, and the eviction of the people from Pepepán Island. Although Ascensión's economic lows are short-lived, the tragedies in his life are hard to dismiss philosophically and impossible to be erased from his memory. Nevertheless, "*[Ascensión]* Sentía las angustias de las pérdidas irreparables, de lo que ya no deja solución. Tenía que conformarse con nunca volver a ver el fruto de sus amores y a no tocar más el objeto de su cariño . . ." (237).

As Ascensión moves through the socialization process one can sense a gradual change in his behavior pattern as well as a modified attitude regarding whites. Nevertheless, the pervasive nature of his hatred toward different ethnic groups and toward specific individuals is well developed in *Juyungo*. One of the characters most hated by Ascensión is don Valerio Verduga Barberán, a white fugitive from justice who intimidates the Blacks with his gun and swaggering manner. Although don Valerio associates with Blacks sometimes, Ascensión perceives the potential hatred and violence waiting to erupt beneath his mask of tolerance and civility. Ironically, Ascensión, instead of finishing off don Valerio in a fight, decides to fight on his side against five rural policemen. In fact, Ascensión was angry because the policemen had interfered and prevented him from deciding a question of honor. Ascensión's hatred for Cocambo, the black Uncle Tom, is complex and well documented in the novel. In his role of vindicator, Ascensión, seeking justice, kills Mr. Hans and Cocambo. Ascensión feels no remorse and vows that he would do the same thing again. Moreover, he is convinced that ". . . todos los Cocambos que matara y todos los blancos culpables, no llenaban el vacío de su vida. Toda la sangre que bebiera no saciaría su sed de justicia" (237).

The exploitation and victimization of women as depicted in Ortiz's novel is one of the frequent topics or themes and, as such, may reflect the author's personal criticism. In *Juyunqo* women are constantly portrayed as inferior in a male-oriented world, albeit a harsh but accurate reality. In the first half of this century in Ecuador, there were serious racial problems, particularly for non-white women. The examples of victimization of women in *Juyungo* become increasingly more blatant and violent, and at the same time this treatment or mistreatment is directly proportional to the male opinion and viewpoint. The Indian women are considered the property of their husbands and fathers. Thus, María, a young Indian woman, is beaten by her father and the governor because she is unwilling to marry the villainous Black, Tripa Dulce (Sweet Guts). Here again we have the usual portrayal of the woman without the freedom to make important choices or decisions which affect her physically and spiritually. Somewhat surprising, however, is a glimpse of the female character who dares to rebel and question her role in the male-dominated society. In the denouement of the above conflict, the Indian woman, refusing to marry Tripa Dulce, runs off into the jungle preferring to die than to be subjugated and denied self-dignity. The tragic death of the woman is described as follows: "Una semana después . . . hallaron hediondo y a medias devorado, el que antes fuera su núbil cuerpo apetecible" (37). Aside from the tragic note in the above description, the author has struck, albeit unconsciously, a discordant note of mockery, inasmuch as even in death the woman is still viewed as a sex object.

Confrontation as a theme defines or underlines one of the essential characteristics of both literary blackness and the picaresque. By substituting black for picaresque, the following quote may also apply to the novel, *Juyungo*: ". . . because the essential picaresque situation involves the paradigmatic confrontation between an isolated individual and a hostile society, these novels almost invariably reflect a world view defined in terms of the author's position on precisely this question" (Bjornson 4). In *Juyungo* the world view is synonymous with the Black Experience on a universal scale.

Ascensión's encounter with María de los Angeles Caicedo, a young white woman, is not merely a manifestation of *machismo* but also an example of confrontation pitting the "alleged inferior and submissive black" against the "superior and dominating white." It is only after experiencing and sharing moments of pain and suffering, joy and happiness, that Ascensión discovers that he is really in love with María. However, when the two first met, Ascensión could only justify his attraction for María as a retaliation against whites by sexually humiliating this young white woman who thus becomes the target of his pent-up frustration and rage. Like Ascensión, María is not motivated by love at first sight, but rather by an attempt to satisfy her curiosity about the mysterious sexual powers of black men.[6] Later it is María who causes Ascensión much of his self-doubting and soul-searching in an effort to find his real identity and goal in life. The resultant dualism that Ascensión experiences because of María and to a lesser degree, Nelson Díaz, the fair-skinned mulatto, and don Valerio, his enemy whom he defends against the police, threatens to blot out his ethnic memory and fell his black pride. Ortiz succeeds in portraying his protagonist as a black man whose beliefs and convictions are so deeply rooted that he overcomes those doubts and fears which threaten to divert him from what he considers his ultimate course of action.[7]

Thematically and structurally, the picaresque format which Adalberto Ortiz follows, either consciously or subconsciously, presents a vast picture of his protagonist, Ascensión Lastre. Although this protagonist may lack a full and convincing psychological development, many facets of his personality and attitudes are provided. Moreover, by following this picaresque pattern, Ortiz introduces a wide selection of themes along with a variety of narrative techniques and devices. Finally, inasmuch as *Juyungo* is an example of outsider literature, its apparent picaresque mode and mold leave with the readers an indelible coherent world view of black liberation.

Miami University<br>Oxford, Ohio

NOTES

1. Although Adalberto Ortiz concentrates primarily on the racial confrontations between Blacks and Whites, he does not overlook entirely the realistic view that there are also conflicts between Indians and Blacks as well as between Blacks and other Blacks. Ortiz describes Ascensión's life with the Cayapa Indians and comments on the Cayapa expression, *juyungo*, which is part of the title of this novel. *Juyungo* according to the Cayapas denotes evil, the devil, and the black man. Ascensión at first does not under-

stand the full impact of the Indian saying, "donde entierra juyungo no entierra cayapa" ("Where juyungo is buried, Cayapa can not be buried"). One day Cocambo, a black, heard Ascensión discuss the Cayapa expression, *juyungo,* and thought that it would be a neat idea to give Ascensión the nickname, *Juyungo.* Everyone behind his back called him Juyungo. Ascensión didn't care and certainly no one dared to call him Juyungo to his face. However, Ascensión does react violently when he overhears a young white boy use the term in a racial joke. In another episode, don Valerio, a white man, insults and challenges Ascensión to fight calling him a dirty *juyungo.* The explanation that an Ecuadorian black tolerates that name as a term of endearment, but not as an insult, especially from a white person, recalls the contradictory connotations of the word nigger.

2. Edward H. Friedman states in his paper, "The Picaresque as Autobiography: Story and History," the following: "The Spanish picaresque novel develops, to a degree, from what may be termed an autobiographical impulse, which unites confession (and confessional literature), an acknowledgment of the representative nature of the individual, and the self-consciousness (and self-confidence) of the narrating subject. Be it the explanation of a case, the confession of a repentant sinner, or the experiences of a social climber, the picaresque has as its focal point a 'life' recounted in the first person. Not only is the teller *in* the tale, but he *is* the tale; the narrative act becomes both form and substance of message production" (1).

3. Also see Claudio Guillén.

4. Marisol Ballester gives the following comments on the topic of racism in *Juyungo*: "Ortiz attempts to show the kinds of problems that Blacks face in their dealings with the dominant group and presents the efforts of three men who struggle to obtain their liberation as individuals and also as members of a class. To understand adequately the problems that the Black person has to confront, it is necessary to comprehend racism as one of the effects of colonialism. . . . The objective of the colonizer is to deny the colonized his identity. to dehumanize him. The ideal colonized individual is a product of the colonizer's ambition, who never attains the position of the European because of racial, cultural and social differences" (5).

5. Explaining Lazarillo's dilemma, Bjornson concludes: "He cannot have both /survival and integrity/; that possibility has been removed from his range of options by a society which reserves physical well-being for people who successfully practice deception, ignore unpleasant truths about themselves, and remain constantly on guard against the selfish designs of others" (27).

6. Richard Jackson affirms that "the sex role of María is pivotal in the novel and in the evolution of Lastre's /Ascensión's/ development as it gives perhaps the strongest impetus to his more tolerant acceptance of whites" (125). On the same topic, John Brushwood in his analysis of motivating forces, points emphatically at racial awareness as being an inseparable part of Ascensión's sexual drives and he concludes that "the

white woman is desirable because she is forbidden; the black woman because her feminine qualities are considered superior" (147).

7. As a frame of reference, I am greatly indebted to Professor Martha Cobb whose "first test for authenticity or credibility" of Black literature presents the following thematic schema: "(1) *confrontation* with an alien and usually hostile society; (2) *dualism*, or a sense of division between one's own self and that of the dominant culture; (3) *identity*, a search that embraces the question who am I? and (4) *liberation*, both spiritual and political" (Jackson 9).

## WORKS CITED

Ballester, Marisol. "Three Possibilities for Black Liberation in *Juyungo*." *Afro-Hispanic Review* 2.2 (1983): 5-8.

Bjornson, Richard. *The Picaresque Hero in European Fiction*. Madison: U of Wisconsin P, 1977.

Brushwood, John. *The Spanish American Novel: A Twentieth-Century Survey*. Austin: U of Texas P, 1975.

Friedman, Edward H. "The Picaresque as Autobiography: Story and History." MMLA Conference. Chicago, 6 Nov. 1986.

Guillén, Claudio. *Literature as System: Essays Toward the Theory of Literary History*. Princeton: Princeton UP, 1971.

Jackson, Richard L. *Black Writers in Latin America*. Albuquerque: U of New Mexico P, 1979.

Mancing, Howard, "Defining the Picaresque Novel." Thirty-eighth Annual Kentucky Foreign Language Conference. Lexington, KY, 26 April 1985.

Ortiz, Adalberto. *Juyungo: historia de un negro, una isla, y otros negros*. Buenos Aires: Editorial Americalee, 1943.

_____. "Negritude in Latin American Culture." *Blacks in Hispanic Culture*. Ed. Miriam DeCosta. Port Washington, NY: Kennikat P, 1977.74-82.

# FREDERICK R. WORTH

## "Boca que habla y oreja que oye": Consciousness and the Poem in Octavio Paz

Among various definitions Octavio Paz has given us of poetry there is this one: "Boca que habla y oreja que oye." This definition from *El arco y la lira* (47) seems eminently suited to the theme of literature and consciousness, for it represents a very primary distillation of the Mexican Poet's thoughts on poetry as communion; and, beyond that, it clearly underscores the relationship between consciousness and the poem to be developed in this paper.

To affirm communion as the essence of poetry is to invoke at least two related concepts, namely communication and love. In addition, it begs us to consider that, in an ultimate sense, all communion and all poetry is primarily the (re-)enactment of a fundamental dialogue (or what Lloyd King calls the "Essential Experience") eternally unfolding in the universe and within consciousness itself. This fundamental dialogue involves a relationship between complementary opposites which, alternately and eternally, merge and separate, separate and merge —opposites which eternally merge out of love and separate in order to love and be loved. Love seems to be the common denominator whether these opposites be male and female, life and death, or unity and diversity.

On the level of poetics and grammar this "love" might be rendered better as analogy, as correspondences between all beings and worlds. Poetry, Paz writes, is a manifestation of analogy, "the principle before all principles, before the reason of all philosophies and the revelation of religions" (*Children of the Mire* 56). "Analogy is the science of correspondence. It is, however, a science which exists only be virtue of differences," he continues. "Precisely because this *is not* that, it is possible to extend a bridge between this and that. The bridge . . . is an intermediary" (72-73). In other words, analogy does not eliminate differences; it establishes a relationship between them: "Analogy is the metaphor in which otherness dreams of itself as unity, and difference projects itself illusively as identity" (73).

In light of the above, it is not difficult to understand why poetry and eroticism are so intimately linked in Paz's poetry. For him poetry is the attempt to resolve differences in unity, and hence every poem is an object documenting successive *conjunciones* and *disyunciones,* couplings and separations. What matters for the paper at hand, however, is merely the essential and common element relating communication and communion, words whose Latin etymologies themselves suggest at once the common bond underlying all diversity and the strength to be derived from full acknowledgment of that bond, a bond based on correspondence, on "love."

For Paz poetry is an act of expiation and of love which aspires to return man to his lost origins. Consequently, poetic inspiration constitutes both remembrance of origin and a return to Being, *un Volver al Ser*. In Paz, the "way" of this "camino místico" is language; hence, the challenge facing the poet is to purge and illumine language (Palau de Nemes 89). Among humankind it is the poet who is charged with restoring language to its original purity. Or we might say, with Rimbaud and Valéry, that the poet's mission is to tap the inner luminosity of the word united with its origin and thereby to vitalize, even volatize, language. To write poetry, Paz tells us, is to dive beneath the surface of language, to explore the depths of language and make contact with the inner source of language, a source that, for Paz, is ironically yet vitally silent (*Pasión crítica* 75-76).

The poetics we have been considering thus far is marvelously embodied and exemplified in "Blanco," a poem with an acknowledged debt to Eastern philosophy. Tantric Buddhism is ostensibly indicated by both the quote from the *Hevajra Tantra* at the poem's very beginning and (as elucidated by Feustle and Needleman) the unique packaging of the poem's original edition. It is nonetheless clear that what the poem truly highlights is Paz's own philosophy of language —his poetics, too— as understood with greater clarity and completeness via the profound integration *within his own experience* of myths and symbols from sources as apparently disparate as Tantra, European surrealism, and ancient Aztec cosmology. For the poet generally nothing in life is alien; and for Paz in particular the ultimate purpose of life experience, the ultimate purpose of the poem, is to put man in harmony with the source of Being.

An entirely self-contained text, "Blanco" exalts the self-sufficient and essentially self-referential nature of poetry and the poem itself. In *mandala*-like fashion, the poem celebrates the ultimate communion and ultimate dialogue, the dialogue of consciousness fully aware of its own source, course and goal and utterly whole unto itself. Meaning simultaneously "white," "empty space," "aim," "target," and "goal," "Blanco" is fully enveloped and fully characterized within its own title. In tracing its own itinerary from source in undifferentiated silence through the multiplicity of language and on back to silence again, "Blanco" combines and celebrates two major themes of Paz's *oeuvre* we have already discussed: language and the possibility of recapturing through language a sense of primordial unity with the cosmos.

The emergence of language from silence in the poem parallels the emergence of the phenomenal universe from the infinite reservoir of the unmanifest Absolute. If the poem is to be a model of anything, it is a model of something as grand as the universe and as fundamental as consciousness as described in Vedic philosophy. In Vedic philosophy consciousness is a continuum which in its simplest, least excited state is unlocalized, unmanifest, infinite and whole unto itself; in states of activity, consciousness differentiates into expressed "point" values localized in time and space. Consequently, consciousness is the fundamental reality of life, Being itself, wherein reside both activity and rest, speech and the ability to remain silent.

This "mouth which speaks," Paz's "Blanco," begins from within a state of silent immanence reminiscent of Eliade's *fons et origo*, the universe of the virtual. All is "latente," the eternal word and the eternal poem, the entire manifest universe and all potentialities of existence and utterance, all are experienced in a state of becoming as the poet masterfully sustains and prolongs the moment of marvel, the eternal instant of ongoing creation. From flatness of silence a wave forms, rising with its surging configuration of rhythms and prophetic constellations of syllables. Phonemes, morphemes and finally words themselves gravitate around the nascent idea in a manner suggesting fields of gravity, electromagnetism and other basic forces at the most elemental levels of creation. Here we see the innermost workings of analogy via *coherencias* and *convergencias*, the makings of a cosmic syntax and prosody whereby everything fits together on the basis of rhythms and alliterations, of metaphors, metonymies and metateses (*Children of the Mire* 63). As Julio Ortega has noted, the insight Paz gives us into the speech act is insight into creation of the universe, for with the birth of language are born space, time, and multiplicity of objects.

> ... the paranomia here is a game wherein the meaning originates from an echo: "comienzo/cimiento/simiente" is a series that pro-

poses the beginning of the act of speaking, prior to the existence of the word itself; yet at the same time it is the initiation of the poem in that physical and originating anteriority. In this way the poem observes itself at birth: it questions itself through its enunciation while coming into existence by being enunciated . . . in addition, the words appear to generate themselves, to multiply around their phonic articulation. Thus meaning is a consequence of sound; but fundamentally this self-referentiality of the poem establishes its identity at the beginning of myths. Because the series "comienzo/cimiento/simiente" also announces the founding gesture of origin as time (*comienzo*), space (*cimiento*) and germination (*simiente*). (635)

Our poem's focus on the self-referral dynamics of consciousness, on the eternal dialogue of Being with itself, brings to mind that power of poetic inspiration possessed by Vedic poet-seers, whose perceptive abilities are refined to such a degree of perfection that they are capable of directly cognizing nature's impulses at the point of their sprouting from the unified field of consciousness, consciousness in its simplest, most pure state (Chandler 8). Contemporary theories of creativity, and Paz's own writings, in fact suggest that the unified field of pure consciousness is in every way analogous to the source of poetic inspiration wherein knower, object of knowledge, and process of knowing are united in a single reality. In Vedic philosophy the individual components of this reality are *rishi* (knower), *chhandas* (known) and *devata* (process of knowing), respectively, and the mechanics of their combined operations are the subject of meticulous analysis in the great body of Vedic literature (9). Speech, in particular, occupies a preeminent place in Vedic philosophy from earliest times. *Rig Veda* identifies speech as the support of all creation; and Brahman, the one reality without second, is identified with speech in the *Upanishads* (Coward 5-7). A recent study on Vedic language theory by Harold C. Coward can serve as a convenient bridge between our discussion of "Blanco" and Vedic philosophy because both focus on communication and the implicit communion underlying all communication.

To summarize briefly, the theory of language studied by Coward is known as *sphota* theory, from the Sanscrit term *sphut* meaning "to burst forth." *Sphota* represents "a meaning-whole or idea that eternally exists within consciousness and that is evoked or manifested by the spoken words of sentences" (Coward 152). Moreover, this eternal idea can be "directly perceived by intuition." According to a principal exponent of the theory, a VII century Indian poet-grammarian named Bhartrhari, the uttered or differentiated word first exists in the mind of the speaker as unity, as undifferentiated wholeness. Once uttered, the differentiated word carries within it a kind of memory of its unified, eternally silent and unbounded state prior to expression as language. By subsequently stirring the consciousness of the listener (itself eternally silent and unbounded in its deepest, fullest value), the unit of communication returns to the silence from which it emerged, for the unified source in consciousness within the speaker's mind is in essence identical to the unified source in the consciousness of all conceivable listeners (Coward 11). As can be surmised, *sphota* theory acknowledges the total continuum of consciousness and, furthermore, accounts for the continuum of cognition as well by virtue of the infinite correlation of consciousness. Finally, contrary to most Western theories of communication, Bhartrhari emphasizes that for *sphota* "meaning is not conveyed from the speaker to the hearer, rather, the spoken words serve only as the stimulus to reveal or uncover the meaning which was already present in the mind of the hearer" (Coward 12).

Proceeding now to the experience of poetry and the poet's function (for Paz) as vitalizer of consciousness, *sphota* theory would appear to argue that the success of great poetry —its living and enlivening power— resides in the fact that the central idea of the poem is inherently present in *both* the consciousness of the poet *and* the consciousness of the entire community of listener-readers as well. The great poet, therefore, is one who awakens in his listener-readers an awareness of the unity already inherent in the universe and in universal consciousness. It is interesting to test this notion against statements written by Paz himself in *The Bow and the Lyre*:

> When a poet finds his word, he recognizes it: it was already in him. And he was already in it. The poet's word is confused with his very being. He is his word. At the moment of creation, the most secret part of our selves comes to the surface of consciousness. Creation consists in bringing forth certain words that are inseparable from our being. These words and not others. (34)

Paz adds: "The words of the poet are also those of his community. Otherwise they would not be words. Every word implies two persons: the one who speaks and the one who hears" (35).

Clearly, then, this "boca que habla" is indeed also an "oreja que oye." The poem is *boca* and *oreja* simultaneously. Mouth and ear, the poet is also the reader-listener. The printed words, too, while maintaining their individual identities, are inconceivable without the coexistence of the page, just as language is inseparable from silence. From the very beginning the poem attends to its own voice, the silences of the blank spaces on the page interacting with the printed words, the flat, silent space of the white page sustaining and complementing the printed words even as it allows itself to be shaped by those words.

Finally, then, "Blanco" is a poem, above all, about relationships. And among those loving *conjunciones* and *disyunciones* alluded to at the out-set of this paper, surely the most spectacular (and at once the most tender) must be the alternating fission and fusion of subject and object within the eternal play of consciousness. "Blanco" is simultaneously explorer and witness of those delicate operations of consciousness kindled in the poem via a series of incendiary images. The emergence of speech, poetry, and the universe is heralded by the dawn of light and fire imagery: "late una lámpara," "luz carbonizada," "cáliz de consonantes y vocales incendiadas," "pasión de la brasa compasiva" etc. In at least two earlier poems Paz alludes to the prior, privileged state of man as one of light. In "El prisionero" he challenges man to act with fullness of consciousness —to be simultaneously the bow, arrow, bowstring and wounded cry— and in so doing to be immense and bright as the sun:

> Sé el arco y la flecha, la cuerda y el ay.
> El sueño es explosivo. Estalla. Vuelve a ser sol.

In "Fábula" he speaks of a Golden Age in which there was only one primordial word, "a word like the sun," which in subsequent ages has become corrupted and irreparably fragmentado:

> Todos eran todo
> Sólo había una palabra inmensa y sin revés
> Palabra como un sol
> Un día se rompió en fragmentos diminutos
> Son las palabras del lenguaje que hablamos

Appropriate in this regard is Jaime Alazraki's observation that "Blanco" functions as a kind of reverse prism, piecing together the myriad of fragments in which language has divided the immense sun of the original word (181). In the process, that alchemy peculiar to great poetry gradually transforms that most ambivalent of images, fire, into its opposite, water. The reality emphasized by "Blanco" is one of eternal, circular transformation and recycling. So much is this true that the image of language (and, by extention, of humanity) that remains with us is that of *atl-tlachinolli*, the burning water of Nahuatl cosmology, symbolic of the eternal instant of creation majestically poised at the junction point of the unmanifest and manifest universes (Séjourné 105). Both structurally and conceptually Paz's poem is the proverbial serpent perpetually biting its own tail. In such instances, the poet clearly has risen to the status of the Prophet Isaiah with speech purified by glowing embers from the altar of Almighty Being. Like muralist José Clemente Orozco's "Man in Flames," his actions blaze with the purity of enlightened awareness. Only such speech and such actions are capable of transforming the world, of returning life on earth to a state of original purity and thereby realizing the surrealist dream of a new humanity, steeped in creation, for whom life has become a perpetual state of "living poetry." As Paz has written, "[the reunion of] the word and the object, the name and the thing named, requires man's prior reconciliation with himself and with the world. Until this change occurs, the poem will be one of the few resources by which man can go beyond himself to find out what he is, profoundly and originally" (*The Bow and the Lyre* 26).

Randolph-Macon College<br>Ashland, Virginia

## WORKS CITED

Alazraki, Jaime. "Para una poética del silencio." *Cuadernos hispanoamericanos* 343-45 (1979): 162-84.

Chandler, Kenneth. "Modern Science and Vedic Science: An Introduction." *Modern Science and Vedic Science* 1 (1987): 5-26.

Coward, Harold C. *Sphota Theory of Language*. Delhi: Banarsidass, 1980.

Feustle, Jr., Joseph A. "'Blanco': una síntes poética de tres culturas." *Cuadernos hispanoamericanos* 343-45 (1979): 455-69.

King, Lloyd. "Surrealism and the Sacred in the Aesthetic Credo of Octavio Paz." *Hispanic Review* 37 (1969): 383-93.

Needleman, Ruth. "Poetry and the Reader." *The Perpetual Present: The Poetry and Prose of Octavio Paz*. Ed. Ivar Ivask. Norman, Oklahoma: U of Oklahoma Press, 1973. 35-43.

Ortega, Julio. "'Blanco': Space of Change." *World Literature Today* (Fall, 1982): 635-38.

Palau de Nemes, Graciela. "Octavio Paz: Invention and Tradition, or The Metaphor of the Void." *The Perpetual Present: The Poetry and Prose of Octavio Paz*. Ed. Ivar Ivask. Norman, Oklahoma: U of Oklahoma Press, 1973. 87-95.

Paz, Octavio. *Blanco*. Mexico: Joaquin Mortiz, 1967.

_____. *Children of the Mire.* Cambridge, Mass.: Harvard UP, 1974.
_____. *El arco y la lira.* 2nd ed. Mexico: FCE, 1967.
_____. *La Centena (Poemas 1935-1968).* Barcelona: Barral, 1969.
_____. *Pasión crítica.* Barcelona: Barral, 1985.
_____. *The Bow and the Lyre.* Trans. Ruth L. C. Simms. New York: McGraw Hill, 1973.
Séjourné, Laurette. *Burning Water: Thought and Religion in Ancient Mexico.* London: Thames and Hudson, 1956.

# Papers Presented at LA CHISPA '87

PAOLINI, Gilbert, Program Chairman
(Tulane University, New Orleans, Louisiana)

AGUILAR, Ricardo, "El mito prehispánico en *Gringo viejo* de Carlos Fuentes" (University of Texas at El Paso).

ALDAYA, Alicia, "Amando Fernández: la espera, dulzor o acero" (University of New Orleans, Louisiana).

AMARAL, Jacinta, "Pictures at an Exhibition: Pio Baroja's *Camino de perfección*" (Wells College, Aurora, New York).

AMBROSE, Timothy, "Consciousness: Writing and Presence in the Poetry of Juan Ramón Jiménez" (Maharishi International University, Fairfield, Iowa).

AMELL, Samuel, "Apariencia y realidad en la novela española de postguerra" (Ohio State University, Columbus).

AMOR Y VAZQUEZ, José, "Apertura a *El Tapaboca* (Puerto Rico, 1812)" (Brown University, Providence, Rhode Island).

APARICIO, Frances, "Borges y Whitman: un abrazo panteísta" (University of Arizona, Tucson).

APONTE DE ZACKLIN, Lyda, "Lo obvio y lo obtuso en la escritura de José Balza" (New York City).

ASHWORTH, Peter, "Points of View: Feminist and Narrative Perspectives in Selected Short Stories of Pardo Bazán" (Brigham Young University, Provo, Utah).

BARQUET, Jesús, "El tema de la muerte en *Los desterrados* de Horacio Quiroga" (Tulane University, New Orleans, Louisiana).

BARRADAS, Efraín, "El funeral como futuro: sobre la literatura testimonial de Edgardo Rodríguez Juliá" (University of Massachusetts, Harbor Campus, Boston).

BARROSO, Fernando, "Honestidad y corrupción en *Del rey abajo, ninguno*" (James Madison University, Harrisonburg, Virginia).

BARROW, Geoffrey, "Tradition and Originality in the *Salmos* of Ernesto Cardenal" (Purdue University/Calumet, Indiana).

BEARDSLEY, Theodore, "The Spanish Musical Sources of Bizet's *Carmen*" (Hispanic Society of America, New York).

BENITEZ-ROJO, Antonio, "Bartolomé de Las Casas: entre el infierno y la ficción" (Amherst College, Massachusetts).

BERG, Mary, "The Presence and Subversion of the Past in Gabriel García Márquez' 'Eréndira'" (University of California at Los Angeles).

BIGLIERI, Anibal, "Naturaleza muerta, interior, ventana y paisaje en el ejemplo cuarto de *El Conde Lucanor*" (Auburn University, Alabama).

BISSETT, Judith, "Violence and Social Protest in Two Plays by Alfredo Dias Gomes" (Miami University, Oxford, Ohio).

BLACKWELL, Frieda, "Spoofed Spies, Duped Detectives and Elusive Reality in Torrente's *Quizás el viento nos lleve al infinito* and Benet's *El aire de un crimen*" (Howard Payne University, Brownwood, Texas).

BOETSCH, Laurent, "Encrucijada para una generación" (Washington and Lee University, Lexington, Virginia).

BORGESON, Paul, "Sor Juana, Borges and the Poetics of the Absolute" (University of Illinois, Urbana-Champaign).

BOSCHETTO, Sandra, "La narración de una historia escondida: escritura y dialéctica femenina-masculino en *La casa de los espíritus* de Isabel Allende" (Michigan Technological University, Houghton).

BRAVO, María Elena, "Explorando los límites de la palabra narrativa: Juan Benet en las huellas de Cervantes" (University of Chicago, Illinois).

BRUCATO, María J., "The Mythos of Autumn in Leopoldo Alas' *La Regenta*" (Brown University Providence, Rhode Island).

BRUCE-NOVOA, Juan, "Who Did What to Whom in Belkin County?" (Trinity University, San Antonio, Texas).

BRUZZI-COSTAS, Narciso, "En los treinta años de *Primeras hojas* de Zamora Vicente" (Lehman College, CUNY, Bronx).

BURGOS, Fernando, "Prosa de renovaciones: *La tienda de muñecos* de Julio Garmendia" (Memphis State University, Tennessee).

CACHAN, Manuel, "Julián del Casal: 'Aristócrata' sin mecenazgo" (Tulane University, New Orleans, Louisiana).

CALLEJO, Alfonso, "La *Soledad segunda* de Góngora, acabada a 'instancia' de Chacón" (University of Georgia, Athens).

CAMARA-FREIBERGER, Isabel, "Una re-lectura de *No hay cosa como callar*" (Duke University, Durham, North Carolina).

CAMURATI, Mireya, "Borges, Dunne y la regresión infinita" (SUNY at Buffalo).

CANEPA, Mario, "Del *Canzoniere* a la 'Canción coja' de Belli" (Lehman College, CUNY).

CARBALLIDO, Emilio, "E. Carballido y su obra" (Universidad Veracruzana, México).

CARPENTER, Dwayne, "Polemics and Proselytism in Fourteenth-Century Spain: The *Libro de las tres creencias*" (Columbia University, New York).

CARSON, Diane, "Sexual and Political Seduction in *Kiss of the Spider Woman*" (St. Louis Community College, Missouri).

CASA, Frank P., "The Duality of the King in Golden Age Drama" (University of Michigan, Ann Arbor).

CASTAÑEDA, Emilio, "*Pedro Páramo*: el muerto imperio del poder" (Saginaw Valley State College, University Center, Michigan).

CHIU-OLIVARES, Isela, "El elemento popular y la realidad extratextual en una novela de Armando Ramírez" (Utah State University, Logan, Utah).

CHRZANOWSKI, Joseph, "*Gringo viejo*: The Labyrinth of Solitude Revisited" (California State University at Los Angeles).

CIPLIJAUSKAITE, Biruté, "Entre locura y cordura: la voz de la confesión" (University of Wisconsin, Madison).

CLAMURRO, William, "Eros, Honor, and the Decadence of Empire: María de Zayas' *Desengaños amorosos*" (Denison University, Granville, Ohio).

CLARK, Stella, "A Need for Harmony: The Double in Two Mexican Novels" (California State University at San Bernardino).

CODDOU, Marcelo, "Para un estudio de los recursos de literaturización del relato testimonial chileno" (Drew University, Madison, New Jersey).

COLLAZO, Conrad, "Cegueras y silencios: una manera de aludir en Borges, Paz y Lezama Lima" (Merrimack College, North Andover, Massachusetts).

COLON-ZAYAS, Eliseo, "La narración como forma del proceso cognoscitivo en *Felices días, tío Sergio* de Magali Gargía Ramis" (University of Puerto Rico, San Juan).

COMPITELLO, Malcolm, "La novela negra de Juan Benet" (Michigan State University, East Lansing).

CONNOLLY, Jane, "'The Devil Made Me Do It?: Three Variations on a Theme" (University of Miami, Coral Gables, Florida).

CORREA, Rafael, "Carlos Fuentes y el arte de la memoria" (California State University at San Bernardino).

CORTES, Eladio, "Las novelas cortas de Emilio Carballido: temática y técnica" (Rutgers University, Camden, New Jersey).

COSTA, Luis, "Verosimilitud y crimen: Pepe Carvalho, ex-agente de la CIA" (Texas A&M University, College Station).

CRISPIN, John, "La poesía de Arturo Serrano-Plaja en *El hombre y el trabajo*" (Vanderbilt University, Nashville, Tennessee).

CRUZ, Anne, "*Homo Ex Machina*: Male Bonding in Calderón's *A secreto agravio, secreta venganza*" (University of California at Irvine).

CUERVO-HEWITT, Julia, "Arachne, Ariadne and the Androgynous in Manuel Puig's *El beso de la mujer araña*" (Vanderbilt University, Nashville, Tennessee).

CURRY, Richard, "La nueva poética de Ernesto Cardenal" (University of South Alabama, Mobile).

DANIEL, Lee, "Diabolus and Sor Juana's *El cetro de José*" (Texas Christian University, Fort Worth).

DE COLOMBI-MONGUIO, Alicia, "Castiglione en tres sonetos del Siglo de Oro (Boscán, Garcilaso, Dávalos)" (State University of New York at Albany).

DEAN, Veronica, "The Political Correspondence of Galdós (1898-1919)" (Ohio State University, Columbus).

DI SALVO, Thomas, "Tensión dramática y efecto trágico en Blasco Ibáñez: análisis estilístico y temático de 'En el mar'" (Skidmore College, Saratoga Springs, New York).

DIAZ-JIMENO, Felipe, "Tema y estructura en la *Silva de varia lección*, de Pero Mexía" (University of Colorado, Denver).

DILLE, Glen, "The Plays of Cervantes, Lope, Calderón and the New World" (Bradley University, Peoria, Illinois).

DOLL, Eileen, "El narrador problemático de *Flor de santidad*" (Tulane University, New Orleans, Louisiana).

DOLL-CAMPISI, Kristine, "Towards a Revaluation of Juan Alcover's *Elegies*" (SUNY at Old Westbury).

DOMINGUEZ, Carlos, "The Circularity of Desire in the Poetry of Saint John of the Cross" (University of Wisconsin, Milwaukee).

DOWLING, John, "Don Juan and Carmen: The Mérimée Connection" (University of Georgia, Athens).

DOWLING, LEE, "The Chronicle of Pedro Pizarro" (University of Houston, Texas).

DUNN-WOOD, Maryjane, "Re-examining *El pelegrinaje de vida humana*: Is it a 'libro de caballerías a lo divino'?" (Creighton University, Omaha, Nebraska).

DURAN, Gloria, "The Evolution of Woman's Role in the Latin-American Novel as a Clue to Negative Social Change" (University of Connecticut, Waterbury).

DURAN, Manuel, "Proust, Lampedusa, Villalonga: Three Approaches to Reality/Fantasy" (Yale University, New Haven, Connecticut).

ELOY MARTINEZ, Tomás, "La Habana de Bernal Díaz: la memoria como transgresión" (University of Maryland, College Park).

EVANS, Carys, "Primeros apuntes para una investigación de la influencia del inglés en el habla de los gallegos de Newark" (Rutgers University, New Brunswick, New Jersey).

FAGUNDO, Ana María, "El teatro de Ana Diosdado: un teatro comprometido" (University of California, Riverside).

FENWICK, M.J., "New Perspectives in Caribbean Literature" (Memphis State University, Tennessee).

FERNANDEZ-JIMENEZ, Juan, "Los manuscritos del *Triunfo de amor*" (Pennsylvania State University, Behrend College, Erie).

FERREIRA-PINTO, Ana Cristina, "A técnica narrativa de Olga Gonçalves: *A Floresta em Bremerhaven*" (Tulane University, New Orleans, Louisiana).

FINKENTHAL, Stanley, "Two Dramatic Prologues: Galdós and the Press" (Salem State College, Massachusetts).

FLODSTROM, John, "Consciousness, Language, and Literature" (University of Louisville, Kentucky).

FLYNN, Gerald, "Octavio Paz and Sor Juana Inés de la Cruz" (University of Wisconsin at Milwaukee).

FLYS, Michael, "Duda y amor de Dámaso Alonso" (Arizona State University, Tempe).

FREIRE, José, "Correlaciones socio-culturales en el lenguaje convencional" (Memphis State University, Tennessee).

FROUMAN-SMITH, Erica, "Descent into Madness; Women in the Short Stories of Amparo Dávila" (Long Island University: Greenvale, New York).

FUENTES, Victor, "Sobre la 'otra' generación del 27" (University of California at Santa Barbara).

GALVAN, Delia, "Tres generaciones de mujeres en *Te juro Juana que tengo ganas* de Carballido" (Bucknell University, Lewisburg, Pennsylvania).

GARGUREVICH, Eduardo, "La lengua en *El zorro de arriba y el zorro de abajo* de José María Arquedas" (University of Maryland, College Park).

GASCON-VERA, Elena, "Américo Castro, *La Celestina* y Mijail Bajtín" (Wellesley College, Massachusetts).

GERLING, David Ross, "*Amor de don Perlimplín con Belisa en su jardín*: síntesis de las farsas de Federico García Lorca" (University of Southwestern Louisiana, Lafayette).

GIL-CASADO, Pablo, "La novela histórica: *praxis* del personaje colectivo" (University of North Carolina, Chapel Hill).

GILABERT, Joan, "*España, aparta de mí este cáliz* o la sacralización del humanismo humano" (University of Arizona, Tucson).

GIMBERNAT-DE-GONZALEZ, Ester, "La responsabilidad de la rebeldía: sonetos de amor de Sor Juana" (University of Northern Colorado, Greeley).

GOLD, Hazel, "Letters of Discredit: Epistolarity in the Historical Novels of Galdós" (Northwestern University, Evanston, Illinois).

GRIGGS, John, "La Soledad en la poesía de Dámaso Alonso" (Glendale Community College, Arizona).

GUERRA-CUNNINGHAM, Lucía, "Polivalencias de la confesión en la novela chilena del exilio" (University of California at Irvine).

GUTIERREZ, Jesús, "Unamuno y su lección postrera (1934-1936): vida y literatura" (Wayne State University, Detroit, Michigan).

HANEY, William II, "Literature and Consciousness: Beyond Deconstruction" (Maharishi International University, Fairfield, Iowa).

HART, Patricia, "An Overview of the *Novela Negra* Genre" (University of North Carolina, Chapel Hill).

HASSETT, John, "Ariel Dorfman's *Viudas*: Solidarity vs. Political Oppression" (Swarthmore College, Pennsylvania).

HIGGANBOTHAM, Virginia, "The Buñuelization of Fiction" (University of Texas at Austin).

HODDIE, James, "Miró's *Nuestro Padre San Daniel*: The Convergence of Accusing Gazes" (Boston University, Massachusetts).

HOLLAND, Norman, "Cortázar's Resistance of Knowledge" (Columbia University, New York).

HOWE, Elizabeth, "Sor Juana Inés de la Cruz and Juan Luis Vives" (Tufts University, Medford, Massachusetts).

INGWERSEN, Sonya, "Rubén y la Iglesia: el Darío anticlerical" (Epicopal Theological Seminary of the Southwest, Austin, Texas).

IRVIN, Robert, "*Juanita la larga*: Levels of Deceit" (Saint Olaf College, Northfield, Minnesota).

JEREZ, Carlos, "El expresionismo en Valle-Inclán: una reinterpretación de su visión esperpéntica" (University of Notre Dame, Indiana).

JIMENEZ, Reynaldo, "Realidad y fantasía: el punto de vista en *Un rey en el jardín* de Senel Paz" (University of Florida, Gainesville).

JOHNSON, Randal, "Graciliano Ramos and the Cinema" (University of Florida, Gainesville).

JOHNSON, Roberta, "The Generations of 98 and 27 Face to Face" (Scripps College, Claremont, California).

JONES, Julie, "The Romance of Home: Hernández's *Cantar* and Hierro's *La casa*" (Tulane University, New Orleans, Louisiana).

KING, Charles, "Poetic Realism in García Pavón's Detective Novels" (University of Colorado, Boulder).

KISH, Kathleen, "Tracking Today's Hispanic Carmen" (University of North Carolina at Greensboro).

KUUSISTO, Sharon, "*El sueño del infierno* según Quevedo: discurso de un Infierno Mercantil" (College of St. Catherine, St. Paul, Minnesota).

LAGOS, Ramiro, "Cinco mujeres poetas de Colombia" (University of North Carolina at Greensboro).

LAPUENTE, Felipe, "Anonimia y seudonimia en el Siglo de Oro: la censura inquisitorial y los pliegos poéticos" (Memphis State University, Tennessee).

LASARTE, Pedro, "El discurso carnavalesco en Rosas de Oquendo" (University of Rochester, New York).

LAZARO, Reyes, "La naturaleza como espejo de contradicciones del discurso abolicionista en *Sab*" (Smith College, Northamptom, Massachusetts).

LEIVA, Susana, "La marginalidad en el discurso bicultural latinoamericano" (Northwestern University, Evanston, Illinois).

LEVY, Michele, "A Bad Day for Brides: The Struggle for Self in Lorca's *Bodas de sangre* and Tolstoi's *Vlast' t'my (The Power of Darkness)*" (Xavier University, New Orleans, Louisiana).

LEWIS, Bart, "'El olvido en que nos tuvo': Parricide and the Resolution of Conflict in *Pedro Páramo* and *Gracias por el fuego*" (Texas A&M University, College Station).

LICHTBLAU, Myron, "Horacio Oliveira y Galdós: A Strange Textual Convergence in Cortázar's *Rayuela*" (Syracuse University, New York).

LIMA, Dinorah, "La Habana pre-revolucionaria en la obra de Cabrera Infante" (Towson State University, Baltimore, Maryland).

LISTERMAN, Randall, "The Dream: Dramatic Function in Franz Grillparzer and Calderón de la Barca" (Miami University, Oxford, Ohio).
LONG, Pamela, "The *sinfonistas*: Musical Forms in Modernist Poetry" (Tulane University, New Orleans, Louisiana).
LOPEZ DE MARTINEZ, Adelaida, "Literatura siglo XXI: Las mujeres tienen la palabra". (Texas A&M University, College Station).
LOPEZ, María Elena, "Coincidencias artísticas: Jorge Luis Borges y Maurits Cornelis Escher" (University of Northern Colorado, Greeley).
LORENZO-RIVERO, Luis, "Yos larrianos: encuentro de Larra con su voz externa" (University of Utah, Salt Lake City).
MAIER, John, "*El libro de Apolonio*: Psycho-Social Dimensions of Literary Form" (Bradford College, Bradford, Massachusetts).
MAIZ-PEÑA, Magdalena, "El poder de la parodia y la parodia del poder: *Arráncame la vida*" (Arizona State University, Tempe).
MANDEL, Adrienne, "Don Juan on the Couch: An End to Romantic Glory" (California State University, Northridge).
MANGINI, Shirley, "Ortega y Gasset: Critic or Oracle of Modernism in Spain—The Case of Rosa Chacel" (Yale University, New Haven, Connecticut).
MANTEIGA, Roberto, "La voz de la agitación en los poetas del 27" (University of Rhode Island, Kingston).
MARBAN, Jorge, "El tema político en la cuentística de Arturo Uslar Pietri" (Charleston College, South Carolina).
MARCH, Kathleen, "Ricardo Güiraldes: *Raucho, Rosaura*, literatura masculina y literatura femenina" (University of Maine at Orono).
MARCOS, Juan Manuel, "Adorno, Fromm, Benjamin: por una lectura crítica de Isabel Allende" (Oklahoma State University, Stillwater).
MARINO, Nancy, "Juan de Dueñas and the Jews in the *Cancionero de San Román*" (University of Houston, Texas).
MARTIN, Gregorio, "El canto canario de Larra y el ideal romántico" (Duquesne University, Pittsburgh, Pennsylvania).
MAYANS-NATAL, María, "La estética del tedio y de la nada en *Crónica del desamor*" (University of the South, Sewanee, Tennessee).
MAYBERRY, Nancy, "The Prefiguration of the Incarnation in a Sixteenth-Century *Auto*" (East Carolina University, North Carolina).
McCRARY, Susan, "'La noche de San Juan' as the Temporal Coordinate in *El último godo*" (Old Dominion University, Norfolk, Virginia).
McNAB, Gregory, "Para um estudo da narrativa extensa de Cabo Verde: os casos de *Vida Crioula* e *Famintos*" (University of Rhode Island, Kingston).

MEDINA, Hector, "Puntos de contacto entre Cadalso y Ortega y Gasset" (Rhode Island College, Providence).

MELLIZO, Carlos, "De Cajal a Martín-Santos" (University of Wyoming, Laramie).

MERRIM, Stephanie, "The View from the Panopticon: Writing as Power in the *Historia general y natural de las Indias*" (Brown University, Providence, Rhode Island).

MILLER, Elizabeth, "Indigenous Influence on Hugo Lindo's Poetry" (Southern Methodist University, Dallas, Texas).

MILLER, Norman, "The Poetics of Alberti's *Amaranta*" (Tulane University, New Orleans, Louisiana).

MILLER, Stephen, "La estética literaria de Torrente Ballester en 1986" (Texas A&M University, College Station).

MONTERO, Oscar, "La fuga del *museo*: la voz enunciativa en *Marfiles viejos* de Julián del Casal" (Lehman College, CUNY).

MOON, Harold, "Religious Tradition and Antonio Buero Vallejo" (Brigham Young University, Provo, Utah).

MORRIS, Barbara, "Dos lecturas de una misma leyenda: *Camila* por Bemberg y Molina" (University of California at Los Angeles).

MULLER-BERGH, Klaus, "De agú y anarquía a la MANDRAGORA: notas para la génesis, la evolución y el apogeo de la vanguardia en Chile" (University of Illinois at Chicago).

MUÑOZ, Willy, "La reversión del discurso falogocéntrico en Julieta Campos" (Kent State University, Ohio).

MUÑOZ-MILLANES, José, "La visión urbana en la obra de Josep Carner" (Princeton University, New Jersey).

NAGY, Edward, "El Infante-Cardenal y los soldados graciosos en una comedia de Antonio Coello" (Rutgers University, New Brunswick, New Jersey).

NAGY, Silvia, "Literatura comprometida: estudio de una novela de Manlio Argueta" (University of Richmond, Virginia).

NAVAJAS, Gonzalo, "La expectativa de la ficción policíaca en Juan Benet" (University of California at Irvine).

O'CONNOR, D.J., "Hiding the Hand that Casts the Stone: Re-reading Palacio Valdés' *La Fe*" (University of New Orleans, Louisiana).

O'CONNOR, Patricia, "Las dramaturgas españolas contemporáneas: sus penas y sus glorias" (University of Cincinnati, Ohio).

OAKEY, Valerie, "Los personajes intertextuales de *El sol en el hormiguero* de Antonio Gala" (University of Kansas, Lawrence).

OLIVARES, Jorge, "Fines y finales en 'Del Encuentro nupcial' de Sergio Pitol" (Colby College, Waterville, Maine).

ORIA, Tomás, "Reflejos del Krausismo en la obra de Galdós: León Roch y el desplome del ideal krausista de la familia" (University of Rhode Island, Kingston).

ORO, Cesar, "En torno a una polémica: la normalización del gallego" (Howard University, Washington, D.C.)

ORRINGER, Nelson, *"España en el corazón* de Neruda y su solidaridad generacional" (University of Connecticut, Storrs).

PAJARES, María Teresa, "Aproximación al estudio de la catacresis y su importancia en el conceptismo del XVII expanol" (University of Georgia, Athens).

PALLOTTA, Augustus, "The Function of Prologues in Sixteenth-Century Spanish Texts Published in Italy" (Syracuse University, New York).

PEARSALL, Priscilla, "Ribera's and Gayangos' Writings on the Hispano-Arab Library: Toward a Modernist Theory of Culture" (Washington and Jefferson College, Washington, Pennsylvania).

PEÑA, Luis, "Testigos marginales: Barnet y Poniatowska" (University of Minnesota, Minneapolis).

PEREZ, Genaro, "La novela negra de los hermanos Martínez Reverte" (University of Texas of the Permian Basin, Odessa).

PÉREZ, Janet, "Echoes of Cervantes in the Works of Gonzalo Torrente Ballester" (Texas Tech University, Lubbock).

PEREZ-STANSFIELD, María Pilar, *"Clitemnestra* o la transformación del mito: texto, subtexto y significación" (Colorado State University, Fort Collins).

PERRICONE, Catherine, "Artistic Craftsmanship in Mario Vargas Llosa's *¿Quién mató a Palomino Molero?"* (Auburn University, Alabama).

PERRY, Mary Elizabeth, *"La monja alférez*: Myth, Gender, and the Manly Woman in a Spanish Renaissance Drama" (University of Southern California, Los Angeles).

PERRY, T.A., "Jewish and Christian Proverbs: The Case of the *Libro de los buenos proverbios"* (University of Connecticut, Storrs).

PLANN, Susan, "Quantified Clauses" (University of California at Los Angeles).

PLASENCIA, Gonzalo, "Unamuno's Observations on Games and Sports" (St. Thomas Aquinas College, Sparkill, New York).

POLO DE BERNABE, José, "La poesía de Jorge Guilén: sujeto y plenitud de la palabra". (University of North Carolina, Chapel Hill).

PORRAS, Jorge, "Nonvocative Second-Person Reference in Spanish" (Ohio State University, Columbus).

PORTER-MEDINA, Phoebe, "The *Femme Fatale*: Emilia Pardo Bazán's Portrayal of Evil and Fascinating Women" (Smith College, Northampton, Massachusetts).

PROMIS, José, "Novela y cambio social (A proposito de *Martes tristes*, de Francisco Simón" (University of Arizona, Tucson).

PUPO-WALKER, Enrique, "Indicios para una nueva lectura de los *Naufragios* de Alvar Núñez Cabeza de Vaca" (Vanderbilt University, Nashville, Tennessee).

QUINTERO, María, "Linguistic Transgression and the Truant Woman in the *comedia de enredo*" (University of Southern California, Los Angeles).

RALEY, Harold, "Desdoblamiento y metamorfosis de Don Juan en *Sonata de otoño*" (University of Houston, Texas).

RAPIN, Ronald, "Ortega y Gasset's *La deshumanización del arte* and Federico García Lorca's *Poeta en Nueva York*" (Oakland University, Rochester, Michigan).

RESINA, Joan, "Vida y arquetipo literario en *Su único hijo*" (Williams College, Williamstown, Massachusetts).

RIBEIRO DE OLIVEIRA, Solange, "The Social Aspects of Clarice Lispector's Fiction: An Ideological Reading of *Passion According to G.H.*" (Federal University of Ouro Preto, Brazil).

RIOS, Alicia, "Oviedo y Baños: los difusos límites entre la historia y la literatura" (University of Maryland, College Park).

RODRIGUEZ, Rodney, "'Yo voy soñando caminos' de Antonio Machado a la luz de un intertexto de Rosalía de Castro" (Rider College, Lawrenceville, New Jersey).

ROGGIANO, Alfredo, "Ricardo Molinari, decano de la vanguardia poética argentina" (University of Pittsburgh, Pennsylvania).

ROMAN-LAGUNAS, Jorge, "Memoria, testimonio y denuncia en la literatura chilena" (Concordia College, Morehead, Minnesota).

ROMEU, Raquel, "Darío: pagano pecador cristiano" (LeMoyne College, Syracuse, New York).

ROSS, Kathleen, "*Alboroto y motín de México*: una noche triste criolla" (Duke University, Durham, North Carolina).

ROZO-MOORHOUSE, Teresa, "Visión de exilio en *En estas tierras* de Elías Miguel Muñoz" (Chapman College, Orange, California).

RUBIO DE LERTORA, Patricia, "Hacia las señas de identidad femenina: la narrativa de Elena Garro" (Skidmore College, Saratoga Springs, New York.)

SABATINI, R. Nicholas, "The *-RA* Verb Form in Spanish: Fish or Fowl?" (Loyola University, New Orleans, Louisiana).

SALVADOR SALVADOR, Francisco, "La significación de la muerte de García Lorca entre los intelectuales republicanos" (University of Granada, Spain).

SANCHEZ, Rafael, "Búsqueda del centro en *Rayuela* 142" (University of Southern Mississippi, Hattiesburg).

SANCHEZ-BOUDY, José, "Poesía y languaje del chuchero" (University of North Carolina at Greensboro).

SANDOVAL, Alberto, "The Canonization of Juan Ruiz de Alarcón in the Nineteenth Century" (Mount Holyoke College, South Hadley, Massachusetts).

SCHIMINOVICH, Flora, "Dándole vueltas al modo autobiográfico: *La casa de los espíritus*" (Barnard College, Columbia University, New York).

SCHRAIBMAN, Joseph, "Dos versiones de la guerra de Africa (1859-60): Pedro de Alarcón y Galdós" (Washington University, Saint Louis, Missouri).

SCHULMAN, Ivan, "Sociedad colonial, sociedad esclavista: La Habana de *Cecilia Valdés*" (University of Illinois, Urbana).

SIEMENS, William, "The Birth of the Author in the Recent Cuban Novel" (West Virginia University, Morgantown).

SMITHER, William, "Técnica pre-cinematográfica en Valle-Inclán" (Tulane University, New Orleans, Louisiana).

SOTOMAYOR, Aurea, "Si un nombre convoca un mundo..., *Felices días, tío Sergio*" (University of Puerto Rico, San Juan).

STERNBACH, Nancy, "When the Mothers Prevail...: Las Madres de Plaza de Mayo" (Smith College, Northampton, Massachusetts).

STOLL, Anita, "Precolumbian Mythology in Carballido's *La hebra de oro*" (Cleveland State University, Ohio).

STOLLEY, Karen, "Nueva lectura de *El lazarillo de ciegos caminantes*" (Vassar College, Poughkeepsie, New York).

STONE, Marilyn, "The Path of Friendship: From Aristotle to Alfonso X el Sabio" (Woodmere, New York).

SURTZ, Ronald, "Image Patterns in Teresa de Cartagena's *Arboleada de los enfermos*" (Princeton University, New Jersey).

TAYLOR, Diana, "Theatre as Inquiry: Carballido's *Yo también hablo de la rosa*" (Dartmouth College, Hanover, New Hampshire).

TEJERINA-CANAL, Santiago, "Reflejos e intertextualidades narcisistas en *La muerte de Artemio Cruz*" (Hamilton College, Clinton, New York).

THOMPSON, Billy, "The Mercedarian's Shoes (Perambulations on the Fourth *Tratado* of *Lazarillo de Tormes*)" (Hofstra University, Hempstead, New York).

TIBBITS, Mercedes, "Los ensueños de Isidora de Aransis" (Howard University, Washington, D.C.).

TOFT, Evelyn, "Contemplation as Knowledge and Language in San Juan de la Cruz" (Fort Hays State University, Kansas).

TRAVIS, David, "El texto narrativo de *La luciérnaga* de Mariano Azuela" (Emporia State University, Kansas).

TRUBIANO, Mario, "*El médico de su honra* y el médico de su deshonra: tragedia y antitragedia" (University of Rhode Island, Kingston).

UGALDE, Sharon, "Angel/Monster: Female Images and Self-Identity in Iván Egüez' *La Linares*" (Southwest Texas State University, San Marcos).

VALBUENA-BRIONES, Angel, "La 'Fedra' de Unamuno a través de la tradición literaria" (University of Delaware, Newark).

VALDIVIESO, Jorge, "Realismo mágico en la *Relación del nuevo descubrimiento del famoso Río Grande de las Amazonas* de Fray Gaspar de Carvajal" (American Graduate School of International Management, Glendale, Arizona).

VALDIVIESO, L. Teresa, "Texto y metatexto en la literatura femenina contemporánea" (Arizona State University, Tempe).

VALERIO, Fernando, "Sociedad y metáfora en los sonetos de Garcilaso de la Vega" (Tulane University, New Orleans, Louisiana).

VAN BEYSTERVELDT, Antony, "Aspectos y efectos contrastantes del teatro de Juan del Encina y Lucas Fernández" (Bowling Green State University, Ohio).

VASQUEZ, Mary, "Tusquets, Fitzgerald and the Redemptive Power of Love" (Arizona State University, Tempe).

VECCHIO, Frank. "El emigrado como protagonista del 'Mal du Siècle' en la novelística de J. Blanco Amor" (Portland State University, Oregon).

VELEZ, Joseph, "Escapismo en *Las estatuas de marfil*" (Baylor University, Waco, Texas).

VELLEMAN, Barry, "The Dynamics of a Literary Standard: The Bello *Gramática*" (Marquette University, Milwaukee, Wisconsin).

WATSON, Peggy, "Miguel de Unamuno's 'La tradición eterna': A Metaphorical Perspective" (Texas Christian University, Fort Worth).

WEINER, Jack, "The Spanish and Quixotic Modes in the Early Works of Dostoevsky (1846-1849)" (Northern Illinois University, DeKalb).

WEINGARTEN, Barry, "*Et in Arcadia ego*?: The Genesis of the Spanish Rural Drama of Social Protest" (Goucher College, Towson, Maryland).
WELDON, Alicia, "Carlos Germán Belli o la farsa parlante paródica" (Appalachian State University, Boone, North Carolina).
WILKINS, Heanon, "The Picaresque Connection in the Novel, *Juyungo,* by Adalberto Ortiz" (Miami University, Oxford, Ohio).
WORTH, Frederick, "'Boca que habla y oreja que oye': Consciousness and the Poem in Octavio Paz" (Randolph Macon College, Ashland, Virginia).
WRIGHT, Janice, "A Feminist Analysis of the *amigas* of the Cancioneiro Poetas Elrei D. Denis and Joam Airas de Santiago" (Bemidji State University, Minnesota).
ZAMORA, Juan, "El renacimiento: su evolución teórica e ideológica en la gramática española (University of Massachusetts, Amherst).
ZORITA, Angel, "La ortodoxia como metáfora: exploración de 'la otra ladera' de la poesía de Dámaso Alonso" (Cleveland State University, Ohio).

## LA CHISPA
## SELECTED PROCEEDINGS
### Director: Gilbert PAOLINI

Existe en almacén un corto número de ejemplares de LA CHISPA '85, LA CHISPA '83 y LA CHISPA '81.

Colaboradores:

LA CHISPA '85: J. Alazraki, G. Allegra, M. Cachán, J. Cano-Ballesta, V. Chamberlin, M.D. del Valle, M. Enguídanos, A.M. Fagundo, M. Fraile, T. Franz, J. Gelpí, H. Gold, S. Greenfield, O.L. Griffith, M.J. Hanak, J. Hoddie, L. Ishimatsu, H. Jones, R. Kinkade, M. Levy, M. Lichtblau, C. Maier, A.S. Mandel, J.M. Marcos, N.K. Mayberry, K. McDuffie, E. Mocega-González, E. Neglia, J. Olivares, E. Ordoñez, V. Ouimette, A. Sandoval-Sánchez, T. Sarramía, C. Soper, M.L. Suárez, M. Sutherland, J. Tyler, T. Valdivieso, J. Villegas. (400 págs, treinta dólares U.S.A.) (ISBN 0-9607798-2-5)

LA CHISPA '83: Ernesto Sábato, A. Aldaya, N. Alvarez, J. Barquet, S. Boschetto, S. Canepari, B. Ciplijauskaite, L. Daniel, N. D'Antuono, E. de Sá Rego, C. D'Lugo, A. Geist, G.J. Graells, W.N. Hill, R. Johnson, F.A. Lapuente, J.R. Law, A. Lozada, G. Mansour, G. Martín, W. Muñoz, E. Myers, N. Orringer, J. Parr, A. Percival, T. Rivera, E. Ruiz-Fornells, M. Snook, A. Susanna, J. Tomlins, E. Urbina, N. Valis, B. Varela, M. Vásquez, V. Williamsen. (336 págs, veinte dólares U.S.A.) (ISBN 0-9607798-1-7)

LA CHISPA '81: E. Iranzo, Alfonso Grosso, S. Armistead, R. Baker, F. Burgos, F. Casa, R.M. Cox, N. D'Antuono, C. del Río, J. Dowling, P. Dust, J. Fernández-Jiménez, M. Flys, E. Gimbernat de González, J.R. Green, L. Kapschutschenko, R. Kirsner, K. Kish, L. Litvak, F. López-Herrera, N. Mandlove, D. Marín, G. Martín, S. Miller, T. O'Connor, M. Páez de Ruiz, F. Pérez, G. Pérez-Firmat, C. Perricone, G. Ribbans, E. Rogers, D. Seniff, A. Severino, M.L. Suárez, M. Tibbits, J. Tomlins, B. Varela, M. Vázquez. (360 págs, veinte dólares U.S.A.) (ISBN 0-9607798-0-9)

Información y pedidos:

Prof. Gilbert Paolini, Editor, LA CHISPA
300C Newcomb Hall, Tulane University
New Orleans, Louisiana 70118, U.S.A.

(LA CHISPA '87: treinta dólares U.S.A.; ISBN 0-9607798-3-3)

# CONGRESO INTERNACIONAL DE SEMIOTICA DEL TEXTO MISTICO
## en L'Aquila (ITALIA), 1991 (indicativamente junio).

(Primera Circular)

**OBJETIVOS:**

Del análisis de textos de Ignacio de Loyola (1491), Juan de la Cruz (+1591), Luis de Leon (+1591)..., surge la inquietud por saber, con el concurso de las diversas disciplinas:

*Primero*: Si los signos semióticos comúnmente aceptados bastan para explicar tales textos, o si es necesario precisar estructura, función e historia de un hipotético signo semiótico, provisionalmente nombrado "mistico".

*Segundo*: Cómo se realiza, semánticamente, la mediación establecida por el texto místico entre el hombre y el mundo del espíritu.

**METODOLOGIA:**

Tales objetivos imponen la necesidad de disponer, cada persona inscrita, con un año y medio de antelación, de las ponencias mecanografiadas aceptadas por la Comisión Científica del Congreso. El conocimiento previo de éstas habrá de fecundar los debates durante las sesiones del Congreso.

Segreteria
Università dell'Aquila / Centro di Studi Mistici / Cattedra di Lingua e Letteratura Spagnola Piazza Santa Margherita 2 - 67100 L'Aquila Italia - tel. (0862) 646207

*Horario* de la secretaría telefónica para los años 1986 y 1987: 2° y 4° jueves de cada mes, de las 10.30 a las 12.30 de la mañana.

**NOTA:**

La Secretaría del Congreso recibe las inscripciones y el material — relaciones (40 min.), comunicaciones (15 min.), intervenciones (7 min.) — a partir del 1 de enero de 1986. El material aportado, supuesta la aprobación de la Comisión Científica del Congreso, se enviará, en copia, a todas las personas inscritas, antes del 31 de diciembre de 1989; tales aportaciones han de llegar a la Secretaría del Congreso antes del 30 de junio de 1989.

Las colaboraciones no admitidas a los debates del Congreso quedarán, si el autor lo autoriza, a disposición de los participantes (se comunicaría el título y se presentaría un sumario en las Circulares y en las Actas del Congreso).

## ANNOUNCING A NEW JOURNAL IN THE FIELD OF HISPANIC LETTERS

### LETRAS PENINSULARES
ed. Mary S. Vásquez

A journal of criticism, bibliography and book reviews pertinent to the study of Peninsular Spanish literature in all genres, of the eighteenth, nineteenth, twentieth and, very soon, twenty-first centuries.

### EDITORIAL BOARD

R. Cardona
Boston University

Patrick Collard
Rijksuniversiteit
Ghent, Belgium

José Antonio Fortes
Universidad de Granada

Kathleen Glenn
Wake Forest University

José-Carlos Mainer
Universidad de Zaragoza

Gonzalo Navajas
University of California
Irvine

Michiko Nonoyama
University of Tsukuba, Japan

Patricia O'Connor
University of Cincinnati

Gilbert Paolini
Tulane University

Janet Pérez
Texas Tech University

Robert Spires
University of Kansas

Noël M. Valis
University of Michigan

*Letras Peninsulares* will appear three times a year, in Spring, Fall, and Winter, with the first issue for Spring 1988. The journal's pages will be open to all serious critical persuasions. Submissions are invited. Essays may be written in either Spanish or English and may be 12-25 pages of double-spaced typescript in length; format must conform to guidelines set forth in the most recent MLA stylesheet. Approximately one issue per year will be devoted to a special topic. Annual subscription rates are $16 for individuals and $20 for institutions.

Submissions, books for review, and subscription orders, may be directed to:

Mary S. Vásquez, ed.
*Letras Peninsulares*
Department of Foreign Languages
Arizona State University
Tempe, AZ 85287-0202 U.S.A.

# ANALES DE LITERATURA ESPAÑOLA

Revista publicada por el Departamento de Literatura Española de la Facultad de Letras de la Universidad de Alicante, con el patrocinio de la Excma. Diputación Provincial de Alicante, el Ayuntamiento de Alicante y la Consejería de Cultura y Educación del Gobierno Autónomo de la Comunidad Valenciana.

Aparece una vez al año, en volúmenes de 600 páginas aproximadamente
Precio: 3.000 pesetas

Publica trabajos de investigación en los ámbitos de la Literatura Española, Hispanoamericana y Comparada, la Teoría y la Crítica literarias. Admite originales en todas las lenguas utilizadas en la comunidad universitaria internacional.

Colaboradores en los cinco primeros volúmenes:
F. Aguilar Piñal, T. Albaladejo, R. Alemany, G. Allegra, J. Álvarez Barrientos, A. Amusco, R. Andioc, V. de Antonio, S. Arduini, P. Aullón de Haro, M.A. Ayala, D. Azorín, R. Benítez, M.C. Bobes Naves, J.-F. Botrel, E. Caldera, G. Caravaggi, G. Carnero, G. Cartago, J. Castañón, M.A. Cerdá y Surroca, M.J. Conde Guerri, C. Corona Baratech (+), E. Creus, J. Checa, B. Damiani, D. Domenichini, A. Domínguez Ortiz, A. Egido, D. Eisenberg, J. Escobar, F. Etienvre, J.-P. Etienvre, J. Fernández, A.R. Fernández y González, J.A. Ferrer Benimeli, F.R. de la Flor, J. Fradejas Lebrero, C. Gala Vela, C. García Barrón, A. García Berrio, B. Gicovate, A. Gil Novales, F. Gimeno, J. Gimeno Casalduero, A. Gómez Yebra, P. Guinard, G. Gullón, L. Gutiérrez Arranz, B. Hughes, T. Irastortza, P. Jauralde, F. Lafarga, J. Laurenti, L. Litvak, I.-J. López, J.M. López de Abiada, M.A. Lozano, G. Mancini, N. Marín (+), L. Maristany, E. Martín, A Martinengo, J.M. Martínez Cachero, R.Martufi, B. McGuirk, F. Meregalli, A. Mora, C. Moreno Hernández, E. Mullen, J.M. Navarro Adriaensens, R. Navarro Durán, A. Niderst, S. de la Nuez, G. Paolini, J. Pérez Magallón, J.S. Petöfi, A.W. Phillips, K. Pörtl, A.L. Prieto de Paula, V. Punzano, C. Real Ramos, G. Rey, J.A. Ríos, F. Rosselli, J.C. Rovira, E. Rubio, P. Ruiz Pérez, A. Sánchez Romeralo, R.P. Sebold, J. Siles, M.C. Simón Palmer, J. Soubeyroux, E. Sözer, M.G. Tomsich, S. Truxa, J. Urrutia, F. Varela, G. Volpi, I.M. Zavala.

Director: Guillermo Carnero
Secretario: Enrique Rubio Cremades
Redacción: Departamento de Literatura Española
           Universidad de Alicante
           Campus de San Vicente
           03071 Alicante (España)